$\Gamma 6° L b^{52}. 15$

LES CONFESSIONS

D'UN

RÉVOLUTIONNAIRE

PARIS. — IMPRIMERIE DE BOULÉ, RUE COQ-HÉRON, 5.

LES CONFESSIONS

D'UN

RÉVOLUTIONNAIRE

POUR SERVIR A L'HISTOIRE DE LA RÉVOLUTION DE FÉVRIER,

PAR

P.-J. PROUDHON.

Levabo ad cœlum manum meam, et dicam .
Vivo ego in æternum.
Je lèverai ma main vers le ciel, et je dirai :
Mon idée est immortelle.
(*Deutéronome,* xxxii, 40.)

———

———

PARIS,

AU BUREAU DU JOURNAL *LA VOIX DU PEUPLE,*

Rue Coq-Héron, 5.

—

1849

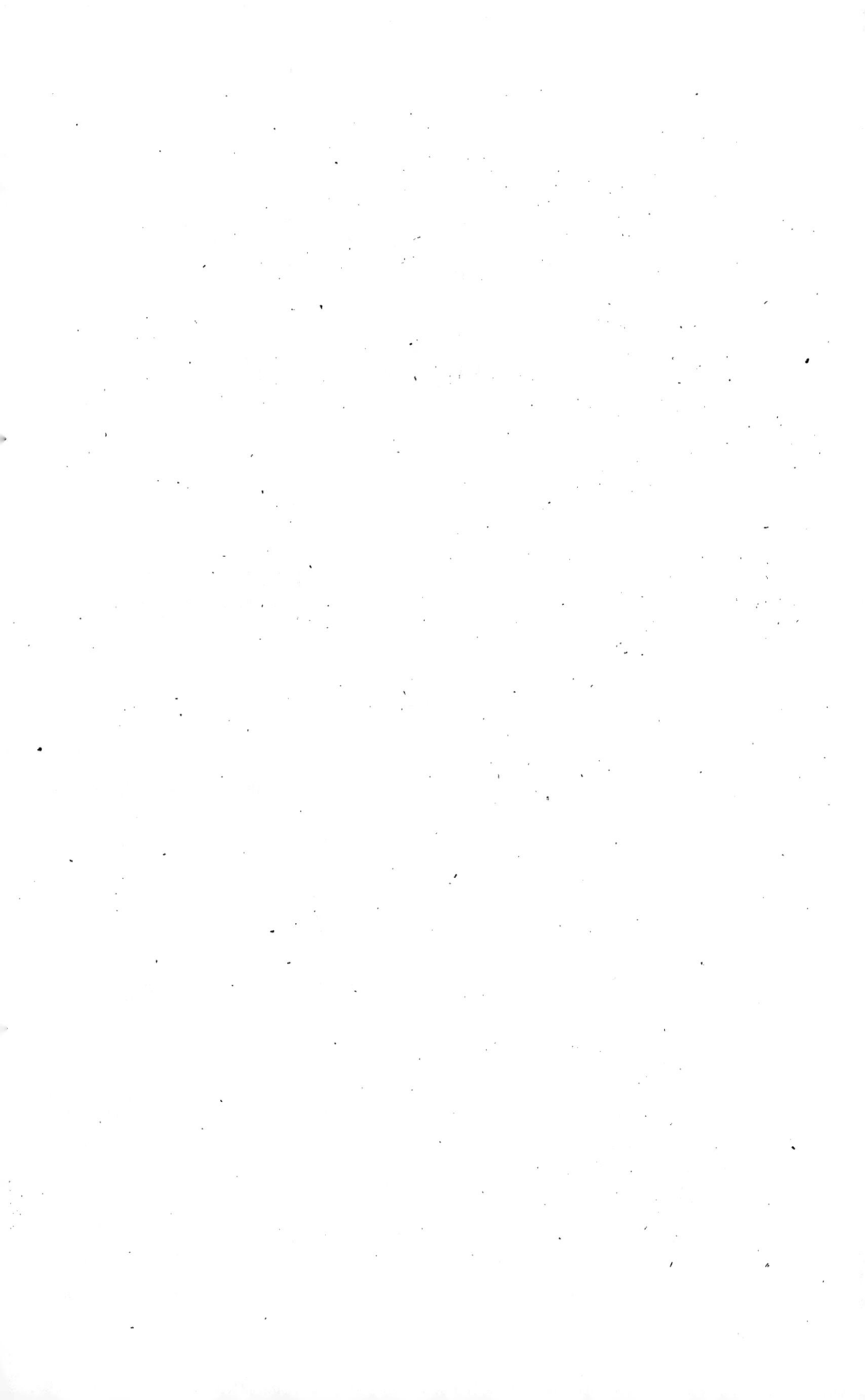

LES

CONFESSIONS

D'UN RÉVOLUTIONNAIRE,

POUR SERVIR

A L'HISTOIRE DE LA RÉVOLUTION DE FÉVRIER.

Levabo ad cœlum manum meam, et dicam :
Vivo ego in æternum.

Je lèverai ma main vers le ciel, et je dirai :
Mon idée est immortelle.

(*Deutéronome*, XXXII, 40.)

I. — Confiteor.

Que les rois se coalisent d'un bout de l'Europe à l'autre contre les nations ;

Que le vicaire de Jésus-Christ lance l'anathème à la liberté ;

Que les républicains tombent écrasés sous les murs de leurs villes :

La République reste l'idéal des sociétés, et la liberté outragée reparaît bientôt, comme le soleil après l'éclipse.

Oui, nous sommes vaincus et humiliés ; oui, grâce à notre indiscipline, à notre incapacité révolutionnaire, nous voilà tous dispersés, emprisonnés, désarmés, muets. Le sort de la démocratie européenne est tombé de nos mains civiques à celles des prétoriens.

— Mais la guerre de Rome en est-elle plus juste et plus constitutionnelle ?

Mais l'Italie, la Hongrie, la Pologne, parce qu'elles protestent dans le silence, sont-elles rayées du catalogue des nations ?

Mais, démocrates-socialistes, avons-nous cessé d'être le parti de l'avenir, parti qui compte aujourd'hui la moitié de la France ?

Mais vous, bourgeois désolés, que l'on ne cesse d'irriter contre nous, et dont notre désastre consommera la ruine, en êtes-vous plus dynastiques, plus jésuites, plus cosaques ?...

Depuis quatre mois, je les regarde dans leur triomphe, ces charlatans de la famille et de la propriété ; je les suis de l'œil dans les titubations de leur ivresse ; et, à chaque geste, à chaque mot qui leur échappe, je me dis : Ils sont perdus !

N'en doutez pas, amis : si la Révolution a été depuis février, sans cesse ajournée, c'est que l'éducation de notre jeune démocratie l'exigeait. Nous n'étions pas mûrs pour la liberté : nous la cherchions là où elle n'est pas, où elle ne peut jamais se trouver. Sachons la comprendre maintenant, et, par le fait de notre intelligence, elle existera.

Républicains, voulez-vous donc abréger votre épreuve, ressaisir le gouvernail, redevenir bientôt les arbitres du monde ? Je vous demande pour tout effort de ne plus toucher, jusqu'à nouvel ordre, à la Révolution. Vous ne la connaissez point : étudiez-la. Laissez faire seule la Providence : jamais, par le conseil des mortels, elle ne fut en meilleure voie. Restez immobiles, quoi qu'il advienne ; recueillez-vous dans votre foi, et regardez, avec le sourire du soldat assuré de la victoire, vos superbes triomphateurs.

Les insensés ! ils pleurent ce qu'ils ont fait depuis trente ans pour la liberté ! Ils demandent pardon à Dieu et aux hommes d'avoir combattu dix-huit ans la corruption! Nous avons vu le chef de l'État s'écrier, en se frappant la poitrine : *Peccavi!* Qu'il abdique donc, s'il a tant de regret des cinq millions et demi de suffrages que lui a valus la République!... Ne sait-il pas que la *satisfaction*, aussi bien que le *ferme-propos*, fait partie essentielle de la PÉNITENCE?

. Puisque tout le monde se confesse, et qu'en brisant nos presses on n'a pas mis le sceau sur nos écritoires, je veux, moi aussi, parler à mes concitoyens dans l'amertume de mon âme. Écoutez la révélation d'un homme qui se trompa quelquefois, mais qui fut toujours fidèle. Que ma voix s'élève à vous, comme la confession du condamné, comme la conscience de la prison.

La France a été donnée en exemple aux nations. Dans son abaissement comme dans ses gloires, elle est toujours la reine du monde. Si elle s'élève, les peuples s'élèvent avec elle; si elle descend, ils s'affaissent. Nulle liberté ne peut être conquise sans elle; nulle conjuration du despotisme ne prévaudra contre elle. Etudions les causes de notre grandeur et de notre décadence, afin que nous soyons fermes, à l'avenir, dans nos résolutions, et que les peuples, sûrs de notre appui, forment avec nous, sans crainte, la sainte alliance de la Liberté et de l'Egalité.

Je chercherai les causes qui ont amené parmi nous les malheurs de la démocratie, et qui nous empêchent de réaliser les promesses que nous avions faites pour elle. Et, puisque le citoyen est toujours l'expression plus ou moins complète de la pensée des partis, puisque les circonstances ont fait de moi, chétif et inconnu, l'un des originaux de la Révolution démocratique et sociale, je dirai, sans dissimuler, quelles idées ont dirigé ma conduite, quelles espérances ont soutenu mon courage. En faisant ma confession, je ferai celle de toute la démocratie. Ces intrigans, ennemis de toute société qui ne paie pas leurs vices, de toute religion qui condamne leur libertinage, nous ont accusés d'anarchie et d'athéisme; d'autres, les mains pleines de rapines, ont dit que nous prêchions le vol. Je mettrai notre foi, la foi démocratique et sociale, en regard de celle de ces hommes de Dieu; et l'on verra de quel côté est le véritable esprit d'ordre et de religion, de quel côté l'hypocrisie et la révolte. Je rappellerai ce que nous avons tenté de faire pour l'émancipation des travailleurs, et l'on verra de quel côté sont les parasites et les pillards. Je dirai, pour ce qui me concerne, les raisons de la politique que j'eusse préférée, s'il m'avait été donné d'en faire prévaloir une; j'exposerai les motifs de tous mes actes; je ferai l'aveu de mes fautes : et, si quelque vive parole, si quelque pensée hardie échappe à ma plume brûlante, pardonnez-la moi, ô mes frères, comme à un pécheur humilié. Ici je n'exhorte, ni ne

conseille : je fais devant vous mon examen de conscience. Puisse-t-il vous donner, comme à moi-même le secret de vos misères, et l'espoir d'un avenir meilleur!

II. — Profession de foi. Nature et destination des partis.

Les jugemens de Dieu sont impénétrables, dit le croyant. Une philosophie sacrilége, appliquant aux événemens sa logique vacillante, peut seule entreprendre, dans son indomptable orgueil, de les rendre intelligibles. Pourquoi, demandez-vous, ces révolutions, avec leurs déviations et leurs retours, leurs catastrophes et leurs crimes? Pourquoi ces crises terribles, qui semblent annoncer aux sociétés leur dernière heure; ces tremblemens parmi les peuples, ces grandes désolations de l'histoire? Écoutez Bossuet, écoutez tous ceux que la foi humilie sous son joug salutaire : ils vous répondront que les vues de la Providence sont inaccessibles à la prudence de l'homme, et que tout arrive pour la plus grande gloire de Dieu, *ad majorem Dei gloriam!*

Moins modeste que la foi, la philosophie essaie de donner un peu de sens aux choses de ce monde; elle leur assigne des motifs et des causes : et, quand la théologie, sa souveraine, se tait, l'audacieuse suivante prend la parole. Où la révélation surnaturelle finit, la révélation rationnelle commence.

Qu'est-ce d'abord que la religion? La religion est l'éternel amour qui ravit les âmes au-delà du sensible, et qui entretient dans les sociétés une inaltérable jeunesse. Ce n'est point à elle de nous donner la science : le dogme dans la religion ne sert qu'à éteindre la charité. Pourquoi donc des soi-disant théologiens voudraient-ils faire du plus pur de notre conscience une phantasmagie de mystères?...

Dieu est la force universelle, pénétrée d'intelligence, qui produit, par une information infinie d'elle-même des êtres de tous les règnes, depuis le fluide impondérable jusqu'à l'homme, et qui, dans l'homme seul, parvient à se connaître et à dire *Moi!* Loin d'être notre maître, Dieu est l'objet de notre étude : comment les thaumaturges en ont-ils fait un être personnel, tantôt roi absolu, comme le dieu des Juifs et des chrétiens, tantôt souverain constitutionnel comme celui des déistes, et dont la Providence incompréhensible n'est occupée, par ses préceptes comme par ses actes, qu'à dérouter notre raison?

Quel est cet ordre du *salut*, qui n'a rien de commun avec l'ordre du *siècle*; ce *spirituel* qui annule tout autre intérêt, cette contemplation qui avilit tout idéal, cette prétendue science inspirée contre toute science? Que nous veulent-ils avec leurs dogmes sans base intelligible, avec leurs symboles sans objet positif, avec leurs rites dépourvus de signification humaine? Ou le catholicisme est l'allégorie de la société, ou il n'est rien. Or, le temps est venu où l'allégorie doit faire place à la réalité, où la théologie est impiété, et la foi sacrilége. Un Dieu qui gouverne et qui ne s'explique pas est un Dieu que je nie, que je hais par-dessus toute chose...

Et croyez-vous, quand je lui adresse cette question :

« D'où vient, ô mon Dieu, que la Société est divisée en fractions ennemies, intolérantes, obstinées chacune dans son erreur, implacables dans leurs vengeances? Où est la nécessité pour la marche du monde et le progrès de la civilisation, que les hommes se détestent et se déchirent? Quelle Destinée, quel Satan a voulu, pour l'ordre des cités et le perfectionnement des individus, qu'ils ne pussent penser, agir librement les uns à côté des autres, s'aimer au besoin, et en tout cas se laisser tranquilles. »

Et que ce Dieu, par la bouche de ses ministres, me fait entendre cette parole impie :

« Homme, ne vois-tu pas que ta race est déchue, et ton âme livrée depuis la création aux puissances infernales? La justice et la paix ne sont pas du lieu que tu habites. Le Souverain Arbitre, en expiation de l'originelle souillure, a livré les humains à leurs propres querelles. Le vase a-t-il le droit de dire au potier : pourquoi m'as-tu fait ainsi? »

Croyez-vous, dis-je, que mon cœur se résigne et que ma raison se tienne pour satisfaite?

Respectons, si vous voulez, le secret de Dieu; inclinons notre volonté devant ses indiscutables arrêts. Mais puisqu'il a livré le monde et nous-mêmes à notre curiosité entreprenante, il permet sans doute que nous disputions même de l'origine et de la cause de nos disputes, dût cette controverse nous rendre un jour aussi savans que lui. Disputons donc; et plût à l'Etre sans fond et sans fin que nous n'eussions jamais fait autre chose! L'homme serait depuis longtemps le maître de la terre, et nous, démocrates-socialistes, nous n'eussions pas, du 24 février 1848 au 13 juin 1849, abandonné sans cesse la proie pour l'ombre.

Pour moi, je ne recule devant aucune investigation. Et si le Révélateur suprême se refuse à m'instruire, je m'instruirai moi-même, je descendrai au plus profond de mon âme; je mangerai, comme mon père, le fruit sacré de la science; et quand d'infortune je me tromperais, j'aurais du moins le mérite de mon audace, tandis que *Lui* n'aurait pas l'excuse de son silence.

Abandonné à mes propres lumières, je cherche à me reconnaître sur ce terrain hérissé de la politique et de l'histoire; et voici ce qu'à première vue je crois d'abord comprendre.

La Société, comme le Temps, se présente à l'esprit sous deux dimensions, le *passé* et l'*avenir*.

Le *présent* est la ligne imaginaire qui les sé-pare l'un de l'autre, comme l'équateur divise le globe en deux hémisphères.

Le passé et l'avenir, voilà les deux pôles du courant humanitaire : le premier, générateur du second; le second, complément logique et nécessaire du premier.

Embrassons par la pensée, dans une même contemplation, les deux dimensions de l'histoire : le tout ensemble formera le *Système social*, complet, sans solution de continuité, identique à lui-même dans toutes ses parties, et dans lequel les anomalies et accidens serviront à faire mieux ressortir la pensée historique, l'ordre.

Ainsi le système social, dans sa vérité et son intégralité, ne peut exister à tel jour et dans telle partie du globe : il ne peut être révélé qu'à la fin des temps, il ne sera connu que du dernier mortel. Pour nous, qui tenons le milieu des générations, nous ne pouvons nous le représenter que sur des conjectures de plus en plus approximatives; la seule chose qui nous ait été dévolue, dans cette philosophie de l'humanité progressive, c'est, d'après la saine intelligence de notre passé, de préparer sans cesse notre avenir. Nos pères nous ont transmis de la Société une forme particulière; nous en transmettrons une autre à nos neveux : là se borne notre science, si c'en est une; là se réduit l'exercice de notre liberté. C'est donc sur nous-mêmes que nous devons agir, pour influer sur la destinée du monde; c'est le passé de nos aïeux que nous devons exploiter, en réservant l'avenir de nos descendans.

Or, puisque l'humanité est progressive, et qu'elle n'agit que sur des souvenirs et des prévisions, elle se divise naturellement en deux grandes classes : l'une qui, plus touchée de l'expérience des anciens, répugne à marcher en avant dans les incertitudes de l'inconnu; l'autre qui, impatiente du mal présent, incline davantage aux réformes. Tenir un compte égal, soit des traditions, soit des hypothèses, et s'avancer d'un pas certain dans la route du progrès, est chose impossible à notre raison trop exclusive. Nous ne serions pas hommes, si dès l'abord nous jugions les choses avec cette simultanéité d'aperception qui est le propre de la science. La condition première de notre éducation, c'est donc la discorde. Or, puisque déjà nous apercevons la cause de nos discussions, nous pouvons légitimement espérer, sans exorcisme et sans magie, de les bannir d'au milieu de nous : la Foi quand elle se mêle de raisonner, nous offre-t-elle un principe aussi simple que celui-là?

Entrons dans les faits.

Le parti du passé, suivant que nous le considérons dans l'ordre des faits religieux, politiques ou économiques, s'appelle *Catholicisme*, *Légitimité*, *Propriété*. La généralisation de ces trois termes est l'*Absolutisme*.

Tout ce que nous pouvons, tout ce que nous

voulons, tout ce que nous sommes, à quelque point de vue que nous nous placions, découle, soit à titre de filiation, soit à titre d'opposition, de ce passé, c'est-à-dire de la propriété féodale ou patrimoniale, de la royauté, du catholicisme.

Nous ne sommes plus aujourd'hui ce que nous étions hier, précisément parce que nous l'avons été ; nous cesserons un jour d'être ce que nous sommes, précisément parce que nous le sommes.

Mais comment s'accomplit cette évolution ?

Le catholicisme, pour sortir de l'état chaotique et s'élever à l'unité, tend à se rationaliser toujours davantage. Par ce rationalisme, il se corrompt lui-même, il perd son caractère mystique, et devient une philosophie de la nature et de l'humanité. — Les priviléges de l'Église gallicane au moyen âge, l'influence de la réforme au xvi° siècle ; les travaux apologétiques des Fénelon, des Bossuet, des Fleury, etc., etc., au xvii° ; le mouvement encyclopédiste du xviii° ; la tolérance, ou pour mieux dire, l'indifférence légale et constitutionnelle du xix°, expriment autant de phases diverses du catholicisme.

D'autre part la royauté, absolue à son origine comme la puissance paternelle dont elle est l'incrément, a besoin, à mesure qu'elle étend son domaine, de l'organiser, et cette organisation, qui n'est autre chose qu'une application à la politique du principe de la division du travail, conduit fatalement la royauté à la démocratie. — L'émancipation des communes ; les empiétemens successifs de la royauté sous Louis XI, Richelieu et Louis XIV ; les constitutions de 1790, de l'an iii, de l'an viii, de 1814 et de 1830 ; la constitution nouvelle de 1848, sont les manifestations, dans l'ordre politique, de l'œuvre révolutionnaire.

Enfin la propriété, par l'hérédité, par l'égalité de partage, par les mutations, par l'hypothèque, par la division du travail, par la circulation et par une foule d'autres causes, tend également à changer de nature et de forme : les économistes le savent tous. — L'abolition des maîtrises, mains-mortes, droits féodaux, etc. ; la vente, au nom de l'État, des biens du clergé ; l'égalité devant l'impôt, ont fait subir à la propriété, depuis soixante ans, des modifications qui, pour être moins sensibles, n'en sont pas moins profondes et réelles.

Du reste, ces trois mouvemens parallèles, le mouvement catholique, le mouvement monarchique, et le mouvement économique, n'expriment, ainsi qu'il a été dit, qu'une seule et même chose, la conversion de l'idée *absolutiste,* en sa contraire, savoir, l'idée *démocratique et sociale.* — Considérée philosophiquement, la royauté de droit divin est une émanation du catholicisme, formée par la distinction du spirituel et du temporel ; la propriété est une émanation de la royauté, par l'institution féodale. Le socialisme, ou la démocratie sociale,

dernier terme du catholicisme, est donc aussi la dernière forme de la royauté et de la propriété. Le socialisme est le produit du catholicisme et en même temps son adversaire, tout à la fois fils du Christ et Ante-Christ. La foi n'en conviendra pas, sans doute : il nous suffit que la philosophie, que l'histoire en déposent.

Le catholicisme, la royauté, la propriété, en un mot l'absolutisme, expriment donc pour nous le *passé* historique et social ; la démocratie-socialiste en exprime l'*avenir.*

Comme l'absolutisme fut, à une autre époque, l'état légal et normal de la société, le Socialisme aspire à devenir aussi l'état légal et normal de cette société.

Tant que les deux termes opposés du mouvement, ou les partis qui les représentent, ne se seront pas *compris,* ils se feront la guerre ; ils se diront, comme Ajax à Ulysse : *Enlève-moi ou je t'enlève !* Le jour où se fera leur mutuelle reconnaissance, ils ne tarderont pas à s'identifier et se fondre.

Le catholicisme a posé le problème : le socialisme prétend le résoudre. Le premier a fourni la symbolique de l'humanité ; au second d'en donner l'exégèse. Cette évolution est inévitable, fatale.

Mais, nous l'avons dit : les révolutions de l'humanité ne s'accomplissent point avec cette placidité philosophique ; les peuples ne reçoivent la science qu'à contre-cœur ; et puis, l'humanité n'est-elle pas libre ? Il s'élève donc, à chaque tentative de progrès, une tempête de contradictions, des oppositions et des luttes qui, sous l'impression d'une fureur divine, au lieu de se résoudre amiablement par des transactions, aboutissent à des catastrophes.

Il résulte de ces agitations et tiraillemens que la société ne parcourt point la série de ses destinées sur un plan régulier, et par un droit chemin ; elle s'écarte tantôt à droite, tantôt à gauche, comme attirée et repoussée par des forces contraires : et ce sont ces oscillations, combinées avec les attaques du socialisme et les résistances de l'absolutisme, qui produisent les péripéties du drame social.

Ainsi, tandis que le mouvement direct de la société donne lieu à deux partis contraires, l'absolutisme et le socialisme ; le mouvement oscillatoire produit à son tour deux autres partis, hostiles entre eux et aux deux autres, que j'appellerai, de leurs noms historiques, le premier, *juste-milieu* ou *doctrine,* le second, *démagogie, jacobinisme,* ou *radicalisme.*

Le juste-milieu, connu des philosophes sous le nom d'éclectisme, vient de cette disposition d'esprit égoïste et paresseuse, qui préfère aux solutions franches des accommodemens impossibles ; qui accepte la religion, mais faite à sa convenance ; qui veut de la philosophie, mais sous réserve ; qui supporte la monarchie, mais complaisante, la démocratie, mais soumise ; qui proclame la liberté du commerce, mais en se couvrant de protections ; qui s'arrangerait de la gratuité de la circulation et du crédit, mais en stipulant un intérêt pour ses capitaux ; qui, enfin, fait consister la sagesse à tenir la balance égale, autant que possible, entre l'autorité et la liberté, le *statu quo* et le progrès, l'intérêt privé et l'intérêt général ; sans jamais comprendre que l'autorité engendre fatalement la liberté, que la philosophie est le produit inévitable de la religion, que la monarchie se transforme continuellement en démocratie, et, conséquemment, que le dernier terme du progrès est celui où, par la succession des réformes, l'intérêt individuel est identique à l'intérêt général, et la liberté synonyme d'ordre.

Le parti démagogique ou soi-disant radical résulte de l'impatience que font également éprouver aux esprits de bonne foi et la réaction absolutiste et les ménagemens du juste-milieu. Ne voyant dans les rois et les prêtres que des exploiteurs et des tyrans, dans les hommes de juste-milieu que des mystificateurs et des ambitieux, la démagogie songe moins à transformer pacifiquement qu'à supprimer brusquement les institutions antérieures ; elle prend le passé, non comme thème, mais comme adversaire. S'adressant plus aux passions du peuple qu'à sa raison, quand elle s'imagine le faire parler, elle ne réussit qu'à l'ameuter.

Le juste-milieu est l'hypocrisie du progrès ; La démagogie en est la fièvre.

Le juste-milieu s'adresse de préférence à la bourgeoisie, hostile à la noblesse et au clergé, à qui elle reproche leur immobilisme et dont elle jalouse les prérogatives, mais qui répugne aux tendances radicales et se raidit contre les conclusions égalitaires du progrès.

Le radicalisme va mieux au peuple. En effet, plus l'homme se sent déshérité, plus il est enclin à bouleverser et reconstruire violemment la société qui le déshérite.

Ainsi la démagogie et le juste-milieu sont opposés l'un à l'autre, comme l'absolutisme et le socialisme le sont entre eux : ces quatre partis forment, si j'ose ainsi dire, les quatre points cardinaux de l'histoire. Résultat nécessaire de notre perfectibilité, ils sont contemporains dans la société comme dans la raison, et indestructibles. Sous mille noms divers, grec et barbare, citoyen et esclave, Spartiate et Ilote, patricien et prolétaire, guelfe et gibelin, noble et serf, bourgeois et compagnon, capitaliste et ouvrier, vous les retrouvez dans tous les siècles et chez tous les peuples. Tous ont eu leurs crimes et leurs folies, comme ils ont leur part de vérité, et leur utilité dans l'évolution humanitaire. Instigateurs de l'opinion, agens et modérateurs du progrès, ils personnifient en eux les facultés de l'être collectif, les conditions de la vie sociale.

L'absolutisme se distingue surtout par sa force d'inertie : ce qu'il a de vrai est son esprit de conservation, sans lequel le progrès, manquant de base, n'est qu'un vain mot. C'est pour cela que le parti absolutiste est appelé aussi parti *conservateur*.

Ce qui distingue le juste-milieu, ou doctrinarisme, est un caractère de sophistique et d'arbitraire : son idée vraie est qu'à la société il appartient de se régir elle-même, d'être sa providence et son Dieu. La loi, pour le doctrinaire, est le produit pur de la pensée gouvernementale, par conséquent éminemment *subjective*.

Le radicalisme se reconnaît à son ardeur contre l'immobilisme et l'arbitraire : sa protestation est sa justification.

Le socialisme conçoit l'ordre social comme le résultat d'une science positive et *objective* ; mais, comme tout essor scientifique, il est sujet à prendre ses hypothèses pour des réalités, ses utopies pour des institutions.

L'absolutisme, fort de sa priorité, j'ai presque dit de son droit d'aînesse, mais dupe de son principe, dont toute l'efficacité est de s'abroger lui-même, toujours en œuvre de restauration, ne sert qu'à alimenter les révolutions ; — le juste-milieu s'efforce d'enrayer le char révolutionnaire, et réussit seulement à le précipiter ; — la démagogie veut accélérer le mouvement et le fait réagir ; — le socialisme, faisant violence aux traditions, finit souvent par s'excommunier de la société.

Du reste, il en est des partis politiques comme des systèmes de philosophie. Ils s'engendrent et se contredisent réciproquement, comme tous les termes extrêmes, se suscitent l'un l'autre, s'excluent, parfois semblent s'éteindre pour reparaître à de longs intervalles. Tout homme qui raisonne et qui cherche à se rendre compte de ses opinions, soit en politique, soit en philosophie, se classe immédiatement lui-même, par le seul fait du jugement qu'il exprime, dans un parti ou système quelconque : celui-là seul qui ne pense pas n'est d'aucun parti, d'aucune philosophie, d'aucune religion. Et tel est précisément l'état habituel des masses, qui, hors les époques d'agitation, restent complètement indifférentes aux spéculations politiques et religieuses. Mais ce calme, cette ataraxie intellectuelle du peuple n'est point stérile. C'est le peuple qui, à la longue, sans théories, par ses créations spontanées, modifie, réforme, absorbe les projets des politiques et les doctrines des philosophes, et qui, créant sans cesse une réalité nouvelle, change incessamment la base de la politique et de la philosophie.

L'absolutisme, dominant en France jusque vers la fin du dernier siècle, est depuis cette époque en décroissance continue ; — le doctrinarisme, manifesté avec un certain éclat à la suite de la révolution de juillet, a passé avec le règne de dix-huit ans. Quant à la démagogie et au socialisme, la première, réchauffée par les romanciers révolutionnaires, a reparu en février, pour refouler la révolution dans les journées des **17 mars, 16 avril, 15 mai**, et s'abîmer dans celle du 13 juin ; — le second, après avoir traîné vingt ans sa mystique existence, est tout près de se dissoudre. Il n'y a plus, à l'heure où j'écris, de partis en France; il ne reste plus, sous l'étendard de la République, qu'une coalition de bourgeois ruinés contre une coalition de prolétaires mourant de faim. La misère commune aura produit ce que n'avait pu faire la raison générale : en détruisant la richesse, elle aura détruit l'antagonisme.

Ce que je viens de dire des partis qui divisent primordialement toute société, n'est encore qu'une définition : eh bien ! c'est déjà toute l'histoire. C'est la philosophie même du progrès, la mort du mysticisme social, *finis theologiæ !* Que le sceptique et l'inspiré disputent à perte de vue sur la valeur et la légitimité de la raison humaine, qu'importe leur doute, si la raison nous impose fatidiquement ses formules ? Que nous importe de savoir que nous pourrions n'être pas hommes? C'est le privilége de la raison, c'est sa misère, si l'on veut, de ramener à des idées simples et lucides les phénomènes les plus gigantesques, les plus embrouillés de la civilisation et de la nature. De même que les plus grands fleuves ne sont que des ruisseaux à leur source; de même, pour la raison du philosophe, les révolutions les plus terribles dépendent de causes d'une simplicité naïve. La foi ne nous apprend point à juger les choses avec ce discernement vulgaire : c'est que la foi, ainsi que Dieu dont elle est un don, ne raisonne pas.

La détermination que je viens de faire des partis, de leurs principes et de leurs tendances, est vraie, parce qu'elle est nécessaire et universelle, commune à tous les siècles et à tous les peuples, quelle que soit la variété des partis, leurs origines, leurs intérêts, leur but; elle est vraie, parce qu'elle ne peut pas ne pas être vraie.

C'est l'expression des aspects les plus généraux de l'histoire, et des attractions primitives de la société.

La société, être vivant et perfectible, qui se développe dans le temps, à l'opposite de Dieu, qui existe immobile dans l'éternité, a nécessairement deux pôles, l'un qui regarde le passé, l'autre tourné vers l'avenir. Dans la société, où les idées et les opinions se divisent et se classent comme les tempéramens et les intérêts, il y a donc aussi deux partis principaux : le parti absolutiste, qui s'efforce de conserver et de reconstruire le passé; et le parti socialiste, qui tend incessamment à dégager et à produire l'avenir.

Mais la société, en vertu de la raison analytique dont l'homme est doué, oscille et dévie continuellement à droite et à gauche de la ligne du progrès, suivant la diversité des passions qui lui servent de moteurs. Il y a donc aussi, entre les deux partis extrêmes, deux partis moyens, en termes parlementaires, un centre droit et un centre gauche, une Gironde et une Montagne, qui pousse ou retient incessamment la Révolution hors de sa voie.

Tout cela est d'une évidence presque mathématique, d'une certitude expérimentale. Telle est l'exactitude de cette topographie, qu'il suffit d'y jeter les yeux pour avoir aussitôt la clef de toutes les évolutions et rétrogradations de l'humanité.

III. — Nature et destination du Gouvernement.

Il faut, dit l'Ecriture sainte, qu'il y ait des partis : *Oportet enim hœreses esse.* — Terrible *Il faut !* s'écrie Bossuet dans une adoration profonde, sans qu'il ose chercher la raison de cet *Il faut !*

Un peu de réflexion nous a révélé le principe et la signification des partis : il s'agit d'en connaître le but et la fin.

Tous les hommes sont égaux et libres : la société, par nature et destination, est donc autonome, comme qui dirait ingouvernable. La sphère d'activité de chaque citoyen étant déterminée par la division naturelle du travail et par le choix qu'il fait d'une profession, les fonctions sociales combinées de manière à produire un effet harmonique, l'ordre résulte de la libre action de tous : il n'y a pas de gouvernement. Quiconque met la main sur moi pour me gouverner est un usurpateur et un tyran : je le déclare mon ennemi.

Mais la physiologie sociale ne comporte pas d'abord cette organisation égalitaire : l'idée de Providence, qui apparaît une des premières dans la société, y répugne. L'égalité nous de arrive par une succession de tyrannies et gouvernemens, dans lesquels la Liberté est continuellement aux prises avec l'absolutisme, comme Israël avec Jéhovah. L'égalité naît donc continuellement pour nous de l'inégalité; la Liberté a pour père le Gouvernement.

Lorsque les premiers hommes s'assemblèrent au bord des forêts pour fonder la société, ils ne se dirent point, comme feraient les actionnaires d'une commandite : Organisons nos droits et nos devoirs, de manière à produire pour chacun et pour tous la plus grande somme de bien-être, et amener en même temps notre égalité et notre indépendance. Tant de raison était hors de la portée des premiers hommes, et en contradiction avec la théorie des révélateurs. On se tint un tout autre langage : Constituons au milieu de nous une AUTORITÉ qui nous surveille et nous gouverne, *Constituamus super nos regem !* C'est ainsi que l'entendirent, au 10 décembre 1848, nos paysans, quand ils donnèrent leurs suffrages à Louis Bonaparte. La voix du peuple est la voix du pouvoir, en attendant qu'elle devienne la voix de la liberté. Aussi, toute autorité est de droit divin : *Omnis potestas à Deo,* dit saint Paul.

L'autorité, voilà donc quelle a été la première idée sociale du genre humain.

Et la seconde a été de travailler immédiatement à l'abolition de l'autorité, chacun la voulant faire servir d'instrument à sa liberté propre contre la liberté d'autrui : telle est la destinée, telle est l'œuvre des Partis.

L'autorité ne fut pas plus tôt inaugurée dans le monde, qu'elle devint l'objet de la compétition universelle. Autorité, Gouvernement, Pouvoir, Etat, — ces mots désignent tous la même chose ; — chacun y vit le moyen d'opprimer et d'exploiter ses semblables. Absolutistes, doctrinaires, démagogues et socialistes, tournèrent incessamment leurs regards vers l'autorité, comme vers leur pôle unique.

De là cet aphorisme du parti radical, que les doctrinaires et les absolutistes ne désavoueraient assurément pas : *La révolution sociale est le but ; la révolution politique* (c'est-à-dire le déplacement de l'autorité) *est le moyen.* Ce qui veut dire : Donnez-nous droit de vie et de mort sur vos personnes et sur vos biens, et nous vous ferons libres !..... Il y a plus de six mille ans que les rois et les prêtres nous répètent cela !

Ainsi le Gouvernement et les Partis sont réciproquement l'un à l'autre Cause, Fin et Moyen. Ils existent l'un pour l'autre ; leur destinée est commune : c'est d'appeler chaque jour les peuples à l'émancipation ; c'est de solliciter énergiquement leur initiative par la gêne de leurs facultés ; c'est de façonner leur esprit et de les pousser continuellement vers le progrès par le préjugé, par les restrictions, par une résistance calculée à toutes leurs idées, à tous leurs besoins. Tu ne feras point ceci ; tu t'abstiendras de cela : le Gouvernement, quel que soit le parti qui règne, n'a jamais su dire autre chose. La DÉFENSE est depuis Eden le système d'éducation du genre humain. Mais, l'homme une fois parvenu à l'âge de majorité, le Gouvernement et les Partis doivent disparaître. Cette conclusion arrive ici avec la même rigueur de logique, avec la même nécessité de tendance que nous avons vu le socialisme sortir de l'absolutisme, la philosophie naître de la religion, l'égalité se poser sur l'inégalité même.

Lorsque, par l'analyse philosophique, on veut se rendre compte de l'autorité, de son principe, de ses formes, de ses effets, on reconnaît bientôt que la constitution de l'autorité, spirituelle et temporelle, n'est autre chose qu'un organisme préparatoire, essentiellement parasite et corruptible, incapable par lui-même de produire autre chose, quelle que soit sa forme, quelque idée qu'il représente, que tyrannie et misère. La philosophie affirme en conséquence, contrairement à la foi, que la constitution d'une autorité sur le peuple n'est qu'un établissement de transition ; que le pouvoir n'étant point une conclusion de la science, mais un produit de la spontanéité, s'évanouit dès qu'il se discute ; que, loin de se fortifier et de grandir avec le temps, comme le supposent les partis rivaux

qui l'assiégent, il doit se réduire indéfiniment et s'absorber dans l'organisation industrielle ; qu'en conséquence, il ne doit point être placé sur, mais sous la société ; et, retournant l'aphorisme des radicaux, elle conclut : *La révolution politique*, l'abolition de l'autorité parmi les hommes *est le but ; la révolution sociale est le moyen.*

C'est pour cela, ajoute le philosophe, que tous les partis, sans exception, en tant qu'ils affectent le pouvoir, sont des variétés de l'absolutisme, et qu'il n'y aura de liberté pour les citoyens, d'ordre pour les sociétés, d'union entre les travailleurs, que lorsque le renoncement à l'autorité aura remplacé dans le catéchisme politique la foi à l'autorité.

Plus de partis ;
Plus d'autorité ;
Liberté absolue de l'homme et du citoyen

En trois mots, j'ai fait ma profession de foi politique et sociale.

C'est dans cet esprit de négation gouvernementale que je disais un jour à un homme d'une rare intelligence, mais qui a la faiblesse de vouloir être ministre :

« Conspirez avec nous la démolition du gouvernement. Faites-vous révolutionnaire pour la transformation de l'Europe et du monde, et restez journaliste. » *(Représentant du Peuple,* 5 juin 1848.)

Il me fut répondu :

« Il y a deux manières d'être révolutionnaire : *par en haut,* c'est la révolution par l'initiative, par l'intelligence, par le progrès, par les idées ; — *par en bas,* c'est la révolution par l'insurrection, par la force, par le désespoir, par les pavés.

» Je fus, je suis encore révolutionnaire *par en haut ;* je n'ai jamais été, je ne serai jamais révolutionnaire *par en bas.*

» Ne comptez donc pas sur moi pour conspirer jamais la démolition d'aucun gouvernement, mon esprit s'y refuserait. Il n'est accessible qu'à une seule pensée : améliorer le gouvernement. » *(Presse,* 6 juin 1848.)

Il y a dans cette distinction, *par en haut, par en bas,* beaucoup de cliquetis et fort peu de vérité. M. de Girardin, en s'exprimant de la sorte, a cru dire une chose aussi neuve que profonde : il n'a fait que reproduire l'éternelle illusion des démagogues qui, pensant, avec l'aide du pouvoir, faire avancer les révolutions, n'ont jamais su que les faire rétrograder. Examinons de près la pensée de M. de Girardin.

Il plaît à cet ingénieux publiciste d'appeler la révolution par l'initiative, par l'intelligence, le progrès et les idées, *révolution par en haut ;* il lui plaît d'appeler la révolution par l'insurrection et le désespoir, *révolution par en bas.* C'est juste le contraire qui est vrai.

Par en haut, dans la pensée de l'auteur que je cite, signifie évidemment le pouvoir ; *par en bas* signifie le peuple. D'un côté l'action du gouvernement, de l'autre l'initiative des masses.

Il s'agit donc de savoir laquelle de ces deux initiatives, celle du gouvernement ou celle du peuple, est la plus intelligente, la plus progressive, la plus pacifique.

Or, la révolution par en haut, c'est inévitablement, j'en dirai plus tard la raison, la révolution par le bon plaisir du prince, par l'arbitraire d'un ministre, par les tâtonnemens d'une assemblée, par la violence d'un club ; c'est la révolution par la dictature et le despotisme.

Ainsi l'ont pratiquée Louis XIV, Napoléon, Charles X ; ainsi la veulent MM. Guizot, Louis Blanc, Léon Faucher. Les blancs, les bleus, les rouges, tous sur ce point sont d'accord.

La révolution par l'initiative des masses, c'est la révolution par le concert des citoyens, par l'expérience des travailleurs, par le progrès et la diffusion des lumières, la révolution par la liberté. Condorcet, Turgot, Robespierre, cherchaient la révolution par en bas, la vraie démocratie. Un des hommes qui révolutionna le plus, et qui gouverna le moins, fut saint Louis. La France, au temps de saint Louis, s'était faite elle-même ; elle avait produit, comme une vigne pousse ses bourgeons, ses seigneurs et ses vassaux : quand le roi publia son fameux règlement, il n'était que l'enregistreur des volontés publiques.

Le socialisme a donné en plein dans l'illusion du radicalisme : le divin Platon, il y a plus de deux mille ans, en fut un triste exemple. Saint-Simon, Fourier, Owen, Cabet, Louis Blanc, tous partisans de l'organisation du travail par l'Etat, par le capital, par une autorité quelconque, appellent, comme M. de Girardin, la révolution *par en haut*. Au lieu d'apprendre au peuple à s'organiser lui-même, de faire appel à son expérience et à sa raison, ils lui demandent le pouvoir ! En quoi diffèrent-ils des despotes ? Aussi sont-ils utopistes comme tous les despotes : ceux-ci s'en vont, ceux-là ne peuvent prendre racine.

Il implique que le Gouvernement puisse être jamais révolutionnaire, et cela par la raison toute simple qu'il est gouvernement. La société seule, la masse pénétrée d'intelligence, peut se révolutionner elle-même, parce que seule elle peut déployer rationnellement sa spontanéité, analyser, expliquer le mystère de sa destinée et de son origine, changer sa foi et sa philosophie ; parce que seule, enfin, elle est capable de lutter contre son auteur, et de produire son fruit. Les gouvernemens sont les fléaux de Dieu, établis pour *discipliner* le monde ; et vous voulez qu'ils se détruisent eux-mêmes, qu'ils créent la liberté, qu'ils fassent des révolutions !

Il n'en peut être ainsi. Toutes les révolutions, depuis le sacre du premier roi jusqu'à la Déclaration des Droits de l'Homme, se sont accomplies par la spontanéité du peuple : les gouvernemens ont toujours empêché, toujours comprimé, toujours frappé ; ils n'ont jamais rien ré-

volutionné. Leur rôle n'est pas de procurer le mouvement, mais de le retenir. Quand même, ce qui répugne, ils auraient la science révolutionnaire, la science sociale, ils ne pourraient l'appliquer, ils n'en auraient pas le droit. Il faudrait qu'au préalable ils fissent passer leur science dans le peuple, qu'ils obtinssent le consentement des citoyens : ce qui est méconnaître la nature de l'autorité et du pouvoir.

Les faits viennent ici confirmer la théorie. Les nations les plus libres sont celles où le pouvoir a le moins d'initiative, où son rôle est le plus restreint : citons seulement les Etats-Unis d'Amérique, la Suisse, l'Angleterre, la Hollande. Au contraire, les nations les plus asservies sont celles où le pouvoir est le mieux organisé et le plus fort, témoin nous. Et cependant nous nous plaignons sans cesse de n'être pas gouvernés, nous demandons un pouvoir fort, toujours plus fort !

L'église disait jadis, parlant comme une mère tendre : Tout pour le peuple, mais tout par les prêtres.

La monarchie est venue après l'église : Tout pour le peuple, mais tout par le prince.

Les doctrinaires : Tout pour le peuple, mais tout par la bourgeoisie.

Les radicaux n'ont pas changé le principe pour avoir changé la formule : Tout pour le peuple, mais tout par l'état.

C'est toujours le même gouvernementalisme, le même communisme.

Qui donc osera dire enfin : Tout pour le peuple, et tout par le peuple, même le gouvernement ? — Tout pour le peuple : Agriculture, commerce, industrie, philosophie, religion, police, etc. Tout par le peuple : le gouvernement et la religion, aussi bien que l'agriculture et le commerce.

La démocratie est l'abolition de tous les pouvoirs, spirituel et temporel ; législatif, exécutif, judiciaire, propriétaire. Ce n'est pas la Bible, sans doute, qui nous le révèle ; c'est la logique des sociétés, c'est l'enchaînement des actes révolutionnaires, c'est toute la philosophie moderne.

Suivant M. de Lamartine, d'accord en cela avec M. de Genoude, c'est au gouvernement à dire : *Je veux.* Le pays n'a qu'à répondre : *Je consens.*

Et l'expérience des siècles leur répond que le meilleur des gouvernemens est celui qui parvient le mieux à se rendre inutile. Avons-nous besoin de parasites pour travailler et de prêtres pour parler à Dieu ? Nous n'avons pas davantage besoin d'élus qui nous gouvernent.

L'exploitation de l'homme par l'homme, a dit quelqu'un, c'est le vol. Eh bien ! le gouvernement de l'homme par l'homme, c'est la servitude ; et toute religion positive, aboutissant au dogme de l'infaillibilité papale, n'est-elle même autre chose que l'adoration de l'homme par l'homme, l'idolâtrie.

L'absolutisme, fondant à la fois la puissance de l'autel, du trône et du coffre-fort, a multiplié, comme un réseau, les chaînes sur l'humanité. Après l'exploitation de l'homme par l'homme, après le gouvernement de l'homme par l'homme, après l'adoration de l'homme par l'homme, nous avons encore :

Le jugement de l'homme par l'homme,

La condamnation de l'homme par l'homme,

Et pour terminer la série, la punition de l'homme par l'homme !

Ces institutions religieuses, politiques, judiciaires, dont nous sommes si fiers, que nous devons respecter, auxquelles il faut obéir, jusqu'à ce que, par le progrès du temps, elles se flétrissent et qu'elles tombent, comme le fruit tombe dans sa saison, sont les instrumens de notre apprentissage, signes visibles du gouvernement de l'Instinct sur l'humanité, restes affaiblis, mais non défigurés, des coutumes sanguinaires qui signalèrent notre bas-âge. L'anthropophagie a disparu depuis longtemps, non sans résistance de l'autorité toutefois, avec ses rites atroces : elle subsiste partout dans l'esprit de nos institutions, j'en atteste le sacrement d'eucharistie et le Code pénal.

La raison philosophique répudie cette symbolique de sauvages ; elle proscrit ces formes exagérées du *respect humain*. Et pourtant elle n'entend point, avec les radicaux et les doctrinaires, qu'on puisse procéder à cette réforme par autorité législative ; elle n'admet pas que personne ait le droit de procurer le bien du peuple malgré le peuple, qu'il soit licite de rendre libre une nation qui veut être gouvernée. La philosophie ne donne sa confiance qu'aux réformes sorties de la libre volonté des sociétés : les seules révolutions qu'elle avoue sont celles qui procèdent de l'initiative des masses : elle nie, de la manière la plus absolue, la compétence révolutionnaire des gouvernemens.

En résumé :

Si l'on n'interroge que la foi, la scission de la société apparaît comme l'effet terrible de la déchéance originelle de l'homme. C'est ce que la mythologie grecque a exprimé par la fable des guerriers nés des dents du serpent, et qui s'entretuèrent tous après leur naissance. Dieu, d'après ce mythe, a laissé aux mains de partis antagonistes le gouvernement de l'humanité, afin que la discorde établisse son règne sur la terre, et que l'homme apprenne, sous une perpétuelle tyrannie, à reporter sa pensée vers un autre séjour.

Devant la raison, les gouvernemens et les partis ne sont que la mise en scène des concepts fondamentaux de la société, une réalisation d'abstractions, une pantomime métaphysique, dont le sens est LIBERTÉ.

J'ai fait ma profession de foi. Vous connaissez les personnages qui, dans ce compte-rendu de ma vie politique doivent jouer les principaux rôles ; vous savez quel est le sujet de la représentation : soyez attentifs à ce que je vais maintenant vous raconter.

IV. — 1789-1830 : Actes du Gouvernement.

On enseigne la morale aux enfans avec des allégories et des fables : les peuples apprennent la philosophie sous les manifestations de l'histoire.

Les révolutions sont les apologues des nations.

L'histoire est une fable pantagruélique et féerique, où les lois de la société nous sont enseignées dans les aventures merveilleuses d'un personnage tour à tour grotesque et sublime, digne à la fois d'amour et de pitié, que les anciens Orientaux appelaient ADAM, l'Humanité. Adam est accompagné d'un bon et d'un mauvais ange : celui-ci, que j'appelle la Fantaisie, semblable à Protée, nous trompe sous mille figures, nous séduit et nous pousse au mal ; mais nous sommes constamment ramenés au bien par notre bon génie, qui est l'Expérience.

Ainsi, les événemens dans lesquels la Providence se plaît à nous faire figurer à la fois comme acteurs et spectateurs sont *invrais ;* ce sont des mythes en action, de grands drames qui se jouent, quelquefois pendant des siècles, sur la vaste scène du monde, pour la réfutation de nos préjugés, et la mise à néant de nos pratiques détestables. Toutes ces révolutions, dont nous avons eu depuis soixante années l'émouvant spectacle, cette succession de dynasties, cette procession de ministères, ces mouvemens insurrectionnels, ces agitations électorales, ces coalitions parlementaires, ces intrigues diplomatiques, tant de bruit et tant de fumée, tout cela dis-je, n'a eu d'autre but que de faire connaître à notre nation ébahie cette vérité élémentaire et toujours paradoxale, que ce n'est point par leurs gouvernemens que les peuples se sauvent, mais qu'ils se perdent. Depuis soixante ans nous regardons, sans y rien comprendre, cette comédie divine et humaine : il est temps qu'un peu de philosophie vienne nous en donner l'interprétation.

Le pouvoir durait en France depuis quatorze siècles. Depuis quatorze siècles il avait été témoin des efforts du tiers-état pour constituer la commune et fonder la liberté publique. Lui-même avait quelquefois pris part au mouvement, en abattant la féodalité, et créant, par le despotisme, l'unité nationale. Même il avait reconnu, à diverses reprises, le droit imprescriptible du peuple, en convoquant, pour le besoin de son trésor, les *Etats-généraux*. Mais il n'avait considéré qu'avec terreur ces assemblées, où parlait une voix qui, par momens, n'avait plus rien de divin : la voix, la grande voix du peuple. Le moment était venu d'achever cette grande Révolution. Le pays la réclamait avec empire ; le gouvernement ne pouvait prétexter d'ignorance : il fallait s'exécuter ou périr.

2

Mais est-ce donc que le pouvoir raisonne? est-ce qu'il est capable de considérer le fait et le droit? est-ce qu'il est établi pour servir la liberté?

Qui a fait, en 1789, la Révolution? — Le tiers-état.

Qui s'est opposé, en 1789, à la Révolution?— Le gouvernement.

Le gouvernement, malgré l'initiative qu'il avait été forcé de prendre, s'opposait si bien à la Révolution, en 1789, qu'il fallut, pour l'y contraindre, appeler la nation aux armes. Le 14 juillet fut une manifestation où le peuple traîna le gouvernement à la barre, comme une victime au sacrifice. Certes, je suis loin de prétendre que le peuple, qui voulait la Révolution, n'eût pas raison de la faire; je dis seulement que le gouvernement, en faisant résistance, obéissait à sa nature, et c'est ce que nos pères ne comprirent pas. Au lieu de reconstituer à nouveau le pouvoir, ils auraient cherché la méthode à suivre pour en finir plus tôt la fin: toutes les péripéties révolutionnaires dont nous avons été témoins, à partir du 14 juillet 1789, ont eu pour cause cette erreur.

Le pouvoir, disait-on, existe depuis un temps immémorial. Quelques-uns, tels que Robespierre, entrevoyaient bien la possibilité d'en changer la forme: personne n'eût voulu le supprimer. La Révolution déclarée officiellement, on crut que tout était fait, et l'on s'occupa de rétablir le pouvoir, seulement sur d'autres bases. Le pouvoir s'était toujours, et avec raison, posé comme étant de droit divin: on prétendit, chose étrange, qu'il émanât du droit social, de la souveraineté du peuple. On s'imaginait, à l'aide d'un mensonge, réconcilier le pouvoir avec le progrès: on fut bientôt détrompé.

Ce que Dieu a joint, l'homme ne le sépare pas. Le pouvoir demeura ce qu'il était: le fils légitime de Jupiter ne pouvait être que le fils adoptif de la souveraineté du peuple. Louis XVI, sacré à Reims, et devenu malgré lui monarque constitutionnel, fut le plus grand ennemi de la Constitution, au demeurant le plus honnête homme du monde. Était-ce sa faute? En confirmant sa légitimité héréditaire, la Constitution reconnaissait implicitement en lui le droit qu'elle avait prétendu abroger; et ce droit était en contradiction formelle avec la teneur du contrat. Le conflit était donc inévitable entre le prince et la nation. A peine la nouvelle Constitution est mise en vigueur, que le gouvernement se remet à faire obstacle à la Révolution. Nouveau converti, il ne pouvait s'habituer aux fictions constitutionnelles. Il fallut une autre journée pour vaincre cet esprit réfractaire, qui n'allait à rien de moins qu'à invoquer, contre des sujets rebelles, le secours de l'étranger. Le 10 août 1792 fut joué le second acte de la Révolution, entre les hommes du mouvement et ceux de la résistance.

De ce moment, la volonté du peuple ne ren-

contrant plus d'obstacle, la Révolution parut s'établir en souveraine. Pendant quelques années la Convention, à qui le pouvoir avait été dévolu avec mission de protéger la liberté conquise, et aussi, — on ne sortait pas de là! — de refaire la Constitution politique, vécut de l'énergie que lui avaient donnée l'insurrection du 10 août, les menaces de la contre-révolution, et les vœux de 89. Tant qu'elle combattit pour l'unité de la République, la liberté du pays, l'égalité des citoyens, la Convention fut grande et sublime. Mais, admirez la puissance des principes! A peine réunis pour venger la Révolution des parjures de la royauté, ces hommes furent saisis d'une véritable fureur de gouvernement. Des mesures de salut public, affranchies des formalités légales, étaient devenues nécessaires: bientôt le bon plaisir des dictateurs fut toute leur raison; ils ne surent que proscrire et guillotiner. Ils étaient le pouvoir, ils agissaient comme des rois. L'absolutisme revivait dans leurs décrets et dans leurs œuvres. C'étaient des philosophes, pourtant!... Il fallut réagir contre cette frénésie despotique: le 9 thermidor fut un avertissement donné par le pays à l'Autorité conventionnelle. Tant que le peuple avait craint pour les conquêtes de la Révolution, pour l'indépendance du territoire et l'unité de la République, il avait toléré la dictature des comités. Le jour où la Terreur devint un système, où ce provisoire de sang parut vouloir devenir définitif, où l'utopie pénétra dans les conseils, où Robespierre, l'homme des vengeances plébéiennes, ne fut plus qu'un chef de secte, ce jour-là une crise devint inévitable. La logique du vertueux réformateur le poussait à supprimer les hommes en même temps que les abus: c'est ce pouvoir qui a perdu les Jacobins.

A la Convention succède le Directoire. Après les extrêmes, les moyens; après les terroristes, c'était le tour des *modérés*. Et il en sera de même tant que la *fantasia* politique livrera la société aux coups de bascule des partis. Or, il est de la nature de toute autorité d'obéir aveuglément au principe qui lui a donné naissance; le Directoire, comme Louis XVI et la Convention, en fournit bientôt la preuve. La main de Robespierre avait paru trop rude; celle du Directoire fut trouvée trop faible. A qui la faute, encore une fois? Le Directoire, né sous les impressions de thermidor, était sorti d'une pensée de relâchement; jamais, malgré le républicanisme de Carnot, la fermeté de Larevellière-Lépeaux, l'appui du général Bonaparte et le coup-d'état de fructidor, il ne put se donner l'attitude d'un pouvoir fort, et obtenir le respect. Ce que le besoin du moment l'avait fait, il le devenait malgré lui, de plus en plus. Le Directoire se résumait en Barras, et Barras, c'était toute la corruption de thermidor. Le pouvoir, s'il n'est dieu, est une brute ou un automate: la volonté, la raison des individus n'y peuvent rien. Elevés au pouvoir, ils deviennent bientôt eux-mêmes ce que le pouvoir veut qu'ils soient. Louis XVI, représentant d'une transaction impossible, ment à la Constitution ; la Convention, créée pour le péril, ne comprend plus que le supplice ; son intelligence s'était retirée tout entière dans l'échafaud. Le Directoire, à qui l'on avait demandé le repos, tombait en léthargie. Quand Bonaparte revint d'Egypte, la Révolution était en péril, et, comme toujours, par l'incapacité du gouvernement. Aussi faut-il reconnaître, à notre honte peut-être, que le 18 brumaire fut bien moins l'œuvre du général que de l'immense majorité du pays. Le gouvernement n'allait plus ; on le changeait : voilà tout. Le Consulat s'établit donc, comme le Directoire, comme la Convention, comme la Monarchie de 1790, pour la Révolution, quitte à tomber à son tour, lorsque, par le déploiement de son principe, il arriverait à faire obstacle à la Révolution. En Bonaparte la Révolution fut donc, ainsi qu'on l'a dit depuis, de nouveau incarnée. Serait-elle mieux servie par ce nouveau représentant du pouvoir ? C'est ce que l'on aperçut bientôt. Suivons, sous Bonaparte, la fortune du gouvernement.

L'illusion, alors comme aujourd'hui, était de compter, pour la liberté et la prospérité publiques, beaucoup plus sur l'action du pouvoir que sur l'initiative des citoyens ; d'attribuer à l'Etat une intelligence et une efficacité qui ne lui appartiennent pas ; de chercher UN HOMME en qui l'on pût se remettre tout-à-fait du soin de la Révolution. La fatigue, d'ailleurs, était générale ; on soupirait après le repos. Le pays semblait une assemblée d'actionnaires attendant un gérant : Bonaparte se présenta ; il fut élu aux acclamations.

Mais le pouvoir a sa logique, logique inflexible, qui ne cède point aux espérances de l'opinion, qui ne se laisse jamais détourner du principe, et n'admet pas d'accommodemens avec les circonstances. C'est la logique du boulet, qui frappe la mère, l'enfant, le vieillard, sans dévier d'une ligne ; la logique du tigre qui se gorge de sang, parce que son appétit veut du sang ; la logique de la taupe qui creuse son souterrain ; la logique de la fatalité. Sous la Monarchie réformée, le gouvernement avait été infidèle ; sous la Convention, violent ; sous le Directoire, impuissant. Maintenant on voulait, pour conduire la Révolution, un pouvoir fort : on fut servi à souhait. Le pouvoir, dans la main de Bonaparte, devint si fort, qu'il n'y eut bientôt de place dans la République que pour l'homme qui la représentait. La Révolution, c'est moi, disait Bonaparte, la main sur la garde de son épée. Il aurait pu dire tout aussi bien : le droit divin, c'est moi. Jamais conquérant, en effet, n'exprima le pouvoir avec autant de vérité. Il voulut que le pape vînt le sacrer à Paris, lui, un soldat de fortune, en signe de sa déité impériale. Pauvres badauds ! nous eûmes le temps de gémir sur notre folle

confiance, quand nous vîmes le chef de l'Etat mettre partout sa volonté à la place de celle du peuple, confisquer une à une toutes nos libertés, provoquer contre nous le soulèvement de l'Europe, et deux fois de suite amener l'étranger sur le sol de la patrie. Alors, contre de si grands maux, il fallut courir aux grands remèdes. La nation, inconséquente, répudia son élu. La cause du despote fut séparée de celle du pays : la colère était si grande, l'indignation si générale, qu'on vit un peuple, le plus fier de la terre, tendre ses bras à ses envahisseurs. Les tribuns du peuple couraient à Gand, comme autrefois les courtisans de la Monarchie avaient couru à Coblentz : Waterloo fut l'autel expiatoire qui nous rendit la liberté.

On redit, depuis Homère, que les peuples pâtissent des sottises des rois : *Quidquid delirant reges, plectuntur Achivi.* C'est plutôt le contraire qui est vrai. L'histoire des nations est le martyrologe des rois : témoin Louis XVI, Robespierre et Napoléon. Nous en verrons bien d'autres.

Bonaparte tombé, on se promit de régler, par un pacte efficace, les conditions du pouvoir. Nous eûmes la Charte. Quel était le principe de la Charte ? Il faut le rappeler.

Oublieux de la Révolution qui l'avait pris pour chef, Bonaparte avait fait d'un pouvoir populaire un pouvoir d'usurpation. Magistrat irréprochable tant qu'il fut premier consul, il ne parut plus sur le trône que le ravisseur du bien d'autrui. Qu'arriva-t-il ? La Restauration se posa en pouvoir *légitime.* C'est en 1814, pour la première fois, que l'absolutisme prit ce sobriquet. L'empereur n'emporta point avec lui l'absolutisme à l'île d'Elbe : il nous le laissa avec la Restauration. Qu'entendait-on restaurer ? deux choses incompatibles : la royauté de droit divin, représentée par la famille proscrite des Bourbons et la noblesse émigrée ; — et le système constitutionnel essayé après 89, et renversé au 10 août. La Charte de 1814, octroyée en apparence par le prince, mais tacitement imposée par le pays, ne fut qu'un retour aux idées de 1790, violemment refoulées par les agitations révolutionnaires, et qui, n'ayant pas eu le temps de se développer, demandaient à faire leur temps.

« La déclaration de Saint-Ouen du 2 mai 1814, dit Châteaubriand, quoiqu'elle fût naturelle à l'esprit de Louis XVIII, n'appartenait néanmoins ni à lui ni à ses conseillers : c'était tout simplement le Temps qui partait de son repos. Ses ailes avaient été ployées, sa fuite suspendue depuis 1792 ; il reprenait son vol ou son cours. Les excès de la Terreur, le despotisme de Bonaparte, avaient fait rétrograder les idées ; mais sitôt que les obstacles qu'on leur avait opposés furent détruits, elles affluèrent dans le lit qu'elles devaient à la fois suivre et creuser. On reprit les choses au point où elles s'étaient arrêtées : ce qui s'était passé fut comme non avenu. L'espèce humaine, reportée au commencement de la Révolution, avait seulement perdu vingt-cinq ans de sa vie. Or, qu'est-ce que vingt-cinq ans dans la vie générale de la société ? Cette lacune a disparu lorsque les tronçons coupés du Temps se sont rejoints... »

Du reste, la France entière applaudit au retour de son roi.

« Ce sont les hommes de la République et de l'Empire, ajoute le même Châteaubriand, qui saluèrent avec enthousiasme la Restauration......... Impérialistes et libéraux, c'est vous qui vous êtes agenouillés devant le fils d'Henri IV ! Qui passait sa vie chez l'autocrate Alexandre, chez ce brutal Tartare ? Les classes de l'Institut, les savans, les gens de lettres, philosophes, philanthropes, théophilanthropes et autres. Ils en revenaient charmés, comblés d'éloges et de tabatières. Les plus chers amis de Napoléon, Berthier, par exemple, à qui portaient-ils leur dévouement ? A la légitimité : Qui composait ces proclamations, ces adresses accusatrices et outrageantes pour Napoléon, dont la France était inondée ? Des royalistes ? Non : les ministres, les généraux, les autorités choisies et maintenues par Bonaparte. Où se tripotait la Restauration ? Chez des royalistes ? Non : chez M. de Talleyrand. Avec qui ? Avec M. de Pradt, aumônier du *dieu Mars* et saltimbanque mitré. Où donnait-on des fêtes aux *infâmes princes étrangers* ? Aux châteaux des royalistes ? Non : à la Malmaison, chez l'impératrice Joséphine. » (*Mémoires d'Outre-Tombe.*)

La monarchie de 1790 avait été acclamée par le peuple, la République acclamée par le peuple, l'Empire acclamé par le peuple ; la Restauration fut, à son tour, acclamée par le peuple. Cette nouvelle apostasie, que le préjugé fatal du gouvernement rend seul excusable, ne pouvait demeurer impunie. Avec le roi légitime ce fut pis encore qu'avec l'usurpateur. La Restauration, se prenant au sérieux, se mit aussitôt en devoir de restaurer tout ce que la Révolution avait aboli ou cru abolir : droits féodaux, droit divin, droit d'aînesse ; — et d'abolir tout ce que la Révolution avait établi : liberté de conscience, liberté de la tribune, liberté de la presse, égalité devant l'impôt, égale participation aux emplois, etc. La Révolution est mise par la Restauration en état de siège : on revendique les biens nationaux ; on forme, sous le nom de Sainte-Alliance, un pacte avec le despotisme étranger ; on envoie une armée, dite de *la Foi*, combattre la Révolution en Espagne. Le gouvernement légitime suivait, le plus logiquement du monde, son principe. Bref, la légitimité fit tant et si bien, qu'un jour elle se trouva, par mégarde, hors la loi. Paris alors dressa ses barricades : le roi chevalier fut chassé, et vous les siens bannis du royaume. Or, je vous le demande, sur qui devait tomber la res-

ponsabilité de cet étrange dénoûment ? Qui donc avait fait ce pouvoir ? Qui avait acclamé la Restauration, embrassé les alliés, reçu la Charte avec bonheur ? Quand nous eussions dû mourir de honte, si une nation avait de la pudeur, et si elle pouvait mourir, un monument s'élevait, une fête anniversaire était instituée pour la célébration des *glorieuses journées de Juillet*, et nous nous remettions de plus belle à organiser le pouvoir !

Aussi, nous n'étions pas à bout d'épreuves.

Les gouvernemens avaient beau tomber comme des marionnettes sous la masse du diable révolutionnaire, le pays ne revenait pas de son ardent amour de l'autorité. Pourtant on commençait à se douter qu'autre chose sont les instincts du pouvoir, autre chose les idées d'un peuple : mais comment se passer de gouvernement ? Cela se concevait si peu, qu'on ne songeait pas même à poser la question. L'idée n'était pas encore venue que la société se meut par elle-même ; qu'en elle la force motrice est immanente et perpétuelle ; qu'il ne s'agit pas de lui communiquer le mouvement, mais de régulariser celui qui lui est propre : on s'obstinait à donner un moteur à l'éternel mobile.

Le gouvernement, disait-on, est à la société ce que Dieu est à l'univers, la cause du mouvement, le principe de l'ordre. *Liberté, Ordre,* telle fut la devise sous laquelle on recommença à faire du gouvernement, j'ai presque dit de la contre-révolution. On avait épuisé, dans les quarante années qui avaient précédé, le gouvernement du pur droit divin, le gouvernement de l'insurrection, le gouvernement de la modération, le gouvernement de la force, le gouvernement de la légitimité ; on ne voulait pas retourner au gouvernement des prêtres : que restait-il ? le gouvernement des intérêts. Ce fut celui qu'on adopta. Et, soyons justes, il était impossible, en 1830, qu'on n'arrivât pas à cette conclusion. Aussi fut-elle accueillie à une si puissante majorité, qu'on dut y reconnaître le vœu national.

Il semble, au premier abord, qu'il n'y ait presque pas de différence entre la Charte de 1814 et celle de 1830 ; que le pays ait seulement changé de dynastie, mais sans changer de principes ; et que l'acte qui dépouilla Charles X et transmit l'autorité à Louis-Philippe, ne fut qu'un acte de la justice populaire envers le dépositaire infidèle de l'autorité.

Ce serait entièrement méconnaître la portée de la Révolution de Juillet. 1830 et 1848 sont deux dates enchaînées l'une à l'autre d'un lien indissoluble. En Juillet 1830, a été conçue la *République démocratique et sociale* ; le 24 Février 1848 n'en a été, si j'ose ainsi dire, que l'accouchement. Or, si la transition, en Juillet, parut si facile, la Révolution n'en fut pas moins radicale, comme on va voir.

La monarchie déchue avait prétendu, comme celle de 89, ne relever que du droit féodal ; elle avait affecté une sorte d'autocratie dynastique, incompatible avec le principe de la souveraineté du peuple. On en voulut une qui relevât directement de la volonté de la nation. La Charte ne fut plus *octroyée*, mais *acceptée* par le roi. Les situations étaient renversées. *Voici*, dit à cette occasion Lafayette, en présentant Louis-Philippe au peuple, *la meilleure des Républiques*. Louis-Philippe, n effet, était la bourgeoisie sur le trône; et si cette innovation parut aux esprits ardens assez médiocre, elle était, comme on verra, profondément révolutionnaire. On venait d'*humaniser* la monarchie; or, de l'humanisme au socialisme, il n'y a que la différence du mot. Les partis auraient fait un grand pas vers leur conciliation, s'ils pouvaient une fois se convaincre de cette vérité.

Pour justifier ses fatales ordonnances, Charles X avait excipé de l'art. 14 de la Charte, lequel autorisait, suivant lui, la couronne à prendre toutes les mesures que réclamait la sûreté de l'État. Oter au pouvoir tout prétexte de ce genre, c'était le réduire à la soumission : on stipula qu'à l'avenir le roi ne pourrait ni suspendre les lois, ni dispenser de leur exécution. *La Charte*, s'écria Louis-Philippe dans un moment d'enthousiasme, et j'ose dire qu'il était de bonne foi, *sera désormais une vérité*. Mais, ô fatalité des révolutions! ô triste imprévoyance des pauvres humains! ô ingratitude des peuples aveuglés! nous verrons tout à l'heure la dynastie d'Orléans perdue par l'art. 13, comme la dynastie des Bourbons l'avait été par l'art. 14. Ni Louis-Philippe, ni Charles X ne faillirent à leur mandat : c'est pour y avoir été trop fidèles qu'ils sont tombés l'un et l'autre.

Le parti prêtre avait manifesté plus d'une fois l'espoir de rentrer dans son temporel, et de recouvrer les priviléges et l'influence que lui avait enlevés la Constitution de 1790. Il se prévalait dans ce but d'un autre article de la Charte qui déclarait la religion catholique *religion de l'État*. Pour tranquilliser les égoïsmes autant que les consciences, on décida qu'à l'avenir il n'y aurait plus de religion de l'État. Disciple de Hégel et de Strauss, je ne l'eusse point osé; les doctrinaires n'hésitèrent pas. C'était le premier pas vers la *décatholicisation*, exprimée dans les vœux des Jacobins.

Enfin on mit le sceau à la réforme, en décrétant : « Art. 67. La France reprend ses couleurs. A l'avenir, il ne sera plus porté d'autre cocarde que la cocarde tricolore. » — Comme si l'on eût dit : La seule chose qui soit légitime, à présent, et sainte, et sacrée, c'est la Révolution. Par cet article, le gouvernement était déclaré révolutionnaire; le pouvoir mis sous les pieds du peuple; l'autorité subordonnée, non à ses propres principes, mais au jugement de l'opinion. Un nouvel ordre de choses était créé.

Ainsi, par la Charte de 1830, l'antique absolutisme se trouvait atteint, d'une part, dans la royauté, faite à l'image de la bourgeoisie, et dont elle n'était plus que le mandataire; puis dans le catholicisme, autrefois dispensateur et arbitre des Etats, maintenant salarié de l'Etat, ni plus ni moins que les autres cultes. Jusqu'alors, le pouvoir était resté dans le ciel : on le fit, par cet exorcisme, descendre des nues et prendre racine dans le sol. Il était mystique : on le rendit positif et réel. Dès lors on pouvait dire qu'il n'y en aurait pas pour longtemps. Disons-le, on a été injuste envers les révolutionnaires de 1830. En coupant du même coup dans leur racine le catholicisme et la monarchie, ils ont fait les deux tiers de la besogne : nous, leurs successeurs, nous n'avons eu d'autre peine que de tirer de ces prémisses la légitime conséquence.

Les réformateurs de 1830 ne s'étaient arrêtés que devant le capital. C'était le capital qu'ils avaient adoré, en maintenant le cens à 200 fr., le capital qu'ils avaient fait dieu et gouvernement. Devant cette nouvelle puissance, s'inclinaient le roi, la noblesse, le clergé, le peuple. Otez la hiérarchie capitaliste, tous devenaient égaux et frères. A la foi monarchique, à l'autorité de l'Église, on avait substitué le culte des intérêts, la religion de la propriété. Quoi de plus rassurant, pensait-on, de plus inviolable? Malgré l'excommunication et le bûcher, la philosophie avait prévalu contre le catholicisme; malgré les lits de justice et les bastilles, la souveraineté du peuple avait prévalu contre la prérogative royale : il avait fallu prendre son parti de tous ces changemens et s'accommoder aux nouvelles mœurs. Mais qui pourrait prévaloir contre la propriété? L'établissement de Juillet, disait-on, est immortel : 1830 a fermé l'ère des révolutions.

Ainsi raisonnaient les doctrinaires : révolutionnaires ardens contre l'autel et contre le trône, absolutistes impitoyables dès qu'il s'agit du monopole.

V. — 1830-1848 : Corruption gouvernementale.

Le gouvernement de Louis-Philippe est l'un des plus curieux épisodes de cette longue période historique, où l'on voit les nations, abandonnées à leur instinct providentiel, errer au hasard dans le labyrinthe de leurs utopies. Toutes les haines se sont coalisées contre ce règne mémorable, tous les outrages lui ont été prodigués. J'essaierai de rétablir les faits sous leur véritable jour, et de venger l'homme qui fut sur le trône, après Bonaparte, l'instrument le plus actif et le plus intelligent de la Révolution.

Le principe du gouvernement de Juillet, fondé par et pour la classe moyenne, était donc la propriété, le capital. Sous une forme monarchique, l'essence de ce gouvernement était la *bancocratie*. C'est ce qu'a exprimé le plus spirituel des écrivains socialistes, M. Toussenel, dans le titre de son curieux ouvrage : *Les Juifs, rois de l'époque*.

Tout gouvernement tend à développer son principe : celui de Juillet ne pouvait faillir à cette loi. Le législateur de 1830, le Capital, avait dit, comme l'Isis égyptienne : « Je suis tout ce qui est, tout ce qui fut, tout ce qui sera. Rien n'existe que par moi, et nul n'a jusqu'ici levé mon voile.» Fidèle à son origine, rapportant tout à son principe, le gouvernement, se mit donc à ronger et s'assimiler ce qui restait des institutions, des idées d'autrefois. Ce fut la tâche de Louis-Philippe, dont le génie, franc de scrupules, accomplit cette œuvre de dissolution, prélude de la grande palingénésie du XIXᵉ siècle.

Attaqué à la fois dans son origine, dans sa politique, dans sa moralité, le gouvernement de Louis-Philippe a épuisé la haine et le mépris du peuple. Et cependant, l'équitable histoire dira que jamais règne ne fut mieux rempli, par conséquent plus légitime, plus irréprochable que celui de Louis-Philippe.

Et d'abord, Louis-Philippe est le véritable représentant de Juillet. Qui avait fait les trois journées ?—Le peuple, disent les républicains. —Oui, comme les soldats de Bonaparte avaient fait Marengo. Les masses populaires ne furent en Juillet que la milice de la bourgeoisie : celle-ci seule avait préparé pendant quinze ans et organisé la victoire ; à elle seule appartenait de disposer de la victoire. Que parle-t-on ici du suffrage populaire? Si l'on avait consulté le peuple sur le choix du prince, dès-lors qu'après avoir changé le principe de la Charte on en conservait la forme, il est clair que le peuple, pour qui la forme emporte le fond, eût choisi Henri V. Tout autre candidat eût été à ses yeux illégitime. Mais les choses ne se pouvaient passer ainsi : ce n'était pas seulement la Charte de 1814 qu'on avait à venger, c'était un principe nouveau qu'il s'agissait de faire représenter au pouvoir ; et ceux-là seuls qui avaient inauguré le principe avaient qualité pour en choisir le représentant. Le peuple ne pouvait être consulté dans cette affaire, et ce fut un bonheur pour la Révolution. C'était une nécessité que le gouvernement des intérêts parût à son tour : or, jamais le peuple n'eût consenti à prendre le veau d'or pour son dieu ; jamais dans le proxénète des malthusiens, les féaux de la légitimité n'eussent reconnu leur roi. Quant au parti républicain, ses protestations étaient d'autant moins fondées qu'elles s'attaquaient au principe même du nouveau gouvernement, à l'œuvre fatale de Louis-Philippe. Louis-Philippe était le seul homme qui pût accepter le fardeau des iniquités de Juillet : ou il faut nier la légitimité des glorieuses; ou bien, si l'on accepte la transition, il faut admettre la légitimité du roi bourgeois.

Quant à la politique de Louis-Philippe, à la pensée du règne, il est encore plus facile de la justifier. Négligez les détails, et ne vous occupez, comme l'enseigne M. Guizot, que des faits essentiels, de ceux qui font la grande politique.

Quelle fin se proposait la bourgeoisie en 1830, lorsqu'elle établit, dans sa vérité, le régime constitutionnel, objet de ses vœux depuis un demi-siècle? cherchez bien, et vous verrez que, derrière cette forme politique, nécessaire comme transition aux destinées de la France, la bourgeoisie n'a rien voulu, rien prévu ; vous verrez que la Charte n'a été pour elle qu'une grande négation.

La bourgeoisie ne savait pas en 1830, elle ne sait pas encore en 1849, ce qu'elle poursuivait à travers sa Charte réformée et son gouvernement représentatif : elle sait seulement, et très bien, ce dont elle ne voulait pas.

La bourgeoisie ne voulait pas d'une monarchie légitime, issue d'un autre principe que de sa volonté : cette monarchie, elle venait de l'exclure par un coup d'état.

Elle se souciait peu d'une République classique ou romantique, à la mode des Grecs et des Romains, ou telle encore qu'on voulut la faire après février.

Elle n'aimait pas les jésuites, entendant par jésuites aussi bien les gallicans que les ultramontains. Pour elle, le janséniste n'est qu'une variété du jésuite : si elle admirait Bossuet, son cœur était à Voltaire. Elle tolérait le culte et le salariait ; mais, comme si elle eût refusé d'entrer en part avec Dieu, elle avait mis la religion hors la loi.

Elle ne souffrait ni noblesse, ni aristocratie, pas d'autre hiérarchie que celle des emplois et des fortunes, conquises à la pointe du travail.

Elle a prouvé enfin, en mainte circonstance, qu'elle ne se souciait ni de réglementation, ni de corporation, ni de communisme; elle n'accepte pas même le libre échange. Le libre échange, aux yeux d'un conservateur, est une des mille faces du socialisme.

Que veut-elle donc cette bourgeoisie cauteleuse, tracassière, ingouvernable? Pour peu que vous la pressiez de répondre, elle vous dira qu'elle veut des affaires; elle fait bon marché du reste. Des opinions et des partis, elle s'en raille ; de la religion, nous savons ce qu'elle pense ; son régime représentatif, pour lequel elle a tant combattu, lui fait pitié. Ce que veut, ce que demande la bourgeoisie, c'est le bien-être, le luxe, les jouissances, c'est de gagner de l'argent.

Et le peuple, sur tous ces points, est de l'avis de la bourgeoisie. Lui aussi prétend avoir sa part de bien-être, de jouissance et de luxe; il veut, en un mot, être libre, prêt, à cette condition, à croire ce que l'on voudra en religion comme en politique.

Eh bien! la mission de Louis-Philippe, mission qui lui a été donnée par le pacte de 1830, a été de faire prédominer l'idée bourgeoise, c'est-à-dire — entendons-nous ! — non pas d'assurer à ceux-ci le travail, à ceux-là le profit, à tous le bien-être; non pas d'ouvrir des débouchés au commerce, et de se faire le pourvoyeur d'affaires du pays : c'eût été résoudre le problème social ; — mais de propager la morale de l'intérêt, d'inoculer à toutes les classes l'indifférence politique et religieuse, et, par la ruine des partis, par la dépravation des consciences, de creuser les fondemens d'une société nouvelle, de forcer, pour ainsi dire, une révolution arrêtée dans les conseils de la destinée, mais que la société contemporaine n'acceptait pas.

Oui, IL LE FALLAIT ; et c'est vous, dynastiques de toutes les nuances, qui l'avez voulu ! Ah! vous reculez devant cet affreux système : j'adhère pleinement et sans réserve à l'inexorable gouvernement de Louis-Philippe:

De bonne foi, de quoi voulez-vous que s'occupât un roi à qui ses commettans avaient dit : Tu seras le corrupteur de notre génération ; et qui, par un accord admirable de la nature et de la politique, semblait créé tout exprès pour une pareille époque? Comment eût-il résisté à ses avides solliciteurs, attendant de lui l'aubaine, comme les petits oiseaux attendent de leur mère la becquée? Comment serait-il demeuré sans pitié pour ces âmes altérées de vice, que l'aspect de la vertu faisait souffrir comme un purgatoire?

Placez-vous au point de vue du pouvoir de juillet; remémorez en vous-même les institutions et les idées qui avaient formé jusqu'alors le capital moral de la société, qui composaient, si j'ose ainsi dire, l'armure des consciences : vous n'y trouverez rien qui méritât la considération du chef de l'État, rien qui valût de la part des citoyens la souffrance d'une piqûre, le sacrifice de la plus petite jouissance.

Est-ce le préjugé religieux, la dignité monarchique qui vous arrête? — Mais, lisez donc Châteaubriand, il n'est pas de royaliste qui ne sourie en pensant à ses rois, pas de chrétien qui croie à l'éternité des peines, et qui ne trouve d'ailleurs que l'ascétisme a fait son temps.

Est-ce la sainteté de la justice, la pureté de la morale? — Mais il n'y a plus ni morale, ni justice ; il n'y a point de certitude du droit et du devoir : le juste et l'injuste sont confondus, indiscernables. Je vous défie de me dire en quoi consiste l'outrage aux mœurs, l'adultère, le parjure, le vol, la banqueroute et l'assassinat ; de me définir l'usure, l'accaparement, la coalition, la concussion, la corruption de fonctionnaires, la fausse monnaie : avec la liberté des feuilletons, des discours, des tableaux, des danses ; avec la liberté du commerce et de l'industrie ; avec la variabilité des valeurs et la vénalité des charges ; avec les circonstances atténuantes ; avec la liberté d'association, de circulation, de donation ; avec le travailleur libre et la femme libre! Non que je veuille, prenez-y garde, inculper la liberté ; je dis seulement que, sous la Charte de 1830, notre liberté, n'ayant ni lest ni boussole, est celle de tous les crimes, et

notre ordre social une parfaite dissolution.

Est-ce du moins le respect des formes constitutionnelles, la fidélité aux convictions politiques? Mais qu'est-ce que la politique, avec le capital pour souverain? Un spectacle d'ombres chinoises, une danse des morts. Sur quoi, je vous prie, peuvent porter des opinions et des votes? Sur des questions de justice répartitive et distributive, de morale publique, de police, d'administration, de propriété. Or, allez au fond ; vous trouverez que la libre-pensée a tout disséqué, tout détruit ; que le chaos est partout, de quelque côté qu'on se tourne, si bien enfin, que pour conserver un reste de paix et d'ordre dans ce monde ébranlé, il n'est plus de ressource que l'arbitraire. Dans cette incertitude, où la réflexion n'indique rationnellement aucun choix, où la logique prouve que le blanc et le noir sont égaux, qui vous décidera, si ce n'est votre intérêt?

Laissez donc *faire*, *laissez passer* tout le monde et toutes choses, et contentez-vous d'essuyer vos éclaboussures. Ni chrétien, ni juif ; ni royaliste, ni démocrate ; ni académicien, ni romantique ; *Chacun chez soi, chacun pour soi*; Dieu, c'est-à-dire la Fortune, pour tous, et l'intolérance seulement pour les intolérans. Celui-là seul est mauvais citoyen, qui ne sait vivre dans un milieu où il y a place honorable même pour les voleurs et les prostituées.

Voilà la ligne inflexible, providentielle, que prescrivait de suivre au monarque la Charte de 1830. Produit d'une série révolutionnaire, cette Charte était comme un jugement de Némésis, nous condamnant à boire la ciguë. Louis-Philippe n'a fait autre chose que nous présenter la coupe : jadis le rôle de bourreau faisait partie des prérogatives royales.

De tous les reproches qu'on a faits au gouvernement de Louis-Philippe, un seul, peut-être, serait justifié : c'est celui qu'adressait au ministère Molé, si je ne me trompe, l'opposition Thiers-Barrot. « Nous ferions les mêmes choses que vous, disaient-ils, mais nous les ferions mieux que vous! » — Cela se comprend : le système admis, le débat ne roule plus que sur l'exécution. Louis-Philippe a mis dix-huit ans à démoraliser la France : c'est trop longtemps. Il en a coûté pour cela au pays, chaque année, 1,500 millions : c'est trop cher. Quel malheur que M. Odilon Barrot n'ait été fait ministre que sous la République !

Qu'avaient-ils donc à reprocher à l'homme selon leur cœur, ces parangons de vertu et d'honneur, ces politiques à principes : quand ils l'accusaient de faire le jésuite et d'être athée ; de parler tour à tour conservation et révolution ; de s'encanailler avec la roture, et de caresser les nobles ; de livrer l'enfance aux ignorantins, et de laisser la jeunesse des collèges sans foi ; de conspirer avec les rois, et de s'être fait exclure de la Sainte-Alliance?

Ne pouvait-il leur répondre ;

Les contradictions de ma politique en sont la justification. Qu'est-ce que Dieu, d'après vous, mes maîtres? un mot; — le peuple? un esclave;—la royauté? une ruine; — la Charte? une négation; — la Révolution? une momie. Qu'êtes-vous vous-mêmes? des sépulcres recrépis. Hypocrites, vous me livrez au mépris et à la haine, parce que j'ai dévoilé votre secret! Ah! vous pleurez votre religion perdue! Pourquoi donc avez-vous chassé Charles X? Vous pleurez votre gloire flétrie! Pourquoi avez-vous trahi l'Empereur? Vous pleurez votre vertu républicaine! Pourquoi avez-vous égorgé Robespierre? Vous gémissez sur votre monarchie humiliée, jadis si noble et si populaire! Pourquoi avez-vous détrôné Louis XVI? pourquoi, après l'avoir détrôné, l'avez-vous lâchement condamné à mort, à la majorité de cinq voix? Vous me reprochez de ne rien faire pour le peuple! Pourquoi avez-vous fusillé Babœuf?... Doctrinaires sans pudeur, malthusiens égoïstes, bourgeois ingrats! Vous accusez la corruption de mon règne, et vous m'avez fait trôner sur le fumier! Il ne vous reste plus qu'à vous étrangler vous-mêmes en ma personne. Achevez votre ouvrage. Mais, auparavant, sachez qui vous êtes, et vous connaîtrez qui je suis.

On a dit que la Révolution de février avait été la Révolution du mépris. Cela est vrai: mais qui ne voit que là est précisément le secret de la merveilleuse destinée de Louis-Philippe?

Comme il devait arriver au corrupteur de tous les principes, Louis-Philippe fut le plus haï, le plus méprisé de tous les princes, d'autant plus méprisé, d'autant plus haï, qu'il eut une plus haute intelligence de son mandat.

Louis XIV régna par l'idolâtrie de sa personne; César et Bonaparte, par l'admiration; Sylla et Robespierre, par la terreur; les Bourbons, par la réaction de l'Europe contre la conquête impériale.

Louis-Philippe est le premier, le seul qui ait régné par le mépris.

Est-ce que Casimir Périer estimait Louis-Philippe? Et Lafayette, et Laffitte, et Dupont (de l'Eure), l'aimaient-ils? Je ne parle pas des Talleyrand, des Thiers, des Dupin, des Guizot, ni de tous les autres, qui avaient été ou qui voulaient être ses ministres: ils ressemblaient trop au patron pour avoir une haute opinion de lui. Mais vit-on jamais, par exemple, les académiciens, dans leurs séances, faire l'éloge de Louis-Philippe, comme ils célébrèrent la gloire du grand roi et du grand empereur? Vit-on, au théâtre, les acteurs le complimenter; les prêtres, à l'église, le prêcher; les magistrats le célébrer dans leurs mercuriales?.. Et pourtant ces hommes, dont les plus honorables étaient au fond du cœur de sincères républicains, s'étaient réunis pour porter sur le pavois Louis-Philippe; et, tout en le maudissant, ils s'obstinaient à le soutenir. Lafayette avait dit de lui: *C'est la meilleure des Républiques!* Laffitte lui sacrifia sa fortune, O. Barrot sa popularité, MM. Thiers et Guizot leurs plus intimes convictions. Dupont (de l'Eure) demanda pour lui une liste civile de 18 millions; Casimir Périer se fit tuer sur la brèche, emportant dans la tombe l'exécration des républicains et des Polonais. Me direz-vous la raison de tant de dévoûment uni à tant de haine?

Comme au 18 brumaire, pour assurer la révolution chancelante, il avait fallu un homme; de même, en 1830, pour faire pourrir le vieux monde, il fallait encore un homme. Louis-Philippe fut cet homme-là.

Examinez-le de près: il est naïvement, consciencieusement corrupteur. Au-dessus lui-même de la calomnie, sans reproche dans sa vie privée, corrupteur mais non pas corrompu, il sait ce qu'il veut et ce qu'il fait. Un abominable destin l'appelle: il obéit. Il poursuit sa tâche avec dévoûment, avec bonheur, sans qu'aucune loi divine ou humaine, sans qu'aucun remords le trouble. Il tient en main la clef des consciences; aucune volonté ne lui résiste. A l'homme politique qui lui parle des vœux du pays, il offre une bourse pour son fils; au prêtre qui l'entretient des besoins de l'Église, il demande combien il a de maîtresses. Les consciences tombent devant lui par milliers, comme les soldats tombaient sur le champ de bataille devant Napoléon: et ni l'empereur n'était touché de ce carnage, ni Louis-Philippe n'est ému de la perdition de ces âmes. Napoléon, dominé par une fatalité qu'il sentait sans la comprendre, put donner de sang-froid le signal qui précipita des millions d'hommes dans le trépas: fut-il pour cela un Néron ou un Domitien? Ainsi Louis-Philippe, père de famille sévère dans son intérieur, maître de lui-même, a fait un pacte avec l'enfer pour la damnation de son pays: il reste sans reproche devant Dieu et devant les hommes.

Que les misérables qu'il corrompt abjurent, pour un brevet, pour une place, ce qu'ils croient encore être la vertu, la justice et l'honneur: à eux l'immoralité, la honte.

Mais lui, le chef de l'État, le représentant de la société, l'instrument de la Providence, en quoi est-il immoral? La morale, pour lui, n'est-ce pas de sacrifier au progrès ces âmes cadavéreuses? n'est-ce pas de procurer, *per fas et nefas*, l'accomplissement des destinées?

La philosophie et l'histoire enseignent que la morale, inaltérable dans son essence, est changeante dans sa forme. Chez les chrétiens, la morale fut d'abord de donner ses biens à la communauté; plus tard, de verser son sang en preuve de la réalité d'un mythe; puis elle consista à exterminer, par le fer et par le feu, Sarrasins, hérétiques et communistes. En 93, la morale fut la haine de la royauté; dix ans après, c'était la haine de la démocratie: cinq millions de suffrages ont prouvé que telle était alors l'opinion de la France.

Maintenant que la religion est en plein discrédit, la philosophie indécise; que la souveraineté nationale, représentée par des mandataires plus ou moins véridiques, trébuche comme un paysan ivre : tout est confondu en morale, tout est redevenu arbitraire et de nulle valeur, hors un point, qui est de bien vivre et d'amasser de l'argent. La morale, voyez-vous, c'est de n'avoir qu'une femme légitime, à peine des galères, et vingt maîtresses; si vous pouvez les nourrir; la morale, c'est de vous battre en duel, à peine d'infamie, et de ne pas vous battre, à peine de la cour d'assises ; la morale, c'est de vous procurer le luxe et les jouissances (voir le programme de l'Académie des sciences morales et politiques pour l'année 1846) à tout prix, sauf à échapper aux cas prévus dans le Code pénal. Mon plaisir, c'est ma loi, je n'en connais point d'autre. Pour que nous retrouvions une morale positive et obligatoire, il faut que la société se reconstruise de fond en comble ; et pour qu'elle se reconstruise, il faut qu'elle se démolisse. Comment, encore une fois, le prince, pourvoyeur de cette grande révolution, serait-il coupable d'immoralité, parce qu'il travaille courageusement à la seule chose nécessaire et en ce moment possible, au discrédit des vieux préjugés ; à la décomposition sociale?

Qu'on daigne donc se souvenir que, dans l'humanité, les raisons, ce ne sont point paroles, mais faits et gestes ; que la démonstration est expérience ; que le noumène est phénomène.

Louis-Philippe a reçu mission de démontrer que le système constitutionnel est la négation des négations, une suprême utopie, comme l'empire et la légitimité. Homme d'état, homme pratique avant tout, il ne raisonne pas, il agit. Il attaque le principe parlementaire par les *influences* ; il tue le principe monarchique par une ridicule exhibition, la royauté bourgeoise, la seule que comportât le siècle. Même méthode pour la catholicisme. A quoi servent au peuple, qui ne lit pas, l'Encyclopédie, Voltaire, Rousseau, Dupuis, Volney, Lessing, Kant, Hegel, Strauss, Feuerbach? Un million de volumes ne désabusent pas, en un siècle, quatre mille lecteurs : la Providence s'y prend autrement. Elle met en opposition la religion et l'intérêt ; elle attaque la foi par l'égoïsme : et la démonstration est faite.

Osons le dire : l'homme moral, parce qu'il fut l'homme de l'époque, ce fut Louis-Philippe. N'ayons peur de ce mot de corruption, si terrible à nos consciences malsaines : la corruption fut toute la moralité du gouvernement de juillet. La Charte l'avait ainsi voulu ; la Providence nous en avait donné de toute éternité le précepte.

Louis-Philippe est le seul homme en Europe qui, depuis dix-neuf ans, ait été constamment dans son rôle : aussi, tout lui a réussi. Il a échappé aux balles des régicides, aveugles dans leurs pensées et incertains de leurs coups; il a vaincu les factions et les intrigues; odieux à toutes, il les foula aux pieds, il défia leur audace. Faible lui-même, comme souverain et comme prince dépourvu de prestige, il n'en a pas moins été l'homme fatidique, celui que le monde a adoré ; l'antagonisme des principes qu'il combattait fit sa force.

Qu'il faut de petitesse pour ne pas comprendre ce qu'un tel rôle eut de profond et de grand ! Quoi ! Louis-Philippe est un méprisable fourbe, un avare ignoble, une âme sans foi, un génie médiocre, un bourgeois égoïste, un parleur insipide ; son gouvernement, s'il est possible, est encore au-dessous de lui. Ses ministres l'avouent ; ses ex-ministres le répandent ; la France le sait ; le gamin de Paris le répète ; personne, personne ! n'a pour lui une parole d'estime. Lafayette, Dupont (de l'Eure), Laffitte, C. Périer, ont dit de lui tour à tour, empruntant pour le peindre le langage des halles : *Le b..... nous trompe !* Et cela a duré dix-huit ans ! Tout ce qu'il y eut en France de généreux, de vital, d'héroïque, s'est pulvérisé devant cette influence dévastatrice ; tout a été gangréné, la corruption nous est sortie par le nez et par les oreilles ; et, pendant dix-huit ans, la France ne s'est point émue. Et aujourd'hui qu'il est tombé, aujourd'hui que la République a *écrasé l'infâme*, la France le regrette encore ! Est-ce donc que tout ne serait pas fini?... Non, pour l'honneur de ma patrie, pour le respect du nom français, je ne puis croire à une telle puissance du mal. Cet homme que vous chargez de vos iniquités, que vous accusez de vos misères, n'est à mes yeux que l'Attila des fausses consciences, le dernier fléau de la justice révolutionnaire.

Briser les caractères, ruiner les convictions, ramener tout au positivisme mercantile, tout à l'argent, jusqu'au jour où une théorie de l'argent signalerait l'heure et le principe de la résurrection : ce fut l'œuvre de Louis-Philippe, c'est sa gloire. Ce que je vois reprocher à Louis-Philippe de petitesse de vues, de ruse mesquine, de trivialité, de commérage, de goût faux, de faconde creuse, de philanthropie hypocondre, de complaisances bigotes, tout cela me paraît sublime d'ironie et d'à-propos. Que voulez-vous de plus écrasant pour votre régime parlementaire et bavard, que ces discours de la couronne qui ne disent rien, précisément parce que des législateurs à 500 comme à 25 francs, n'ont et ne peuvent avoir rien à dire?

La vie de Louis-Philippe serait incomplète ; il aurait manqué quelque chose à son règne, s'il n'eût pas à la fin trouvé un ministre digne de lui. Ce fut M. Guizot, duquel, au témoignage de ses ennemis et de ses rivaux, nulle passion n'approcha jamais, si ce n'est celle du pouvoir. Comme son maître, pur au milieu de la tourbe de ses victimes, ce grand corrupteur pouvait s'appliquer la parole du psalmiste : *Non appropinquabit ad me malum*, la corruption ne vient pas jusqu'à moi. Seul il connut la *pensée du*

3

règne, seul il fut l'ami de Louis-Philippe, comme Apémantus était l'ami de Timon. — Oui, tu fus sublime, ô grand ministre, ô grand homme, quand, au banquet de Lisieux, tu osas révéler le secret de ton pouvoir dans un toast à la corruption. Oui, ces légitimistes, ces radicaux, ces puritains de l'opposition, ces jésuites, ces économistes, c'est une vile canaille, esclave de ses sens et de son orgueil, et dont tu savais bien qu'avec un peu d'or tu aurais toujours raison. Ces moralistes sont les amans de vieilles courtisanes ; ces artistes sont des artisans de luxe et de luxure : le flot de leur impureté passe à tes pieds et ne les souille point. Ces prétendus progressistes, qui n'ont pas le courage de leur vénalité, tu l'as dit, *ils ne se connaissent pas !* Mais toi, tu les connais, tu sais le tarif de leur vertu ; et s'ils font semblant de te renier, tu t'en réjouis encore : ils ont atteint à l'apogée du crime ; ce sont des corrompus de mauvaise foi.

Hélas ! il faut que la corruption, si elle fut entre les mains de ces deux hommes un puissant moyen révolutionnaire, ne soit pas l'état auquel nous destine le sort. Sans cela, M. Guizot serait ministre, et la dynastie de Louis-Philippe régnerait à jamais. Le capital s'était installé en 1830 comme le seul principe qui, après le droit divin et le droit de la force, eût chance de durée ; il se trouva, en 1848, que le gouvernement du capital était la peste de la société, *abominatio desolationis !* Une querelle de parlement jeta dans la boue la grande prostituée. Les mêmes bourgeois qui avaient acclamé d'enthousiasme l'avènement de Louis-Philippe au trône l'en précipitèrent dans un accès de dégoût ; la conscience publique s'était soulevée de nouveau contre le ministre des volontés suprêmes. Le peuple se trouva derrière les rangs de la garde nationale pour donner à la catastrophe sa vraie signification : depuis dix-huit ans il attendait cette initiative de la bourgeoisie, et se tenait prêt. Que mes contemporains le nient, s'ils l'osent, ou qu'ils en reviennent, s'ils peuvent ! Mais moi, je ne suis ni un vendu de la veille, ni un renégat du lendemain ; et je jure que la bourgeoisie française, en renversant la dynastie qu'elle avait faite, a détruit en elle le principe de propriété.

VI. — 24 Février : Gouvernement provisoire.

J'ai dit quelque part que la société est une *métaphysique en action*, une sorte de logique qui se joue en proverbes. Ce que l'étude générale de l'histoire et celle plus approfondie de l'économie politique m'avaient révélé, les événemens accomplis depuis deux ans me l'ont fait toucher du doigt.

Tout gouvernement s'établit en contradiction de celui qui l'a précédé : c'est là sa raison d'évoluer, son titre à l'existence. Le gouvernement de juillet fut une opposition à la légitimité ; la légitimité une opposition à l'Empire ; celui-ci une opposition au Directoire, lequel s'était établi en haine de la Convention, convoquée elle-même pour en finir avec la monarchie mal réformée de Louis XVI.

D'après cette loi d'évolution, le gouvernement de Louis-Philippe, renversé inopinément, appelait son contraire. Le 24 février avait eu lieu la déchéance du Capital ; le 25 fut inauguré le gouvernement du *Travail*. Le décret du Gouvernement provisoire qui garantit le droit au travail fut l'acte de naissance de la République de février. Dieu ! fallait-il six mille ans d'argumens révolutionnaires pour nous amener à cette conclusion ?...

Voici donc la théorie antinomique confirmée de nouveau par l'expérience : que ceux qui n'admettent dans la direction des affaires humaines aucune philosophie et qui rapportent tout à une puissance invisible, nous disent enfin comment la raison explique tout, même l'erreur et le crime, tandis que la foi seule n'explique rien ?

Non seulement la succession du gouvernement des travailleurs à celui des capitalistes était logique, elle était juste. Le capital, qui s'était posé comme principe et fin des institutions sociales, n'avait pu se soutenir ; on avait acquis la preuve que, loin d'être principe, il est *produit*, et que la propriété, pas plus que le droit divin ou le sabre, n'est la force motrice et plastique de la société. Après avoir tout corrompu, la théorie capitaliste avait fait péricliter le capital même.

Les faits, à cet égard, étaient flagrans ; leur témoignage parlait haut. Au moment de la Révolution de février, le commerce et l'industrie, en souffrance depuis plusieurs années, étaient dans une stagnation affligeante, l'agriculture obérée, les ateliers en chômage, les magasins regorgeant de débouchés, les finances de l'Etat aussi maltraitées que celles des particuliers. Malgré l'accroissement périodique du budget, qui de 1830 à 1848, s'était progressivement élevé de 1 milliard à 1,500 millions, les Chambres avaient constaté un déficit, suivant les uns de 800 millions, suivant les autres de 1 milliard ; les traitemens de fonctionnaires figuraient seuls dans cette augmentation de frais pour une somme annuelle de 65 millions. Les *bancocrates*, qui en 1830 avaient fait une révolution au nom de l'intérêt, qui avaient promis le gouvernement *à bon marché*, qui affectaient le titre d'économistes, bien plus que de politiques, les philosophes du *Doit* et de l'*Avoir* dépensaient moitié plus que le gouvernement de la légitimité, une fois autant que le gouvernement impérial, sans pouvoir aligner leurs recettes et leurs dépenses.

La preuve était faite. Ce n'était pas le *capital*, l'agiot, l'usure, le parasitisme, le monopole, que le législateur de 1830 avait voulu dire, c'était le *travail*. Décidément, le prétendu principe de juillet était aussi incapable de propuire l'*Ordre* que la *Liberté*; il fallait remonter plus haut, c'est-à-dire descendre plus bas, il fallait arriver jusqu'au prolétariat, jusqu'au néant. La Révolution de février a donc été logiquement, justement, la révolution des travailleurs. Comment la bourgeoisie de 89, de 99, de 1814 et de 1830 ; comment cette bourgeoisie qui avait parcouru la chaîne descendante des gouvernemens, depuis le catholicisme et la féodalité jusqu'au capital; qui ne demandait qu'à produire et échanger ; qui ne s'était élevée au pouvoir que par le travail et l'économie, a-t-elle pu voir dans la république du travail une menace à ses intérêts?

Ainsi, la Révolution de février s'imposait aux intelligences avec l'autorité du fait et du droit. La bourgeoisie vaincue, je ne dis pas par le peuple,—Dieu merci! il n'y avait pas eu de conflit en février entre la bourgeoisie et le peuple, — mais vaincue par elle-même, avouait sa défaite. Quoique prise à l'improviste, et pleine d'inquiétudes sur l'esprit et les tendances de la République, elle convenait toutefois que la monarchie constitutionnelle avait vécu, qu'il fallait réformer, de fond en comble, le gouvernement. Elle se résignait donc; elle était prête à appuyer, de son adhésion et même de ses capitaux, le nouvel établissement. N'avait-elle pas, par son opposition, par son impatience, précipité un règne devenu un obstacle matériel à son commerce, à son industrie, à son bien-être?...

Aussi, l'avénement de la République éprouvat-il encore moins de contradictions que celui de Louis-Philippe, tant on commençait à avoir l'intelligence des temps et des révolutions !

C'est à présent que je réclame toute l'attention de mes lecteurs; car, si la leçon ne nous profite pas, il est inutile de nous occuper davantage de la chose publique. Il faut laisser les gouvernemens aller en dérive : que chacun de nous achète une carabine, un couteau-poignard, des pistolets, et barricade sa porte. La société n'est qu'une vaine utopie : l'état naturel de l'homme, l'état légal, c'est la guerre.

Le gouvernement du travail!... Ah! celui-là sera un gouvernement d'initiative, sans doute, un gouvernement de progrès et d'intelligence!... Mais qu'est-ce que le gouvernement du travail? Le travail peut-il devenir gouvernement? Le travail peut-il gouverner ou être gouverné? Qu'y a-t-il de commun entre le travail et le pouvoir?

Une pareille question, nul ne l'avait prévue : n'importe. Entraîné par le préjugé gouvernemental, le peuple n'eut rien de plus pressé que de se refaire tout d'abord un gouvernement. Le pouvoir, tombé dans ses mains laborieuses, fut incontinent remis par lui à un certain nombre d'hommes de son choix, chargés de fonder la République, et de résoudre, avec le problème politique, le problème social, le problème du prolétariat. — Nous vous donnons trois mois,

leur dit-il ; et, toujours sublime en sa naïveté, toujours tendre dans son héroïsme, il ajouta : *Nous avons trois mois de misère au service de la République!* L'antiquité et la Révolution de 92 n'ont rien de comparable à ce cri parti des entrailles du peuple de février.

Les hommes choisis par le peuple, installés à l'Hôtel-de-Ville, furent appelés *Gouvernement provisoire*, ce qu'il faut traduire gouvernement sans idée, sans but. Ceux qui, depuis dix-huit ans, regardant avec impatience le développement des idées socialistes, avaient répété sur tous les tons : *La Révolution sociale est le but, la Révolution politique est le moyen,* furent embarrassés, Dieu sait ! quand, une fois en possession du moyen, il leur fallut arriver au but et mettre la main à la besogne. Ils y réfléchirent, je n'en doute pas; et bientôt ils durent reconnaître ce que M. Thiers a révélé plus tard, ce qu'avait dit avant lui le président Sauzet, c'est que le gouvernement n'est point fait pour donner du travail aux ouvriers, que le plus sûr pour eux était de continuer le *statu quo* de Louis-Philippe et de résister à toute innovation, tant que le peuple ne l'imposerait pas d'autorité.

Pourtant ils ne manquaient point d'intelligence, ces conspirateurs de trente ans, qui avaient combattu tous les despotismes, fait la critique de tous les ministères, écrit l'histoire de toutes les révolutions; dont chacun avait une théorie politique et sociale en portefeuille. Ils ne demandaient pas mieux que de prendre une initiative quelconque, ces aventuriers du progrès; et les conseillers non plus ne leur firent défaut. Comment donc restèrent-ils trois mois sans produire le plus petit acte réformateur, sans faire avancer d'une ligne la Révolution? Comment, après avoir garanti par un décret le droit au travail, ne parurent-ils s'occuper, tout le temps qu'ils furent aux affaires, que des moyens de ne pas remplir leur promesse? Pourquoi pas le plus petit essai d'organisation agricole ou industrielle? Pourquoi s'être privé de cet argument décisif contre l'utopie, l'expérience?...—Comment! pourquoi! faut-il que je le dise? faut-il que ce soit moi, socialiste, qui justifie le Gouvernement provisoire? C'est, voyez-vous, qu'ils étaient le gouvernement, et qu'en matière de révolution l'initiative répugne à l'Etat, autant, au moins, que le travail répugne au capital. Là est la clef de tous les faits qui se sont accomplis depuis février en France et en Europe, et qui pourraient bien s'accomplir pendant longtemps encore.

C'est ici le lieu d'exposer la raison juridique de l'incapacité révolutionnaire de tout gouvernement.

Ce qui fait que le gouvernement est par nature immobiliste, conservateur, réfractaire à toute initiative, disons même contre-révolutionnaire, c'est qu'une révolution est chose *organique*, chose de *création*, et que le pouvoir est chose mécanique ou d'exécution. Je m'explique.

J'appelle *organique*, non pas les lois, purement conventionnelles, qui touchent aux élémens les plus généraux de l'administration et du pouvoir, telles que la loi municipale et départementale, la loi sur le recrutement, la loi sur l'instruction publique, etc. Le mot *organique* employé dans ce sens est tout à fait abusif, et M. Odilon Barrot avait raison de dire que de telles lois n'ont rien d'organique du tout. Ce prétendu organisme, de l'invention de Bonaparte, n'est que le machinisme gouvernemental. J'entends par *organique* ce qui fait la constitution intime, séculaire de la société, supérieurement à tout système politique, à toute constitution de l'Etat.

Ainsi, nous dirons que le mariage est chose organique. Il appartient au pouvoir législatif de prendre l'initiative de toute loi concernant les rapports d'intérêt et d'ordre domestique auxquels donne lieu la société conjugale; il ne lui appartient pas de toucher à l'essence de cette société. Le mariage est-il une institution d'une moralité absolue ou douteuse, une institution en progrès ou en décadence? On peut disputer à cet égard tant que l'on voudra : jamais un gouvernement, une assemblée de législateurs n'auront à cet égard à prendre d'initiative. C'est au développement spontané des mœurs, à la civilisation générale, à ce que j'appellerai la Providence humanitaire, de modifier ce qui peut être modifié, d'apporter les réformes que le temps seul révèle. Et voilà, pour le dire en passant, ce qui a empêché le divorce de s'établir en France. Après de longues et sérieuses discussions, après une expérience de quelques années, le législateur a dû reconnaître qu'une question aussi délicate et aussi grave n'était pas de son ressort; que le temps était passé pour nous où le divorce aurait pu entrer dans nos institutions sans danger pour la famille et sans offense pour les mœurs, et qu'en voulant trancher ce nœud, le gouvernement courait le risque de dégrader précisément ce qu'il voulait ennoblir (1).

Je ne suis suspect de faiblesse superstitieuse et de préjugés religieux d'aucune sorte : je dirai pourtant que la religion est, comme le mariage, non pas chose réglementaire et de pure discipline, mais chose organique, par conséquent soustraite à l'action directe du pouvoir. Il appartenait, telle est du moins mon opinion,

(1) Sur la question du divorce, la meilleure solution est encore celle de l'Eglise. En principe, l'Eglise n'admet point que le mariage, régulièrement contracté, puisse être dissous; mais, par une fiction de casuistique, elle déclare, en certains cas, qu'il n'existe point, ou qu'il a cessé d'exister. La clandestinité, l'impuissance, le crime emportant mort civile, l'erreur sur la personne, etc., sont pour elle, autant de cas de diremption de mariage. Peut-être serait-il possible de satisfaire également aux besoins de la société, aux exigences de la morale et au respect des familles, en perfectionnant cette théorie, sans aller jusqu'au divorce, au moyen duquel le contrat de mariage n'est plus en réalité qu'un contrat de concubinage.

à l'ancienne Constituante, en vertu de la distinction du spirituel et du temporel, admise dès longtemps dans l'Eglise gallicane, de régler le temporel du clergé et de refaire les circonscriptions épiscopales; mais je nie que la Convention eût le droit de fermer les églises. Je ne reconnais pas à l'autorité communale et à la société des Jacobins le pouvoir d'établir un nouveau culte. Le culte était chose organique en France quand la Révolution éclata; et si, par le progrès de la philosophie, on pouvait alors proclamer le droit de s'abstenir, si l'on peut prédire aujourd'hui l'extinction prochaine du catholicisme, on ne serait point autorisé à l'abroger. Le concordat de 1802 ne fut point, quoi qu'on ait dit, un fait de réaction révolutionnaire; ce fut une simple réparation exigée par l'immense majorité du peuple. Je crois encore, et sur les mêmes considérations, qu'il appartenait à la Chambre de 1830 d'assurer par la Charte la liberté, le respect et le salaire de tous les cultes ; je ne répondrais pas qu'il lui fût permis de dire que la religion catholique n'était qu'une religion de majorité. Certes, je n'appuierais point aujourd'hui la révision, dans le sens que j'indique, de l'art. 7 de la Constitution de 1848; ce qui est accompli, quoi qu'il en ait coûté, est accompli, et je le tiens irrévocable. Mais je n'eusse point voté l'art. 6 de la Charte de 1830.

Ces exemples suffisent à expliquer ma pensée. Une révolution est une explosion de la force organique, une évolution du dedans au dehors, de la société; elle n'est légitime qu'autant qu'elle est spontanée, pacifique et traditionnelle. Il y a tyrannie égale à la réprimer comme à lui faire violence.

L'organisation du travail, dont on sollicitait, après février, le Gouvernement provisoire de prendre l'initiative, touchait à la propriété, et, par suite, au mariage et à la famille; elle impliquait même, dans les termes où elle était posée, une abolition, si l'on aime mieux un rachat de la propriété. Les socialistes qui, après tant de travaux sur la matière, s'opiniâtrent à le nier, ou qui déplorent que d'autres socialistes l'aient dit, n'ont pas même la triste excuse de l'ignorance; ils sont tout simplement de mauvaise foi.

Le Gouvernement provisoire, avant d'agir, avant de prendre aucune délibération, devait donc et préalablement distinguer la *question organique* de la *question exécutive*, en autres termes, ce qui était de la compétence du pouvoir et ce qui n'en était pas. Puis, cette distinction faite, son unique devoir, son seul droit, était d'inviter les citoyens à produire eux-mêmes, par le plein exercice de leur liberté, les faits nouveaux sur lesquels lui, gouvernement, serait plus tard appelé à exercer, soit une surveillance, soit, au besoin, une direction.

Il est probable que le Gouvernement provisoire ne fut pas conduit par des considérations si hautes; il est même à croire que de tels scrupules ne l'eussent pas retenu. Il ne demandait qu'à révolutionner : seulement il ne savait comment s'y prendre. C'était un composé de conservateurs, de doctrinaires, de jacobins, de socialistes, parlant chacun une langue à part. C'eût été merveille, quand ils avaient tant de peine à s'accorder sur la moindre question de police, qu'ils vinssent à bout de s'entendre sur quelque chose comme une révolution. La discorde qui régnait au camp, bien plus que la prudence des généraux, préserva le pays des utopies du Gouvernement provisoire; les dissentimens qui l'agitaient lui tinrent lieu de philosophie.

La faute, la très grande faute du Gouvernement provisoire, ne fut pas de n'avoir su édifier, c'est de n'avoir pas su démolir.

Ainsi, il fallait abroger les lois oppressives de la liberté individuelle, faire cesser le scandale des arrestations arbitraires, fixer les limites de la prévention... On ne songea qu'à défendre les prérogatives de la magistrature, et la liberté des citoyens fut plus que jamais livrée à l'arbitraire des parquets. Il plaît à la haute police de convertir un restaurant en souricière; deux cents citoyens réunis pour dîner sont enlevés à leurs femmes et à leurs enfans, frappés, jetés en prison, accusés de complot, puis relâchés, après que le juge d'instruction, qui ne sait lui-même de quoi la police les accuse, s'est longuement convaincu qu'il n'existe contre eux aucune charge.

Il fallait désarmer le pouvoir, licencier la moitié de l'armée, abolir la conscription, organiser une landsturm, éloigner les troupes de la capitale, déclarer que le pouvoir exécutif ne pouvait, en aucun cas, et sous aucun prétexte, dissoudre et désarmer la garde nationale. — Au lieu de cela, on s'occupa de la formation de ces vingt-quatre bataillons de mobiles, dont on nous enseigna plus tard, en juin, l'utilité et le patriotisme.

Il fallait assurer la liberté de réunion, d'abord en abrogeant la loi de 1790 et toutes celles qui pouvaient prêter à l'équivoque; puis, en organisant les clubs autour des représentans du peuple, et les faisant entrer dans la vie parlementaire. L'organisation des sociétés populaires était le pivot de la démocratie, la pierre angulaire de l'ordre républicain. En place d'organisation, le Gouvernement provisoire n'eut à offrir aux clubs que la tolérance et l'espionnage, en attendant que l'indifférence publique et la réaction les fît éteindre.

Il fallait arracher les ongles et les dents au pouvoir, transporter la force publique du gouvernement aux citoyens, non seulement afin que le gouvernement ne pût rien entreprendre contre la liberté, mais encore afin d'arracher aux utopies gouvernementales leur dernière espérance. Le 16 avril, le 15 mai, n'ont-ils pas prouvé la puissance du pays contre les entreprises des minorités? Or, il n'y aurait eu ni 16 avril, ni 15 mai, si le gouvernement, avec sa force irrésistible n'eût été comme une irrésistible tentation à l'impatience des démagogues.

Tout a été pris à contre-sens le lendemain de février. Ce qu'il n'appartenait pas au gouvernement d'entreprendre, on l'a voulu faire; et c'est pour cela qu'on a conservé le pouvoir tel qu'on l'avait repris à la monarchie de juillet, qu'on en a même augmenté la force. Ce que l'on devait faire, on ne l'a pas fait; et c'est pour cela que, dès le 17 mars, la Révolution était refoulée, au nom du pouvoir, par ceux-là mêmes qui en paraissaient être les plus énergiques représentans. Au lieu de rendre au peuple sa fécondité initiatrice par la subordination du pouvoir à ses volontés, on cherchait à résoudre, par le pouvoir, des problèmes sur lesquels le temps n'avait pas éclairé les masses; pour assurer soi-disant la Révolution, on escamotait la liberté! Rien ne s'offrait aux réformateurs de ce qui s'était vu aux grandes époques révolutionnaires : nulle impulsion d'en bas; nulle indication de l'opinion; pas un principe, pas une découverte qui eût reçu la sanction du peuple. Et ce peuple, ils alarmaient journellement sa raison par des décrets qu'ils condamnaient eux-mêmes. Ne pouvant les justifier par des principes, ils prétendaient les excuser, ces décrets, au nom de la nécessité! Ce n'était plus, comme la veille, l'antagonisme, c'était le charivari de la liberté et du pouvoir.

Relisez donc l'histoire, et voyez comment se produisent et comment s'achèvent les révolutions.

Avant Luther, Descartes et l'Encyclopédie, l'État, fidèle expression de la société, livre au bourreau les hérétiques et les philosophes. Jean Hus, le précurseur de la Réforme, est brûlé à Constance, après la condamnation du concile, par le bras séculier. Mais peu à peu la philosophie s'insinue au cœur des masses : aussitôt l'État amnistie les novateurs, il les prend pour guides et consacre leur droit. La Révolution de 89, partit de la même source : elle était faite dans l'opinion, quand elle fut déclarée par le pouvoir. Dans un autre ordre d'idées, quand l'État s'est-il occupé de canaux et de chemins de fer? Quand a-t-il voulu avoir une marine à vapeur? Après les essais multipliés, et le succès publiquement reconnu des premiers entrepreneurs.

Il était réservé à notre époque de tenter, chose qui ne s'était jamais vue, une révolution par le pouvoir, et puis de la faire rejeter par la nation. Le socialisme existait et se propageait depuis 18 ans, sous la protection de la Charte, qui reconnaissait à tous les Français *le droit de publier et faire imprimer leurs opinions.* Les démagogues de février eurent le secret, en traînant le socialisme au pouvoir, de soulever contre lui, l'intolérance et de faire proscrire jusqu'aux idées. Ce sont eux qui, par ce fatal renversement des principes, firent éclater l'antagonisme entre la bourgeoisie et le peuple, antagonisme qui n'avait point paru dans les trois journées de 1848, non plus qu'en celles de 1830 ; qui ne ressortait point de l'idée révolutionnaire, et qui devait aboutir à la plus sanglante catastrophe, comme à la plus ridicule débâcle.

Pendant que le Gouvernement provisoire, dépourvu du génie des Révolutions, se séparait à la fois et de la bourgeoisie et du peuple, perdait les jours et les semaines en tâtonnemens stériles, agitations et circulaires, un je ne sais quel socialisme gouvernemental enfiévrait les âmes, affectait la dictature, et, chose étonnante pour qui n'a pas étudié la mécanique de ces contradictions, donnait lui-même, contre sa propre théorie, le signal de la résistance.

VII. — 17 mars : Réaction de Louis Blanc.

QUESTION. — Etant donnée pour un pays la situation suivante :

La révolution du mépris a renversé le gouvernement qu'avait établi le principe matérialiste des intérêts. Cette révolution, qui condamne le capital, inaugure par cela même et porte au gouvernement le travail. Or, d'après le préjugé généralement répandu, le travail, devenu gouvernement, doit procéder par les voies gouvernementales ; en autres termes, c'est au gouvernement de faire désormais ce qui s'était toujours fait sans lui et contre lui, de prendre l'initiative et de développer la révolution. Car, dit le préjugé, la révolution doit venir d'en haut, puisque c'est en haut que se trouvent l'intelligence et la force.

Mais l'expérience atteste, et la philosophie démontre, contrairement au préjugé, que toute révolution, pour être efficace, doit être spontanée, sortir, non de la tête du pouvoir, mais des entrailles du peuple ; que le gouvernement est plutôt réactionnaire que progressif ; qu'il ne saurait avoir l'intelligence des révolutions, attendu que la société, à qui seule appartient ce secret, ne se révèle point par des décrets de législature, mais par la spontanéité de ses manifestations ; qu'enfin, le seul rapport qui puisse exister entre le gouvernement et le travail, c'est que celui-ci se fasse de l'autre non un patron, mais un valet.

Dans cette situation, un certain nombre de citoyens, emportés par le commun préjugé, et cédant à une légitime impatience, veulent contraindre le gouvernement à marcher, c'est-à-dire à commencer la révolution et organiser le travail : prétention fort juste, d'après le préjugé, mais insoutenable, d'après la philosophie et l'histoire. De son côté, le gouvernement, sentant son incapacité et appuyé d'une autre partie des citoyens, refuse d'agir, ou plutôt il *réagit* contre les solliciteurs : réaction légitime, au point de vue du véritable droit démocrati-

que et social, mais souverainement injuste d'après le préjugé, auquel les empiétemens du pouvoir prêtent sans cesse une nouvelle force. On demande ce qu'il adviendra de ce conflit.

RÉPONSE. —Le seul moyen d'accorder les parties serait de leur démontrer l'incompétence naturelle du gouvernement, en toute fonction autre que la police. Aucun avis ne se produisant, la lutte est inévitable. La force de *résistance* sera donc en raison de l'intensité du *mouvement* : de plus, s'il arrive que la lutte se prolonge, la révolution, au lieu de se développer, dans le Gouvernement, suivant le sens de son impulsion primitive, lui fera parcourir une série de positions diamétralement inverse de celle que, d'après le vœu du peuple, il aurait dû suivre. En sorte que plus les hommes du mouvement chercheront à entraîner le pouvoir, plus ceux de la résistance le feront reculer.

Voilà ce que dit la théorie : voyons l'histoire.

Quinze jours s'étaient à peine écoulés depuis la proclamation de la République, que déjà l'inquiétude s'emparait des esprits. D'après les idées reçues, le pouvoir pouvait tout, et l'on ne lui voyait rien entreprendre. Les plus ardens du côté du peuple se plaignaient que le gouvernement provisoire ne fît rien pour la Révolution ; les plus trembleurs parmi les bourgeois l'accusaient, au contraire, d'en faire trop. Les décrets sur les heures de travail et les marchandages, bien plus que les fameuses circulaires de Ledru-Rollin, étaient de nature à alarmer profondément la classe bourgeoise. Toutefois, ce n'était pas tant au Luxembourg que l'opinion réactionnaire s'adressait alors, qu'à l'Hôtel-de-Ville. Les ouvriers n'ignoraient pas que Louis Blanc et Albert n'avaient aucun moyen de donner suite à leurs audacieux projets, et que leur influence sur le gouvernement provisoire était à peu près nulle ; mais la bourgeoisie, pour quelques circulaires échappées du ministère de l'intérieur, s'imaginait que la République allait faire main-basse sur les revenus et les propriétés. De toutes parts c'était donc vers le gouvernement, c'était vers Ledru-Rollin que montaient les appréhensions et les vœux. Tout le monde cherchant une occasion, elle ne pouvait longtemps faire faute ; un prétexte puéril la fournit.

Le 16 mars, quelques centaines de gardes nationaux se présentent à l'Hôtel-de-Ville pour protester contre l'ordonnance qui supprimait les compagnies d'élite, et défendait en conséquence le port des bonnets à poil. Cette manifestation, dirigée surtout contre Ledru-Rollin, se trompait d'adresse : il n'y avait alors rien de commun entre les idées politiques du ministre de l'intérieur et les théories socialistes du président du Luxembourg. Mais le branle était donné ; les destins allaient s'accomplir.

Le gouvernement tint bon contre les *bonnets à poil* : aidé de quelques patriotes rassemblés à la hâte, il refoula la manifestation. Le bruit ne s'en fut pas plus tôt répandu, que l'alarme se répandit dans les faubourgs. On avait osé attaquer le gouvernement provisoire ; une contre-manifestation fut assignée au lendemain pour le soutenir. Or, cette nouvelle manifestation ne fut bientôt elle-même, comme avait été la première, qu'un prétexte. Dans l'esprit d'un certain nombre de chefs, il ne s'agissait pas moins que de modifier la composition du gouvernement, de le forcer à prendre une initiative vigoureuse, et, pour donner toute latitude à son action, d'obtenir d'abord un ajournement plus ou moins éloigné des élections. Des listes circulaient de main en main, et Huber, mon voisin à la Conciergerie, l'un des fauteurs du mouvement, m'a assuré que mon nom se trouvait sur quelques-unes !... La pensée de la manifestation était donc triple : les uns, et c'était le plus grand nombre, entendaient seulement donner appui moral au Gouvernement provisoire ; les autres demandaient l'ajournement des élections ; les derniers, enfin, voulaient une épuration. Au reste, voici comment Louis Blanc, témoin et acteur dans ce drame, rend compte de l'événement :

« A peine sorti de l'acclamation populaire, le gouvernement provisoire avait eu à se demander comment il se définirait lui-même. Se considérerait-il comme une AUTORITÉ DICTATORIALE, consacrée par une révolution devenue nécessaire, et *n'ayant à rendre ses comptes au suffrage universel qu'après avoir fait* tout le bien qui était à faire? Bornerait-il au contraire sa mission à convoquer immédiatement l'assemblée nationale, en se renfermant dans les mesures d'urgence, dans des actes d'administration d'une portée secondaire?

» Le Conseil se rangea à ce dernier avis.

» Pour moi, j'avais une opinion entièrement opposée à celle qui prévalut, et je regardais l'adoption de l'autre parti comme devant exercer la plus heureuse influence sur les destinées de la République nouvelle.

» Considérant donc l'état d'ignorance profonde et d'asservissement moral où les campagnes en France vivent plongées, l'immensité des ressources que ménage aux *ennemis du progrès* la possession exclusive de tous les moyens d'influence et de toutes les avenues de la richesse, tant de germes impurs déposés au fond de la société par un demi-siècle de corruption impériale ou monarchique, enfin la supériorité numérique du peuple ignorant des campagnes sur le peuple éclairé des villes, je pensais :

» Que nous aurions dû reculer *le plus loin possible* le moment des élections.

» Qu'il nous était commandé de prendre, dans l'intervalle, et cela hautement, hardiment, sauf à en répondre sur nos têtes, l'initiative des vastes réformes à accomplir, réserve faite pour l'Assemblée nationale du droit de raffermir en-

suite, *ou de renverser* notre œuvre d'une main souveraine. »

On voit, sans que j'aie besoin d'en faire la remarque, que les argumens de Louis Blanc pour prendre la dictature sont exactement les mêmes que ceux dont les Républicains *honnêtes* et *modérés* se sont servis après lui pour légitimer deux fois de suite l'état de siége, donner la dictature au général Cavaignac, porter à la présidence Louis Bonaparte, déclarer les socialistes *ennemis de la société*, et créer, sous la République, un despotisme tel, qu'on serait tenté de regarder comme un libérateur le premier prétendant qui prendra la couronne. Où peut aller une nation, quand amis et ennemis sont sûrs de la magnétiser tour à tour avec les mêmes phrases?

« Mon opinion se trouva conforme à celle du peuple de Paris... J'appris au Luxembourg, plusieurs jours avant le 17 mars, que le peuple de Paris se disposait à faire une imposante manifestation, dans le double but d'obtenir l'ajournement des élections et l'éloignement des troupes qui occupaient encore Paris. »

Ce que dit Louis Blanc de l'éloignement des troupes est vrai. Le peuple le demandait avec instance : seulement Louis Blanc ne s'aperçoit pas que ce second motif contredit l'autre. Qu'était-ce, en effet, pour le peuple que l'éloignement des troupes? Le désarmement du pouvoir, l'impuissance du gouvernement. Le peuple, quand il est livré à son seul instinct, voit toujours plus juste que lorsqu'il est conduit par la politique de ses meneurs : il sentait, et c'était pour lui un vieux dicton, que le gouvernement n'est jamais meilleur que lorsqu'il est sans vertu. *Notre ennemi, c'est notre maître!* a dit l'homme du peuple par excellence, le vieux Lafontaine.

Voici donc quel était le plan : 1° Demander au Gouvernement provisoire l'ajournement des élections, afin de lui assurer cette *autorité dictatoriale*, sans laquelle, dit Louis Blanc, *il ne pouvait faire le bien;* 2° modifier la composition du gouvernement. Car, et c'est encore Louis Blanc qui l'avoue, il existait entre les divers membres du Gouvernement provisoire *des dissidences graves,* incompatibles avec l'exercice de la dictature : or, qui veut la fin veut les moyens. A quoi bon une autorité dictatoriale, si le gouvernement demeurait hétérogène?

Mais quels seraient les dictateurs?...

A cette question délicate, on allait, chose merveilleuse, trouver pour toute réponse la réaction! Ecoutons le fidèle narrateur.

« Mais, je l'avoue, l'idée de la manifestation elle-même m'effraya. J'avais de la peine à croire que plus de 150,000 ouvriers traversassent tout Paris sans y causer la moindre agitation, sans y donner lieu au moindre désordre... »

Une fois arrivés au pouvoir les hommes se ressemblent tous. C'est toujours le même zèle de l'autorité, la même méfiance du peuple, le même fanatisme de l'ordre. N'est-il pas plaisant de voir que, le 17 mars, les préoccupations qui agitaient Louis Blanc, fauteur secret de la manifestation, étaient précisément les mêmes que celles qui, trois semaines auparavant, avaient agité M. Guizot?

« Le peuple devait se porter en masse à l'Hôtel-de-Ville pour obtenir l'ajournement des élections. Cette grande démarche serait-elle sans danger? Jusqu'alors Paris, le Paris de la révolution, avait été admirable de majesté tranquille et de puissant repos, ne devions-nous pas veiller à ce qu'il gardât jusqu'au bout cette noble attitude?... »

L'ordre, toujours l'ordre; c'est-à-dire l'obéissance, toujours l'obéissance. Sans cela vous aurez la révolution, avait dit M. Guizot; sans cela vous n'aurez pas la révolution, disait Louis Blanc.

Comment donc prévenir la manifestation annoncée? C'est Louis Blanc qui se pose ainsi la question. — Et s'il était vrai que des agitateurs inconnus voulussent faire sortir quelque orage du fond de la multitude mise en mouvement, comment déjouer leurs projets? C'est encore Louis Blanc qui prévoit le cas. Des agitateurs! s'écrie-t-il. M. Guizot disait : des factieux!

Le moyen proposé par Louis Blanc est à citer : il méritait d'être proposé à M. Guizot. La Révolution aurait été détournée le 22 février, comme la dictature prétendue de Blanqui le fut au 17 mars.

Il fallait, dit Louis Blanc, accorder à la multitude ce qu'elle demandait, c'est-à-dire l'ajournement des élections (la seule chose dont il fût parlé dans la pétition des délégués), en y mettant pour condition l'intégrité du gouvernement provisoire. — En deux mots, accepter la lettre de la pétition, et feindre de ne pas en apercevoir l'esprit; accorder l'ajournement, ne fût-il que de quinze jours, et maintenir le Gouvernement. Voilà comment Louis Blanc imagina de donner le change aux pétitionnaires. Une autre fois, quand le peuple se mêlera de pétitionner, il saura qu'avec le pouvoir il faut s'expliquer clairement et catégoriquement.

Mais pourquoi Louis Blanc, qui appuyait les motifs de la manifestation, qui les avait développés dans le conseil, qui les avait fait pénétrer dans les masses, répugnait-il si fort à mutiler le Gouvernement provisoire? Etait-ce par considération seulement et amitié pour ses collègues? Pas le moins du monde. Ecoutons notre historien :

« Ces dissidences qui, au point de vue de l'unité d'action, auraient fait du gouvernement provisoire un très mauvais pouvoir, constituaient son originalité comme gouvernement de passage, destiné à garder la place de la souveraineté. Oui, l'hétérogénéité même des élémens dont il se composait était de nature à sauver la situation, parce qu'elle tendait à

MAINTENIR EN ÉQUILIBRE les diverses forces de la société... »

Donc le gouvernement provisoire, chargé uniquement de maintenir l'équilibre, n'avait point à diriger le mouvement révolutionnaire, pas plus dans un sens que dans l'autre; donc, puisqu'il était conservateur, il n'était pas initiateur; donc il n'avait que faire d'une autorité dictatoriale; donc l'ajournement des élections était plus qu'inutile, il était impolitique : c'était un attentat à la souveraineté du peuple; donc la manifestation était absurde. Voilà la conséquence que Louis Blanc devait tirer de ses propres prémisses, et s'il ne l'a pas tirée, les événemens l'ont fait pour lui.

« Nous étions dans l'attente... Tout à coup, à une des extrémités de la place de Grève, paraît une masse sombre et compacte. C'était les corporations. Séparées l'une de l'autre par des intervalles égaux et précédées de leurs bannières diverses, elles arrivaient gravement, en silence, dans l'ordre et avec la discipline d'une armée...

Les délégués étant montés à l'Hôtel-de-Ville, et l'un d'eux, le citoyen Géraud, ayant lu la pétition, j'aperçus, parmi les assistans, des figures inconnues, dont l'expression avait quelque chose de sinistre. »

C'étaient apparemment les mêmes qui furent remarquées depuis, par les honnêtes et les modérés, au 15 mai et dans les journées de juin. Les hommes de gouvernement sont sujets à de singulières hallucinations.

« Je compris aussitôt que des personnes étrangères aux corporations s'étaient mêlées au mouvement (pourquoi pas? N'y avait-il que les corporations du Luxembourg, dignes de représenter le peuple?), et que ceux qui se présentaient comme députés par la multitude, ne l'étaient pas tous réellement, ou du moins au même titre. Il y avait des hommes impatiens de renverser au profit de l'opinion représentée par Ledru-Rollin, Flocon, Albert et moi, ceux des membres du Gouvernement provisoire qui représentaient une opinion contraire. »

Ces hommes-là, il faut l'avouer, étaient plus conséquens que vous. Ils représentaient en ce moment la pure démagogie; et vous, avec vos délégués et tout votre Gouvernement provisoire, vous n'étiez déjà plus que des doctrinaires. Mais voyons la fin.

Comme il est d'usage en pareille circonstance, Louis Blanc, Ledru-Rollin, Lamartine amusent le peuple par des discours; Sobrier, Cabet, Barbès et d'autres, prennent parti pour le Gouvernement provisoire contre Flotte, Huber, Blanqui et consorts. Des voix menaçantes demandent une réponse positive : on leur répond que le Gouvernement ne peut agir si on ne le laisse délibérer. Un homme s'élance vers Louis Blanc, et, lui saisissant le bras : Tu es donc un traître, toi aussi! lui dit-il. « En pensant à cette injustice des passions, dit Louis Blanc, je ne pus me défendre d'un sourire amer, et ce fut tout. » Enfin, les membres du Gouvernement se montrent au balcon, et la comédie finit par un défilé.

« Telle fut, ajoute Louis Blanc, cette journée du 17 mars, *la plus grande peut-être de toutes les journées historiques dans la mémoire des hommes!...* »

MM. Ledru-Rollin, Crémieux et Lamartine ont eu le droit de dire que le 17 mars fut une belle journée, et d'en revendiquer l'honneur : eux ne voulaient pas de la dictature, et ce jour-là la France fut peut-être sauvée des dictateurs. Mais Louis Blanc et ceux qui, à son exemple, demandaient l'ajournement indéfini des élections, afin que le gouvernement, revêtu d'une autorité sans bornes, eût le temps de *faire le bien,* ceux-là doivent avouer que ce fut pour eux une pitoyable journée. Quoi! voici un homme convaincu que la dictature est nécessaire pour faire le bien du peuple; que les hommes du pouvoir, ses collègues, sont hostiles au progrès; que la Révolution est en péril si l'on ne réussit à.les remplacer : il sait que l'occasion est rare; qu'une fois échappée elle ne revient plus; qu'un seul instant lui est donné pour frapper un coup décisif; et. quand arrive ce moment, il en profite juste pour refouler ceux qui lui apportent leurs dévoûmens et leurs bras, il se détourne de leurs sinistres figures! Et vous ne croirez pas qu'il y avait dans cet homme quelque chose qui, à son insu, parlait plus haut que ses convictions?

Le 17 mars commença cette longue réaction que nous allons voir passer successivement du socialisme au jacobinisme, du jacobinisme au doctrinarisme, du doctrinarisme au jésuitisme, et qui, si la raison publique n'y met ordre, ne paraît pas près de finir. Elle a commencé au sein même du Gouvernement provisoire, et par qui, grand Dieu! par celui-là même qui poussait le plus au mouvement, par Louis Blanc. Je ne l'en accuse pas, certes; j'ai prouvé à sa décharge que son instinct avait été plus sûr en lui que le jugement. J'eusse seulement préféré qu'il ne se mît pas dans la nécessité de réagir contre des hommes qui, après tout, ne faisaient qu'exprimer sa propre pensée : car toute réaction est regrettable. Mais m'accordera-t-on que si la République n'a tenu aucune de ses promesses, si le socialisme est resté à l'état d'utopie, la cause pourrait bien n'être pas toute dans l'incapacité du Gouvernement provisoire et les intrigues bourgeoises? La cause, elle est à tous ceux qui auraient voulu réaliser la révolution par voie gouvernementale, avant de l'avoir fait entrer dans la conscience publique, et qui, pour exécuter cette chimérique entreprise, ont soulevé la méfiance du pays en retardant d'un jour, d'une heure, l'exercice du suffrage universel.

VIII. — 16 avril : Réaction de Ledru-Rollin.

La démocratie gouvernementale, trompée dans ses espérances par ses propres coryphées, pouvait désormais se regarder comme éliminée. Il n'y avait plus de risque qu'elle reprît le dessus. La scission était consommée : le parti démagogique et social avait maintenant sa droite et sa gauche, ses modérés et ses ultras. Les nouveaux jacobins imposaient silence aux nouveaux cordeliers. Le pays était en éveil; la bourgeoisie n'avait plus qu'à se tenir prête, et à se jeter comme appoint du côté qui inclinerait vers elle, au premier symptôme de contradiction.

Il ne fallait pas s'attendre, en effet, que l'opinion si hautement professée par Louis Blanc et ses amis, et qui a tant de racines en France, passât sitôt et se tînt pour battue; d'autant plus que les événemens de chaque jour, et la mesquinerie des actes du Gouvernement provisoire ne cessaient de l'aviver. Ce qu'on se flattait d'avoir seulement réprimé le 17 mars, ce n'était pas la dictature, que l'on jugeait plus que jamais nécessaire, c'était Blanqui. Blanqui, écarté par la réprobation du Luxembourg, écrasé par la diffamation partie de l'Hôtel-de-Ville, on espérait ressaisir sans opposition, surtout sans rivalité, l'omnipotence dictatoriale. Comme si tout à l'heure, en repoussant l'homme, on n'avait pas condamné l'idée!...

Cette idée vivait partout. Le Gouvernement provisoire, condamné par sa nature, et par l'hétérogénéité de ses élémens à se renfermer dans le rôle de conservateur, était bouillonnant de révolution : il voulait, quand même, révolutionner. Le souffle de l'opinion le poussant, il s'efforçait de saisir une initiative quelconque. Triste initiative! La postérité refuserait de croire aux actes du Gouvernement de février, si l'histoire n'avait pris soin d'en enregistrer les pièces. A part quelques mesures d'économie publique et d'utilité générale dont le temps avait révélé l'urgence et que la circonstance commandait, tout le reste ne fut que farce, parade, contresens et contre-bon-sens. On dirait que le pouvoir rend stupides les gens d'esprit. Le Gouvernement provisoire n'est pas le seul, depuis février, qui en fait l'expérience.

Si les circulaires de Ledru-Rollin, si les 45 centimes de Garnier-Pagès furent des fautes en politique et en finance, ce qu'à toute force on pourrait encore contester, ces fautes-là du moins avaient un sens, une intention, une portée; on savait ce que voulaient ou ne voulaient pas leurs auteurs; ils n'étaient ni plats ni absurdes. Mais que dire de ces proclamations aussi oiseuses que puériles, où le Gouvernement provisoire annonçait la mise en jugement de M. Guizot et de ses collègues, abolissait les titres de noblesse, déliait les fonctionnaires de leurs sermens, changeait la disposition des couleurs sur le drapeau tricolore, effaçait les noms monarchiques des monumens, et leur en donnait de soi-disant républicains, faisait des Tuileries les *Invalides du Peuple*, etc., etc.? — Il prenait bien son temps le Gouvernement provisoire !

Dans une adresse emphatique, il s'écriait, par la bouche de M. Lamartine : *Les portes de la liberté sont ouvertes* !... Ailleurs, il mettait le *désintéressement* à l'ordre du jour, et faisait savoir à tous que la vraie politique était la *grandeur d'âme*. Une autre fois, sur la proposition de Louis Blanc, *il invitait le peuple à la patience*, disant que la question du travail était COMPLEXE, qu'*on ne pouvait la résoudre en un instant*, ce dont personne, à l'exception du Gouvernement provisoire, n'avait douté jusque-là.

Le peuple avait demandé l'éloignement des troupes. Un journaliste, M. Emile de Girardin, mieux avisé encore, proposait de réduire immédiatement l'armée de 200,000 hommes. C'était marcher à la révolution cela, c'était aller à la liberté. Le Gouvernement provisoire répondit au vœu du peuple, en même temps qu'à la proposition du journaliste, 1° en décrétant la création de vingt-quatre bataillons de gardes mobiles ; 2° en faisant peu de temps après un appel de 80,000 hommes ; 3° en invitant la jeunesse des écoles à s'enrôler dans les sections. Sans compter que les troupes ne s'éloignèrent pas. Ce que le Gouvernement provisoire prenait pour initiative n'était qu'une imitation de 93. Que voulait-il donc faire de tous ces soldats ? Juin, juin par deux fois, nous l'apprendra.

Comme il ne pouvait par lui-même s'occuper de la grande question du siècle, et qu'il eût été d'ailleurs fort embarrassé de la résoudre, le Gouvernement provisoire avait pris le sage parti de l'enterrer. C'est à quoi surtout il appliqua son initiative. Ainsi, il nommait une commission (voilà bien le gouvernement !) pour *examiner* la question du travail ; une autre commission pour *examiner* la question du crédit ; une troisième commission pour réprimer la *curée des places* ! Le beau sexe n'était pas oublié : une ordonnance du ministre de l'instruction publique autorisait le citoyen Legouvé à ouvrir à la Sorbonne un cours d'*Histoire morale de la femme*. Puis le Gouvernement provisoire organisait des fêtes : invitation était faite par son ordre aux ministres des cultes de faire chanter le *Domine salvam fac rempublicam*, et d'appeler sur la République la *bénédiction divine*. Caussidière lui-même, le terrible Caussidière, faisait rendre au service du culte l'église de l'Assomption, dont les patriotes avaient fait un club. Et vous êtes surpris que le pape soit à présent plus maître à Paris qu'à Rome !.. L'abbé Lacordaire devenait en même temps représentant et prédicateur ordinaire de la République, pendant que l'archevêque de Paris, Affre, avec une malicieuse bonhomie, faisait chanter dans les églises le verset ironique : *Domine salvum fac populum ;*

O Dieu, sauvez ce peuple ; car il ne sait ce qu'il fait.

Du reste, le public et la presse étaient à l'unisson de l'autorité. Un placard demandait que le gouvernement *empêchât la sortie des capitaux*, et que M. Rothschild fût mis en surveillance. Un autre proposait de vendre les diamans de la couronne, et d'inviter tous les citoyens à porter leur argenterie à la Monnaie ; un troisième parlait de transporter les restes d'Armand Carrel au Panthéon. La *Démocratie pacifique*, prenant aussi l'initiative, demandait que la blouse fût adoptée pour uniforme par toutes les gardes nationales de la république ; que des bureaux d'*indication* et de *placement* pour les ouvriers fussent organisés par l'Etat ; que des professeurs fussent envoyés dans les départemens pour démontrer aux paysans la supériorité de la forme démocratique sur la monarchique, etc. George Sand chantait des hymnes aux prolétaires ; la Société des gens de lettres se mettait à la disposition du gouvernement : pourquoi faire, c'est ce qu'elle ne disait point, et qu'on n'a jamais su ! Une pétition revêtue de 5,000 signatures demandait d'urgence le *Ministère du progrès* ! On n'aurait jamais cru, sans la révolution de février, qu'il y eût autant de bêtise au fond d'un public français. On eût dit le monde de Panurge. Blanqui, ou plutôt son parti, avait-il donc si grand tort de vouloir, par un coup de balai populaire, nettoyer ces étables d'Augias, le Luxembourg et l'Hôtel-de-ville ?...

Tout cela, on le comprend, ne faisait pas le compte des ouvriers non plus que des bourgeois. Les jours se suivaient et se ressemblaient, c'est-à-dire qu'on ne faisait absolument rien. La Révolution s'évaporait comme un alcool en vidange : bientôt il n'en resterait plus que le laisser-passer, une date !... Les corporations du Luxembourg et les clubs résolurent de revenir à la charge. Le socialisme, entraîné par les folles imaginations des néo-jacobins, donna en plein dans le projet. On avait élaboré au Luxembourg un ensemble de décrets, que je n'ai pas lus, attendu qu'on ne les a pas publiés, mais qui ne pouvaient manquer d'être fort beaux : c'étaient des décrets. On tenait en main le salut du peuple ; le repousser, ou seulement l'ajourner, eût été un crime. Une manifestation fut organisée pour le dimanche, 16 avril, par les ouvriers des corporations : le prétexte était la nomination de quatorze officiers d'état-major, à la suite de laquelle on devait aller à l'Hôtel-de-Ville présenter une pétition avec une offrande patriotique. « C'est à nous, hommes d'action et » de dévouement, disaient les pétitionnaires, » qu'il appartient de déclarer au Gouvernement » provisoire que le peuple veut la République » démocratique ; que le peuple veut l'abolition » de l'exploitation de l'homme par l'homme ; » que le peuple veut l'organisation du travail par » l'association. » Des mesures étaient concertées d'avance par les hommes du Luxembourg, pour que des personnes étrangères à la manifestation ne pussent point, comme au 17 mars, essayer d'en changer le caractère et le but : mais on avait compté sans Blanqui (1). Tandis que le Luxembourg sommait le pouvoir de s'occuper de *l'organisation du travail par l'association*, les clubs, raconte M. de Lamartine, et mes renseignemens concordent avec les siens, se mettaient en permanence, nommaient un Comité de salut public, et se préparaient, comme au 17 mars, à prendre la tête de la manifestation, et à provoquer l'épuration du Gouvernement provisoire.

Louis Blanc, dont la pensée ramenait tout au Luxembourg, ne paraît pas avoir eu, le 16 avril, la conscience claire de ce qui se préparait : dans sa Revue du 15 septembre, il nie l'existence d'un complot. J'avoue que tout en rendant justice à ses sentimens vis-à-vis de ses collègues, tout en reconnaissant le caractère pacifique qu'il s'efforçait d'imprimer à la manifestation, j'eusse préféré, pour l'honneur de son intelligence et la moralité de sa situation, le voir entrer hardiment dans la politique de Blanqui, au lieu de la contrecarrer sans cesse par une sourde et mesquine hostilité. Tout l'y invitait, tout l'excusait. Au point de vue de l'ancienne opposition dynastique, qui avait provoqué la Révolution de février, comme du parti républicain, qui l'avait si hardiment exécutée, Louis Blanc pouvait tout entreprendre : son droit ne relevait que de sa force. Puisque les hommes que le choix du peuple avait d'abord désignés pour faire partie du Gouvernement provisoire n'agissaient pas, rien de plus simple que de les remplacer par d'autres qui agiraient : le mandat du 16 avril eût été tout aussi authentique que celui du 25 février. Rester plus longtemps dans le *statu quo*, c'était trahir la Révolution ; il fallait marcher : à moins d'être absurde, la manifestation du 16 avril ne peut s'interpréter autrement. Et si mes informations ne me trompent, j'ose dire qu'aucun de

(1) Lorsque je signale la présence de Blanqui dans la manifestation du 16 avril, c'est surtout du parti que je veux parler, beaucoup plus que de l'homme. Il est avéré que cette manifestation est partie du Luxembourg : quelques-uns assurent même qu'elle était secrètement appuyée par la préfecture de police, et dirigée tout à la fois contre l'influence de Blanqui et celle du *National*. En sorte que, d'après cette version, les auteurs de la manifestation du 16 avril, ultra-révolutionnaires à l'égard des républicains du *National* et de la *Réforme*, n'étaient plus que des tiers-partis vis-à-vis des communistes, à la tête desquels on faisait figurer, *ex-æquo*, Cabet et Blanqui. Il n'est donc pas probable que ce dernier ait pris aucune initiative dans un mouvement qui avait pour but, en partie, de le sacrifier. Mais en révolution, les meneurs proposent et le peuple dispose. Au 16 avril, comme au 17 mars, les amis de Blanqui, qui se trouvaient un peu partout, à la préfecture de police comme au Luxembourg, donnèrent le ton au mouvement, et ce que l'on avait prémédité de faire contre les deux fractions extrêmes du parti démocratique tourna au profit de la réaction conservatrice. Quand donc la démocratie sera-t-elle débarrassée de toutes ces intrigues qui la perdent et la déshonorent ?

ceux qui, avec connaissance de cause, y ont pris part, ne me désavouera.

Au reste, si les deux membres du Gouvernement provisoire qui siégeaient au Luxembourg méconnurent le rôle que, bon gré mal gré, leur faisait la manifestation, le peuple ne s'y trompa pas ; ajoutons que le gouvernement et la garde nationale ne s'y trompèrent pas non plus. Le récit que fait Louis Blanc de cette journée, tendant à établir la parfaite innocuité de la manifestation, est par trop naïf, je dirai même par trop injurieux à l'intelligence des démocrates. En quelques heures Paris fut sur pied : tout le monde prenant parti, qui pour la manifestation, qui pour le Gouvernement provisoire. Et cette fois encore ce fut la fraction démocratique opposée à Blanqui et aux communistes, qui donna le signal de la réaction. Tandis que Ledru-Rollin, trompé, assure Louis Blanc, par de faux rapports, mais en réalité très peu engoué du socialisme et de la politique du Luxembourg, faisait battre le rappel, Barbès, au nom du club de la Révolution, dont je faisais partie avec Pierre Leroux, et qui siégeait alors en permanence, se rendait auprès du gouvernement pour l'appuyer et lui offrir notre adhésion. Nous ne savions rien au juste de ce qui se passait ; si c'étaient des blancs ou des rouges qui menaçaient la République : dans l'incertitude, nous nous rangions autour du pouvoir, comme autour du drapeau de la Révolution. Ledru-Rollin recueillit de ce rappel battu une longue et injuste impopularité ; Barbès, comprenant mais trop tard la fatalité de sa position, en versa, dit-on, des pleurs de regret. Mais l'opinion anti-gouvernementale était la plus forte : décidément, le pays ne voulait pas se laisser révolutionner par en haut ; et tandis que Barbès, cédant à des répulsions peut-être trop personnelles, croyait ne résister qu'aux exaltés des clubs, le Bayard de la démocratie était dans les vrais principes : il représentait, contre ses propres inclinations, la pensée intime du peuple. Les gardes nationaux, qui jusqu'à quatre heures avaient ignoré la cause du mouvement, n'eurent que la peine de se montrer pour y mettre fin. Au balcon de l'Hôtel-de-Ville, pendant le défilé, Louis Blanc et Albert furent vus pâles et consternés, au milieu de leurs collègues qui semblaient leur adresser leur imprudence les plus vifs reproches. Le soir, le cri de *A bas les Communistes* ! venait témoigner qu'en France le gouvernement est placé vis-à-vis du pays dans les mêmes conditions que Figaro vis-à-vis de la censure : il lui est permis de tout dire et de tout faire, à la condition d'être de l'avis de tout le monde.

Louis Blanc avait eu l'honneur de la réaction du 17 mars ; Ledru-Rollin eut l'honneur de la réaction du 16 avril. Autant le premier avait été fondé à s'opposer à la dictature vraie ou supposée de Blanqui, autant le second l'était dans son opposition à la dictature de Louis Blanc. Au

16 avril, Ledru-Rollin n'était ni socialiste ni communiste ; il se moquait des théories de son collègue. Délégué du peuple au ministère de l'intérieur, responsable de l'ordre et de la liberté devant le pays, chargé de défendre tous les intérêts, il ne put voir dans la manifestation du 16 avril qu'une tentative d'usurpation : il résista. Qui oserait le condamner ? A coup sûr, ce n'est pas Louis Blanc.

Le 16 avril, comme le 17 mars, n'en fut pas moins un échec à la Révolution : car toute attaque au pouvoir, dans le but de s'en servir pour violenter les instincts d'un pays, que cette attaque soit ou non suivie de succès, est un échec au progrès, une reculade. Louis Blanc avait-il l'espoir de faire triompher, par coup d'Etat et autorité dictatoriale, un système de réforme économique qui se résumait dans ces trois propositions :

1° *Créer au pouvoir une grande force d'initiative ;*

2° *Créer et commanditer aux frais de l'Etat des ateliers publics ;*

3° *Eteindre l'industrie privée sous la concurrence de l'industrie nationale?*

C'eût été de sa part une grande illusion. Or, si le système économique de Louis Blanc n'est qu'oppression ; si le moyen dont il entendait se servir pour l'appliquer n'est qu'usurpation, comment qualifier la tentative du 16 avril? comment l'excuser, je ne dis pas devant la conscience, — la bonne foi du publiciste couvre ici les intentions de l'homme d'Etat, — mais devant la raison ?

C'est à partir du 16 avril que le socialisme est devenu particulièrement odieux au pays. Le socialisme existait depuis juillet. Depuis juillet, saint-simoniens, phalanstériens, communistes, humanitaires, et autres, entretenaient le public de leurs innocentes rêveries ; et ni M. Thiers, ni M. Guizot n'avaient daigné s'en occuper. Ils ne craignaient point alors le socialisme, et ils avaient raison de ne le pas craindre, tant qu'il n'était pas question de l'appliquer aux frais de l'Etat et par autorité publique. Après le 16 avril, le socialisme souleva contre lui toutes les colères : on l'avait vu, minorité imperceptible, toucher au gouvernement ! Ce qui fait que les partis se détestent, c'est bien moins la divergence de leurs idées que leur tendance à se dominer l'un l'autre : on se soucie peu des opinions ; on n'a d'inquiétude que du côté du pouvoir. S'il n'y avait pas de gouvernement, il n'y aurait pas de partis ; s'il n'y avait pas de partis, il n'y aurait pas de gouvernement. Quand sortirons-nous de ce cercle ?

IX. — 15 mai : Réaction Bastide et Marrast.

L'idée d'une puissance souveraine, initiatrice et modératrice, constituée, sous le nom de Gouvernement, Etat ou Autorité, au-dessus de la nation, pour la diriger, la gouverner, lui dicter des lois, lui prescrire des réglemens, lui imposer des jugemens et des peines ; cette idée-là, dis-je, n'est autre que le principe même du despotisme, que nous combattons en vain dans les dynasties et les rois. Ce qui fait la royauté, ce n'est pas le roi, ce n'est pas l'hérédité : c'est, comme nous le verrons plus bas, en parlant de la Constitution, le cumul des pouvoirs ; c'est la concentration hiérarchique de toutes les facultés politiques et sociales en une seule et indivisible fonction, qui est le gouvernement, que ce gouvernement soit représenté par un prince héréditaire, ou bien par un ou plusieurs mandataires amovibles et électifs.

Toutes les erreurs, tous les mécomptes de la démocratie proviennent de ce que le peuple, ou plutôt les chefs de bandes insurrectionnelles, après avoir brisé le trône et chassé le dynaste, ont cru révolutionner la société parce qu'ils révolutionnaient le personnel monarchique, et qu'en conservant la royauté tout organisée, ils la rapportaient, non plus au droit divin, mais à la souveraineté du peuple. Erreur de fait et de droit, qui dans la pratique n'a jamais pu s'établir, et contre laquelle protestent toutes les révolutions.

D'un côté, la logique des événemens a constamment prouvé qu'en conservant à la société sa constitution monarchique, il fallait tôt ou tard revenir à la sincérité de la monarchie ; et il est rigoureusement vrai de dire que la démocratie, pour n'avoir pas su définir son propre principe, n'a été jusqu'ici qu'une défection envers la royauté. Nous ne sommes pas des républicains ; nous sommes, suivant la parole de M. Guizot, des *factieux*.

D'autre part, les politiques du droit divin, argumentant de la constitution même du pouvoir prétendu démocratique, ont démontré à leurs adversaires que ce pouvoir relevait nécessairement d'un autre principe que la souveraineté du peuple, qu'il relevait de la théocratie, dont la monarchie n'est, ainsi que je l'ai dit, qu'un démembrement. Le gouvernementalisme, remarquez-le bien, n'est point issu d'une doctrine philosophique, il est né d'une théorie de la Providence. Chez les modernes, comme dans l'antiquité, le sacerdoce est le père du gouvernement. Il faut remonter d'abord à Grégoire VII, puis de celui-ci jusqu'à Moïse et aux Egyptiens, pour retrouver la filiation des idées gouvernementales, et l'origine de cette funeste théorie de la compétence de l'Etat en matière de perfectibilité et de progrès.

Moïse, s'obstinant à faire une société de déistes d'une peuplade idolâtre, à peine sortie des habitudes anthropophages, ne réussit qu'à la tourmenter pendant douze siècles. Tous les malheurs d'Israël lui vinrent de son culte. Phénomène unique dans l'histoire, le peuple hébreu présente le spectacle d'une nation constamment infidèle à son dieu national, parlons plus juste, à son dieu légal, car Jéhovah n'est juif que d'adoption, — et qui commence seulement à s'attacher à lui, lorsqu'après avoir perdu son territoire, n'ayant pas un rocher où elle puisse dresser un autel, elle arrive à l'idée métaphysique de Dieu par la destruction de l'idole. C'est vers le temps des Machabées, et surtout à l'apparition du Christ, que les Juifs se prennent de cœur pour le culte moïsiaque : il était dans la destinée de cette race d'être toujours en retard sur ses institutions.

Plus de 2,000 ans après Moïse, presque dans les mêmes lieux et chez le même peuple, un autre réformateur put accomplir en une génération ce que Moïse et le sacerdoce qu'il avait fondé pour continuer son œuvre n'avaient pu opérer en douze siècles. Le déisme de Mahomet est le même que celui de Moïse; les commentaires des Arabes sur le Koran semblent venus de la même source que les traditions des rabbins. D'où vient donc cette prodigieuse différence dans le succès? C'est que Moïse avait, comme dit la Bible, appelé Israël; tandis que Mahomet avait été appelé par Edom.

A l'exemple de Moïse et du sacerdoce aaronique, les papes, leurs successeurs, voulurent aussi pétrir au gré de leur catholicisme farouche les populations naïves du moyen-âge. Le règne de cette papauté initiatrice fut pour les races chrétiennes, comme l'avait été l'influence du sacerdoce pour les Juifs, une longue torture. Je n'en citerai, pour le moment, que ce seul exemple : les peuples du moyen-âge, d'accord avec le bas clergé, étaient opposés au célibat ecclésiastique; ils soutenaient les prêtres mariés contre les anathèmes de l'Eglise de Rome. Mais le célibat des prêtres était, pour la théocratie, une condition d'existence. Par le mariage, le prêtre appartenait plus à la cité qu'à l'Eglise : la centralisation romaine plus impossible. Périsse la démocratie, périsse l'humanité plutôt que le pape! La volonté du pontife fit plier la volonté du peuple; les prêtres mariés furent notés d'infamie, leurs épouses traitées de concubines, leurs enfans déclarés bâtards. Après une longue lutte, l'autorité spirituelle l'emporta; mais la soumission ne fut pas longue, et les représailles furent terribles. Des cendres des Albigeois, des Vaudois, des Hussites, sortit enfin Luther, cet autre Marius; Luther, moins grand pour avoir aboli les indulgences, les images, les sacremens, la confession auriculaire, le célibat ecclésiastique, que pour avoir frappé le catholicisme au cœur, et avancé l'heure de l'émancipation universelle. Je reprends mon récit.

Enfin, quoique un peu tard, le suffrage universel s'était fait entendre. L'Assemblée nationale était réunie, le Gouvernement provisoire avait résigné ses pouvoirs, la commission exécutive était installée, et toujours rien ne se faisait, rien ne se préparait. L'Etat, immobile, restait, pour ainsi dire, au port d'armes.

Les démocrates gouvernementalistes résolurent de tenter un nouvel effort. Cette fois, ils se montrèrent plus habiles : on ne parla ni de socialisme ni de dictature; la question fut exclusivement politique. On s'adressait aux sentimens les plus chers de l'Assemblée. L'émancipation de la Pologne fut le prétexte de cette troisième journée. Question de nationalité pour un peuple ami, jadis le boulevard de la chrétienté contre les Ottomans, et naguère encore celui de la France contre les hordes du Nord; question de propagande démocratique, et par suite d'initiative gouvernementale pour le socialisme, l'émancipation de la Pologne, appuyée du suffrage du peuple, devait enlever les sympathies des représentans, et promettait le succès à toutes les idées de réforme. Que l'Assemblée déclarât la Pologne libre (ce qui voulait dire la guerre avec l'Europe, comme le voulait la politique démocratique), ou qu'elle organisât le travail, comme le lui demandait le socialisme, c'était, pour le quart d'heure, absolument la même chose. Les discours des citoyens Wolowski, Blanqui, Barbès et Raspail, l'ont prouvé.

La situation rendait la chose encore plus palpable. Dire au gouvernement de prendre l'initiative de l'émancipation des nationalités, c'était lui dire en autres termes : Depuis trois mois, vous n'avez rien fait pour la Révolution, rien pour l'organisation du travail et la liberté des peuples, deux choses absolument identiques. Deux fois vous avez repoussé l'initiative qui vous appartient, et le travail ne reprend pas, et vous ne savez que faire de tous ces prolétaires qui vous demandent du travail ou du pain, qui bientôt vous demanderont du pain ou du plomb. Faites de ces hommes une armée de propagande, en attendant que vous puissiez en faire une armée industrielle; assurez par la guerre le gouvernement de la démocratie en Europe, en attendant que vous puissiez refaire l'économie des sociétés. Vous êtes hommes politiques, dites-vous; vous ne voulez point être socialistes : prenez une initiative encore politique, si vous n'osez prendre encore une initiative sociale.

La guerre, en un mot, comme moyen d'échapper provisoirement à la question du travail : voilà quelle était, au 15 mai, la politique de la fraction avancée du parti républicain.

Le moment avait été admirablement choisi. L'ordre du jour appelait les interpellations du citoyen d'Aragon au sujet de la Pologne : on eût dit que les orateurs de l'Assemblée s'étaient concertés avec ceux des clubs, pour organiser l'escalade du gouvernement. Au moment où le citoyen Wolowski, l'un des plus chauds partisans de l'émancipation polonaise, montait à la tribune, la tête de la colonne pétitionnaire pénétrait dans la cour de l'Assemblée. Le citoyen Wolowski, l'un des hommes les plus modérés et les plus conservateurs de l'Assemblée, ami de

M. Odilon Barrot, beau-frère de M. Léon-Faucher, s'était fait, ce jour-là, sans le vouloir et sans s'en douter, l'avocat du jacobinisme, l'orateur de l'insurrection. De pareils exemples devraient ouvrir les yeux aux hommes qui se disent politiques, et leur faire comprendre combien odieuses et stupides sont les vengeances des réactions.

Le citoyen Wolowski commence par résumer, en vrai clubiste, les lieux communs débités depuis dix-huit ans sur la Pologne.

« Citoyens représentans, jamais peut-être question plus grave et plus solennelle n'a été soulevée devant vous : *elle peut porter dans ses plis la paix ou la guerre.*

» Je ne me dissimule point les difficultés du problème, et cependant je l'apporte avec confiance devant vous : car je crois que *toutes les idées sont à l'unisson* sur cette grande question. Je ne ferai à personne, dans cette enceinte, l'injure de supposer qu'il ne soit pas entièrement dévoué, fortement dévoué à la cause de la Pologne.

(On entend au dehors les cris du Peuple : *Vive la Pologne !*)

» La France, citoyens, est le cœur des nations : elle sent en elle les pulsations de l'humanité tout entière. Et c'est surtout lorsqu'il s'agit d'une nation à laquelle on a donné avec raison le nom de FRANCE DU NORD, lorsqu'il s'agit d'un peuple où toutes les idées, toutes les tendances sont communes avec le peuple de France ; lorsqu'il s'agit d'un peuple qui a toujours appuyé la même cause, qui a toujours versé son sang avec vous sur les champs de bataille, que je suis certain de rencontrer ici les plus vives, les plus profondes sympathies. La seule question qui me paraisse devoir être agitée, c'est celle *des moyens à prendre pour réaliser* ce que nous voulons d'un accord unanime, pour *réaliser* plus promptement *la restauration de* la Pologne.

(Les cris du dehors redoublent : *Vive la Pologne !*)

» La France ne craint pas la guerre ; la France, avec son armée de 500,000 hommes, avec la garde nationale, qui est le peuple tout entier, ne craint pas la guerre ; et c'est pour cela qu'elle peut tenir aux nations un langage ferme ; c'est pour cela qu'elle peut *imposer sa pensée, son idée*, sans recourir à ce qui devait être la dernière raison de la monarchie.

» La France, par sa force que personne ne peut contester, la France *usera de cette politique vraiment républicaine*, qui avant tout a confiance dans la puissance de l'idée, dans la puissance de la justice.

(De nouveaux cris se font entendre : *Vive la Pologne !*)

» La question polonaise n'est pas seulement, comme on voudrait le faire supposer, une question chevaleresque. Dans la question de Pologne, la raison confirme ce que le cœur inspire. *Le*

peuple, avec un instinct admirable, a été droit au NŒUD DE LA QUESTION ; il a parfaitement compris que, *dans la restauration de la Pologne se rencontrera l'assise la plus ferme de la paix et de la liberté de l'Europe entière.*

(Les cris augmentent d'intensité. L'orateur s'interrompt. Il reprend :)

» Je dis que la pensée populaire a admirablement saisi le nœud de la question, et l'a résolue *en liant l'idée de la résurrection de la Pologne à l'idée de la liberté.*

» Le rétablissement de la Pologne est la seule garantie d'une paix durable et de l'*émancipation définitive* des peuples.

» Le monde a compris qu'elle a toujours été la destinée glorieuse de la Pologne, la mission à laquelle elle s'est toujours dévouée. Lorsqu'elle était vivante, la Pologne était le bouclier de la civilisation et du christianisme ; et lorsqu'après le partage on a cru l'avoir tuée, alors qu'elle n'était pas morte, qu'elle sommeillait... »

(Une rumeur terrible interrompt l'orateur : le peuple envahit la salle.)

(*Extrait du Moniteur Universel.*)

Le 22 février 1848, je me dirigeais le long du quai d'Orsay, du côté de la Chambre des Députés. Paris s'était levé comme un homme, la bourgeoisie à l'avant-garde, le peuple sur les derrières. L'opposition était frémissante, le ministère tremblant. Quoi ! l'Italie s'était réveillée, le Sunderbund était vaincu, les traités de 1815 déchirés, la Révolution repris en Europe sa marche glorieuse. Seule, la France se montrait réactionnaire !... Souvenez-vous, avait dit M. Thiers, que si nous sommes pour la monarchie de Juillet, *nous sommes avant tout pour la Révolution !* Un acte d'accusation allait être déposé, par M. Odilon Barrot, contre les ministres. En ce moment je rencontrai M. Wolowski. — Où allons-nous, lui dis-je ? et que prétend M. O. Barrot ?...—C'est précisément, me répondit M. Wolowski, ce que je lui demandais tout à l'heure : *Mon cher Barrot, où nous conduisez-vous ?...*

A quatre-vingts jours de là, le citoyen Wolowski avait repris le rôle de M. Barrot. N'aurais-je pas eu le droit de lui dire : *Mon cher Wolowski, où nous conduisez-vous ?*

On sait le reste. L'Assemblée nationale fut littéralement enlevée, jetée à la rue. Pendant une heure, Paris crut avoir changé de gouvernement. Mais on ne sait pas aussi bien ce qui fit avorter la manifestation : c'est ce qu'il importe de faire connaître.

Déjà, sur le fond même de la question polonaise, les républicains du pouvoir et leurs amis s'étaient singulièrement refroidis. L'intervention en faveur de la Pologne, ou ce qui revenait au même la guerre avec l'Europe, leur paraissait être ce qu'elle était en effet, le socialisme universel, la Révolution de l'Humanité par l'initiative des gouvernemens. Comme tous les nouveau-venus aux affaires, ils avaient senti leurs sentimens chevaleresques s'évanouir devant la triste réalité des faits. Dans cette même séance du 15 mai, l'un des hommes les plus honorables du parti, M. Bastide, alors ministre des affaires étrangères, avait déclaré qu'aux yeux de la Commission exécutive, l'affranchissement de la Pologne était *une question de souveraineté européenne, sur laquelle la République française n'avait pas qualité de prononcer seule;* et qu'en appeler aux armes sur une affaire de cette nature, c'était se charger d'une guerre inextricable, et recommencer, au profit d'une nation, ce que la Sainte-Alliance avait fait en 1814 au profit d'une dynastie.

Ainsi, sur la question même qui servait de prétexte à la manifestation, la démocratie était divisée; que serait-ce, quand on s'apercevrait qu'il ne s'agissait pas seulement de la Pologne, mais de l'Europe? que la révolution européenne et sociale était le but, et l'intervention en Pologne le moyen? La cause des pétitionnaires était perdue d'avance : il suffisait, pour déterminer une réaction irrésistible, que la pensée du mouvement se manifestât dans toute sa vérité. C'est ce qui ne tarda pas d'arriver.

La manifestation, toute spontanée à son origine, et organisée, à ce qu'il paraît, contre le vœu des chefs de clubs, avait fini par entraîner les notabilités populaires. Blanqui se montre : des esprits effrayés voient en lui le modérateur, que dis-je? le futur bénéficiaire du mouvement. Barbès, pour conjurer cette dictature menaçante, et croyant déjà tout perdu, se jette dans le flot révolutionnaire. Il s'empare de la tribune : *C'est dans votre intérêt à tous,* crie-t-il à ceux qui protestent contre sa véhémence. *Je demande qu'on accorde la parole aux délégués des clubs pour lire leur pétition.* La pétition est lue. Blanqui prend la parole. Il réclame le châtiment de la garde bourgeoise de Rouen, parle du travail et d'une foule de choses étrangères à la Pologne. C'était la conclusion du discours de Wolowski. Barbès enchérit sur Blanqui, et propose un milliard d'impôt sur les riches. Enfin Huber, par une inspiration soudaine, et dont il revendique pour lui seule toute la responsabilité, prononce la dissolution de l'Assemblée, et décide la partie en faveur de Barbès. Les représentans se retirent : Barbès et ses amis se rendent à l'Hôtel-de-Ville; Blanqui et les siens n'y parurent pas. Ce qui suivit ne fut qu'une débandade : les gardes nationaux, à grand' peine rappelés, ne rencontrèrent aucune résistance. Le peuple avait passé comme une pluie d'orage. Trouvant apparemment que ceux qui parlaient tant d'agir n'étaient que des discoureurs comme les autres, et n'espérant rien de tous ces gouvernemens qu'on lui faisait remuer comme des pavés, il s'en alla, l'Assemblée dissoute et la séance levée, se reposer des émotions de la journée.

La manifestation du 15 mai, toute parlementaire au commencement, soulevait, en dehors de la question du travail, qui dominait tout, deux autres questions fort graves : une question constitutionnelle, savoir, si, dans une République, le droit de faire la paix et de déclarer la guerre appartient au gouvernement; une question politique, si, dans les circonstances particulières où se trouvait la République française, trois mois après la révolution de février, il était utile ou non pour le pays de faire la guerre?

La manifestation du 15 mai, par une double erreur, résolvait ces deux questions affirmativement. En poussant le Gouvernement à la guerre, afin de servir les vœux de la minorité démocratique, les hommes du 15 mai ont justifié par avance l'expédition de Rome, entreprise par le gouvernement pour servir les intérêts de la majorité conservatrice.

Quant à la cause même que l'on prétendait servir, au 15 mai, par une guerre de propagande, la vérité est que cette cause eût été plus promptement, plus sûrement perdue par l'intervention que par la paix. Le gouvernement de juillet aurait pu, avec infiniment plus d'avantages que la République de février, porter secours à la Pologne; ses armées n'eussent point traîné à leur suite cette formidable question sociale, dont le gouvernement républicain était si misérablement embarrassé. Un État n'a de puissance au dehors que celle qu'il tire du dedans : si la vie intérieure fait défaut, c'est en vain qu'il s'efforcera d'agir au dehors; son action tournera contre lui-même. Après la révolution de février, la question intérieure était tout : le parti républicain ne l'a point assez compris, de même qu'il n'a pas compris non plus toute la gravité de sa position. Le gouvernement était sans argent, sans chevaux, sans soldats; les discussions de la Constituante ont révélé que l'armée disponible après février n'était pas de 60,000 hommes. Le commerce criait merci, l'ouvrier était sans travail; nous n'avions pas, comme nos pères de 89 et 93, 45 milliards de biens nationaux sous la main : et nous parlions de faire la guerre !

Admettons que, malgré toutes ces difficultés, la Commission exécutive et l'Assemblée nationale, obéissant aux inspirations propagandistes, eussent jeté une armée au-delà des Alpes, une autre sur le Rhin, qu'elles eussent appuyé, provoqué l'insurrection de la Péninsule, entraîné la démocratie allemande, rallumé le flambeau de la nationalité polonaise. Du même coup la question sociale se trouvait posée en Italie et dans toute la Confédération germanique. Et comme cette question n'était comprise et résolue nulle part, la réaction conservatrice commençait aussitôt, et après un Février européen, nous aurions eu un 17 mars, un 16 avril, un 15 mai, et des journées de juin européennes. Croit-on que la Hongrie, qui, sur la fin de 1848, par un égoïsme de nationalité bien coupable, offrait à l'Autriche de marcher sur l'Italie, croit-on, dis-je, que la Hongrie, une fois satisfaite, eût appuyé le mouvement démocratique? Il en eût été de même partout : la portion libérale, mais non encore socialiste, des pays que nous aurions voulu affranchir se serait ralliée aux gouvernemens : et quelle eût été alors notre situation! Il est pénible de le dire : elle eût été exactement la même vis-à-vis de l'Europe entière que celle que nous venons de prendre dans les affaires de Rome, avec cette différence qu'ici nous sommes vainqueurs, et que là nous eussions été infailliblement vaincus.

Pour moi, convaincu de l'inutilité encore plus que de l'impuissance de nos armes pour le succès de la révolution, je n'avais point hésité à me prononcer, dans le *Représentant du Peuple*, contre la manifestation du 15 mai. Je ne croyais pas que la France, embarrassée de cette fatale question du prolétariat, qui ne pouvait, ne voulait, ne devait souffrir d'ajournement, fût en mesure d'esquiver la solution et de porter la guerre quelque part que ce fût. Je regardais d'ailleurs les moyens d'action économiques, si nous savions les employer, comme bien autrement efficaces vis-à-vis de l'étranger que toutes les armées de la Convention et de l'Empire, tandis qu'une intervention armée, compliquée de socialisme, soulèverait contre nous toutes les bourgeoisies, tous les paysans de l'Europe. Enfin, quant à ce qui touchait les nationalités que nous devions sauvegarder, j'étais convaincu que l'attitude de la France serait pour elles la meilleure sauvegarde, le plus puissant auxiliaire. Rome, Venise, la Hongrie, succombant les unes après les autres, à la nouvelle que la démocratie a été vaincue à Paris, en sont la preuve. L'élection du 10 décembre a été pour les peuples insurgés comme la perte d'une grande bataille; la journée du 13 juin 1849 a été leur Waterloo. Ah! si dans ce moment la liberté succombe, ce n'est pas parce que nous ne l'avons pas secourue, c'est que nous l'avons poignardée. Ne cherchons point à justifier nos fautes par nos malheurs : la démocratie serait triomphante sur tous les points de l'Europe, si au lieu de la vouloir reine nous l'avions voulue plébéienne.

Malgré mon opposition publiquement exprimée à la manifestation du 15 mai, je fus désigné, à l'Hôtel-de-Ville, pour faire partie du nouveau gouvernement. J'ignore à qui je fus redevable de ce périlleux honneur, peut-être à mon infortuné compatriote et ami, le capitaine Laviron, qui est allé consommer à Rome son martyre. Mais je ne puis m'empêcher de penser que si, dans la matinée du 15 mai, j'avais publié le quart du discours de M. Wolowski, j'aurais été infailliblement arrêté le soir, conduit à Vincennes, traduit devant la cour de Bourges, et puis enfermé à Doullens, pour m'apprendre à avoir des idées exactes sur la politique d'intervention et de neutralité. O justice politique! revendeuse à faux poids! qu'il y a d'infamie sous le plateau de ta balance!

Ainsi la réaction se déroulait avec la régularité d'une horloge, et se généralisait à chaque convulsion du parti révolutionnaire.

Le 17 mars, elle avait commencé contre Blanqui et les ultra-démocrates, au signal de Louis Blanc.

Le 16 avril, elle avait continué contre Louis Blanc, aux coups de tambour de Ledru-Rollin.

Le 15 mai, elle se poursuivit contre Ledru-Rollin, Flocon et les hommes que représentait la *Réforme*, par Bastide, Marrast, Garnier-Pagès, Marie, Arago, Duclerc, qui formaient la majorité du gouvernement, et avaient pour organe le *National*. La réaction ne frappait, il est vrai, d'une manière ostensible, que les démocrates les plus énergiques, saisis pêle-mêle et confondus dans la même razzia : Barbès, Albert, Sobrier, Blanqui, Flotte, Raspail, le général Courtais, et bientôt Louis Blanc et Caussidière. Mais si Ledru-Rollin et Flocon ne furent point atteints dans leurs personnes, leur influence périt au 15 mai comme celle de Louis Blanc avait péri au 16 avril. Dans les réactions politiques, l'insurrection et le pouvoir sous lequel elle arrive, sont toujours solidaires.

Bientôt nous allons voir les républicains du *National*, derniers de la veille, tomber à leur tour et céder la place aux républicains du lendemain. Après ceux-ci viendront les doctrinaires, qui, s'emparant, au moyen d'une coalition électorale, du gouvernement de la République, croiront ressaisir un héritage usurpé. Enfin, la fortune réactionnaire donnant un dernier tour de roue, le gouvernement reviendra à ses auteurs, aux absolutistes catholiques, au delà desquels il n'est plus de rétrogradation. Tous ces hommes, obéissant au même préjugé, en tomberont tour à tour martyrs et victimes, jusqu'à ce qu'enfin la Démocratie, reconnaissant sa méprise, terrasse d'un seul coup du suffrage universel, tous ses adversaires, en choisissant pour ses représentans des hommes qui, au lieu de demander le progrès au pouvoir, le demandent à la liberté.

Au 15 mai, commence pour la Révolution de Février l'ère des vengeances politiques. Le gouvernement provisoire avait pardonné la tentative du 17 mars, pardonné celle du 16 avril... L'Assemblée nationale, malgré les avertissemens de Flocon, ne pardonna pas le 15 mai. Les voûtes du donjon de Vincennes reçurent ces tristes victimes du plus exécrable préjugé, Blanqui, Barbès, dont la moitié de la vie s'est déjà écoulée dans les prisons d'État! Le plus malheureux de tous fut Huber, qui, après quatorze ans de prison, à peine rendu à la lumière, est revenu solliciter une condamnation perpétuelle, afin de répondre à une calomnie démagogique. Quel fut le crime de tous ces hommes?

En 1839, Blanqui et Barbès, agissant de concert, et comptant sur l'adhésion du peuple, entreprennent, par un hardi coup de main, de mettre un terme au scandale de la guerre des portefeuilles, qui, dès la première année du règne, affligeait, déshonorait le pays. Avaient-ils tort, ces hommes, d'en appeler au peuple, à la majorité des citoyens, au suffrage universel, en un mot, des honteuses cabales du régime à 200 fr.? L'appel ne put être entendu : dix ans de réclusion firent expier aux deux conjurés leur attentat au monopole.

En 1848, Blanqui, l'infatigable initiateur, entraîné par une de ces bouffées de la multitude auquel les tribuns les plus influens ne résistent pas, se fait, devant l'Assemblée nationale hésitante, l'organe d'une pensée que tout lui dit être celle du peuple, qu'avait partagée depuis dix-huit ans la majorité de la bourgeoisie. Barbès, que la terreur égare, s'oppose à Blanqui en exagérant ses propositions, et, pour la troisième fois en trois mois, devient réacteur, pour sauver son pays d'une dictature imaginaire. Supposez un moment ces deux hommes d'accord; supposez que la dissolution de l'Assemblée nationale, prononcée inopinément par Huber, eût été préparée, organisée à l'avance, qui peut dire où la Révolution, où l'Europe en seraient aujourd'hui?.....

Voilà ceux que l'effroi des campagnes se figure comme des génies malfaisans déchaînés sur la terre pour embraser le monde; voilà les hommes dont le système constitutionnel a fait depuis dix-huit ans ses victimes expiatoires, et qui ne devaient pas être les dernières. M. de Lamartine, dans une de ses hallucinations poétiques, a dit, en pleine Assemblée nationale, qu'il s'était une fois approché de Blanqui, comme le paratonnerre s'approche du nuage pour soutirer le fluide exterminateur. A force de rêver d'ogres et de géans, M. de Lamartine a fini par se prendre pour un petit Poucet. Mais ce n'est pas tout à fait sa faute si notre histoire, depuis février, ressemble à un conte des fées. Quand cesserons-nous de jouer au trône et à la révolution? Quand serons-nous véritablement hommes et citoyens?

X. — 23-26 juin : Réaction Cavaignac.

Si pourtant, persistez-vous à me dire, le Gouvernement provisoire avait été composé d'élémens plus homogènes, d'hommes plus énergiques; si Barbès et Blanqui au lieu de se faire opposition avaient pu s'entendre; si les élections avaient eu lieu un mois plus tôt; si les socialistes avaient dissimulé quelque temps leurs théories; si..., si... si... etc. : avouez que les choses se fussent passées d'une toute autre manière. Le Gouvernement provisoire aurait achevé en quinze jours la Révolution; l'Assemblée nationale, toute formée de républicains, aurait combiné, développé son œuvre; nous n'aurions eu ni 17 mars, ni 16 avril, ni 15 mai; et vous, historien subtil, vous en seriez pour votre théo-

rie de l'impuissance du pouvoir, et de l'incapacité révolutionnaire du gouvernement.

Raisonnons donc; et, puisque les faits abondent, citons des faits. Le 17 mars, le 16 avril, le 15 mai ne vous ont pas convaincus : je vais vous raconter une histoire qui vous donnera à réfléchir. Mais auparavant, sachons un peu ce que c'est que l'histoire.

Il y a deux manières d'étudier l'histoire : l'une que j'appellerai la méthode *providentielle*, l'autre, qui est la méthode *philosophique*.

La première consiste à rapporter la cause des événemens, soit à une volonté supérieure dirigeant de haut le cours des choses, et qui est Dieu; soit à une volonté humaine momentanément placée de manière à agir sur les événemens par son libre arbitre, comme Dieu. Cette méthode n'exclut pas absolument tout dessein, toute préméditation systématique dans l'histoire : mais ce dessein n'a rien de nécessaire, il pourrait être à chaque instant révoqué au gré de son auteur; il dépend entièrement de la détermination des personnages, et de la volonté souveraine de Dieu. De même que Dieu, suivant les théologiens, aurait pu créer une infinité de mondes différens du monde actuel; de même la Providence aurait pu diriger le cours des événemens d'une infinité d'autres manières. Si, par exemple, Alexandre-le-Grand, au lieu de mourir à trente-deux ans, avait vécu jusqu'à soixante; si César avait été vaincu à Pharsale; si Constantin n'était pas allé s'établir à Bysance; si Charlemagne n'eût pas fondé ou consolidé le pouvoir temporel des papes; si la Bastille ne s'était pas laissé prendre le 14 juillet, ou qu'un détachement de grenadiers eût chassé du Jeu de paume les représentans du peuple, comme firent ceux de Bonaparte à St-Cloud; n'est-il pas vrai, demande l'historien providentiel, que la civilisation aurait pris un autre cours, que le catholicisme n'aurait pas eu le même caractère, et qu'Henri V ou Louis XVII serait roi?

On voit qu'au fond cette théorie n'est pas autre chose que celle du hasard. Ce que le croyant nomme PROVIDENCE, le sceptique l'appelle FORTUNE : c'est tout un. Fieschi et Alibaud, croyant par le régicide hâter le triomphe de la démocratie; Bossuet, rapportant l'histoire universelle à l'établissement de l'Eglise catholique, apostolique et romaine, étaient de la même école. En fait de science historique, il n'y a pas de différence entre le pyrrhonisme absolu et la plus profonde superstition. Cette politique du dernier règne, sans système malgré son pompeux verbiage, politique de bascule et d'expédiens, vaut, au fond, autant que celle de Grégoire VII. C'était une routine qui suivait, comme le catholicisme, son développement dans une cécité profonde, et sans savoir où elle aboutirait.

La méthode philosophique, tout en reconnaissant que les faits particuliers n'ont rien de fatal, qu'ils peuvent varier à l'infini, au gré des volontés qui les produisent, les considère tous cependant comme dépendant de lois générales, inhérentes à la nature et à l'humanité. Ces lois sont la pensée éternelle, invariable de l'histoire : quant aux faits qui les traduisent, ils sont, comme les caractères d'écriture qui peignent la parole, comme les vocables qui expriment les idées, le côté arbitraire de l'histoire. Ils pourraient être indéfiniment changés, sans que la pensée immanente qu'ils couvrent en souffrît.

Ainsi, pour répondre à l'objection qui m'est faite, il était possible que le gouvernement provisoire fût composé d'autres hommes ; que Louis Blanc n'en fît point partie ; que Barbès et Blanqui ne vinssent pas compliquer de leur influence rivale une situation déjà si complexe ; que la majorité de l'Assemblée nationale fût plus démocrate : tout cela, dis-je, et bien d'autres choses encore étaient possibles ; les événemens auraient été tout différens de ce que nous les avons vus : là est le côté accidentel, *factice*, de l'histoire.

Mais la série révolutionnaire au milieu de laquelle le monde moderne est engagé, série qui résulte elle-même des conditions de l'esprit humain, étant donnée, plus un préjugé, admis par tout le monde et combattu en même temps par tout le monde, d'après lequel c'est à l'autorité constituée sur la nation de prendre l'initiative des réformes et de diriger le mouvement, je dis que les événemens qui devaient s'en déduire, quels qu'ils fussent, heureux ou malheureux, ne pouvaient être que l'expression de la lutte qui s'engagerait fatalement entre la tradition et la Révolution.

Tous les incidens auxquels nous avons assisté depuis février tirent leur signification de cette double donnée. D'un côté, une révolution économique et sociale, qui vient, si j'ose ainsi dire, à heure militaire, s'imposer à la suite de vingt révolutions antérieures, politiques, philosophiques, religieuses ; de l'autre, une confiance irréfléchie, suite des mœurs féodales, à l'initiative du gouvernement. Encore une fois, la Révolution de février pouvait avoir une autre péripétie, d'autres acteurs, des rôles ou des *motifs* différens. Le spectacle, au lieu d'être une tragédie, pouvait n'être qu'un mélodrame : le sens, la moralité de la pièce restait le même.

D'après cette conception philosophique de l'histoire, les faits généraux se classent, s'engendrent l'un l'autre avec une rigueur de déduction que rien dans les sciences positives ne surpasse ; et comme il est possible à la raison d'en donner la philosophie, il est possible à la prudence humaine d'en diriger le cours. Dans la théorie providentielle, au contraire, l'histoire n'est plus qu'un imbroglio romanesque, sans principe, sans raison, sans but ; un argument pour la superstition comme pour l'athéisme, le scandale de l'esprit et de la conscience.

Ce qui entretient la foi à la Providence est la confusion involontaire des *lois* de la société avec les *accidens* qui en forment la mise en scène. Le vulgaire, apercevant une certaine logique dans les faits généraux et rapportant à la même source les faits de détail, dont il ne découvre ni le but ni la nécessité, puisqu'en effet cette nécessité n'existe pas, en conclut une Volonté providentielle qui règle souverainement les petites choses comme les plus grandes, le *contingent* et le *nécessaire*, comme dit l'école : ce qui est tout simplement une contradiction. Pour nous, la Providence en histoire est la même chose que la révélation surnaturelle en philosophie, l'arbitraire dans le gouvernement, l'abus dans la propriété.

On va voir, dans l'événement que j'ai à raconter, tandis que la démocratie, d'une part, et le parti conservateur, de l'autre, obéissant aux mêmes passions, s'efforcent avec une ardeur égale d'exercer sur les événemens une pression favorable à leurs idées, l'histoire se dérouler suivant ses lois propres avec la précision d'un syllogisme.

Le Gouvernement provisoire avait garanti, de la manière la plus formelle, le droit au travail. Cette garantie, il l'avait donnée en vertu de sa prétendue initiative, et le peuple l'avait acceptée comme telle. L'engagement avait été pris de part et d'autre de bonne foi : combien d'hommes, en France, au 24 février, même parmi les adversaires les plus acharnés du socialisme, auraient cru impossible à un État aussi fortement organisé que le nôtre, aussi abondamment pourvu de ressources, d'assurer de l'ouvrage à quelques centaines de mille de travailleurs ? La chose paraissait si facile, si simple ; la conviction à cet égard était si générale, que les plus réfractaires au nouvel ordre de choses se fussent trouvés heureux de terminer à ce prix la Révolution. D'ailleurs, il n'y avait pas à marchander : le peuple était maître, et quand, après avoir porté le poids du jour et de la chaleur, il ne demandait pour honoraires de sa souveraineté que de travailler encore, le peuple pouvait à juste titre passer pour le plus juste des rois et le plus modéré des conquérans.

Trois mois avaient été donnés au Gouvernement provisoire pour faire honneur à son obligation. Les trois mois s'étaient écoulés, et le travail n'était pas venu. La manifestation du 15 mai ayant apporté quelque désordre dans les relations, la traite tirée par le peuple sur le gouvernement avait été renouvelée ; mais l'échéance approchait, sans que rien donnât lieu de croire que la traite serait payée.

—Faites-nous travailler vous-mêmes, avaient dit les ouvriers au gouvernement, si les entrepreneurs ne peuvent reprendre leur fabrication.

A cette proposition des ouvriers, le gouvernement opposait une triple fin de non-recevoir :

— Je n'ai point d'argent, disait-il, et par conséquent je ne puis vous assurer des salaires ; Je n'ai que faire pour moi-même de vos

produits, et je ne saurais à qui les vendre ;
Et quand bien même je les pourrais vendre,
cela ne m'avancerait absolument de rien, parce
que, par ma concurrence, l'industrie libre se
trouvant arrêtée me renverrait ses travailleurs.

— En ce cas, chargez-vous de toute l'industrie, de tous les transports, de l'agriculture
même, reprirent les ouvriers.

— Je ne le puis, répliquait le gouvernement.
Un pareil régime serait la communauté, la servitude absolue et universelle, contre laquelle
proteste l'immense majorité des citoyens. Elle
l'a prouvé le 17 mars, le 16 avril, le 15 mai ;
elle l'a prouvé en nous envoyant une assemblée
composée aux neuf dixièmes de partisans de la
libre concurrence, du libre commerce, de la libre et indépendante propriété. Que voulez-
vous que je fasse contre la volonté de 35 millions de citoyens, contre la vôtre, ô malheureux
ouvriers qui m'avez sauvé de la dictature le 17
mars ?

— Faites-nous donc crédit, avancez - nous
des capitaux, organisez la commandite de l'Etat.

— Vous n'avez point de gage à m'offrir,
observait le gouvernement. Et puis je vous l'ai
dit, tout le monde le sait, je n'ai point d'argent.

— C'est à l'Etat de donner crédit, non de le
recevoir ! on nous l'a dit, et nous ne l'avons point
oublié. Créez un papier-monnaie ; nous l'accepterons d'avance et le ferons recevoir aux autres.

— Cours forcé ! assignats ! répondait avec
désespoir le gouvernement. Je puis bien forcer
le paiement, mais je ne puis forcer la vente ;
votre papier-monnaie tombera en trois mois
sous la dépréciation, et votre misère sera pire.

— La Révolution de février ne signifie donc
rien ! se dirent avec inquiétude les ouvriers.
Faut-il que nous mourions encore pour l'avoir faite ?

Le Gouvernement provisoire, ne pouvant ni
organiser le travail, ni donner crédit, du reste
routinier comme tous les gouvernemens, avait
espéré qu'avec du temps et de l'ordre il ramènerait la confiance, que le travail se rétablirait
de lui-même, qu'il suffirait en attendant d'offrir aux masses ouvrières, qu'on ne pouvait
abandonner à leur détresse, une subvention alimentaire.

Telle fût la pensée des ateliers nationaux,
pensée toute d'humanité et de bon désir, mais
éclatant aveu d'impuissance. Il eût été pénible,
dangereux peut-être, de dire brusquement à
ces hommes qui avaient cru un moment à leur
prochaine émancipation, de retourner à leurs
ateliers, de solliciter de nouveau la bienveillance de leurs patrons : cela eût été pris pour
une trahison envers le peuple, et jusqu'au
15 mai, s'il n'était pas gouvernement, le peuple était roi. Mais d'un autre côté le gouvernement provisoire s'était bientôt aperçu qu'une
rénovation économique, telle qu'il l'eût fallu
pour donner satisfaction au peuple, n'était point

affaire d'Etat ; il avait éprouvé que la nation
répugnait à cette méthode révolutionnaire ; il
sentait de plus en plus que ce qu'on lui avait
proposé sous le nom d'organisation du travail,
et qu'on avait cru si facile, lui était interdit.
Ne voyant pas d'issue à ce labyrinthe, il avait
pris le parti de rester dans l'expectative, et, en
même temps qu'il provoquerait de son mieux
la reprise des affaires, de nourrir les ouvriers
sans travail, ce dont personne assurément ne
pouvait lui faire un crime.

Mais, ici encore, le gouvernement se berçait
de la plus fatale illusion.

Le parti doctrinaire, rallié au parti absolutiste, parlait haut depuis la débâcle du 15 mai.
C'était lui qui régentait le gouvernement et
l'Assemblée, et qui, de la tribune et par ses
journaux, donnait le mot d'ordre à la France,
républicaine si vous voulez, mais surtout conservatrice. Pendant que les démocrates, à force
de presser le pouvoir, étaient en train de le
perdre, les doctrinaires, poussés par les jésuites,
s'apprêtaient à le ressaisir. L'occasion se montrant favorable, ils ne pouvaient la laisser échapper.

Les adversaires du gouvernement prétendirent donc que le rétablissement de l'ordre, et par
suite le retour de la confiance, était incompatible avec l'existence des ateliers nationaux ;
que si l'on voulait sérieusement faire renaître
le travail, il fallait commencer par dissoudre ces ateliers. En sorte que le gouvernement se trouvait enlacé d'un double cercle,
acculé en face d'impossibilités géminées, soit
qu'il voulût procurer du travail aux ouvriers,
ou seulement leur donner crédit, soit qu'il désirât les renvoyer chez eux, ou se décidât pour
un temps à les nourrir.

La réaction se montrait d'autant plus intraitable, qu'elle pensait, non sans raison, que les
ateliers nationaux, comptant alors plus de
100,000 hommes, étaient le boulevart du Socialisme ; que cette armée une fois dispersée, on
aurait bon marché et de la démocratie, et de la
Commission exécutive ; peut-être pensaient-ils
qu'on pourrait, avant de discuter la Constitution, en finir avec la République. La partie était
belle : ils étaient décidés à suivre leur chance,
et à profiter de leur fortune. Ces hommes,
si chatouilleux à l'endroit de la banqueroute
quand il s'agit de leurs rentes, étaient prêts à
violer la promesse faite au nom du pays par le
Gouvernement provisoire, à faire banqueroute
aux ouvriers du travail garanti, et, au besoin,
à soutenir cette banqueroute par la force.

Telle était donc la situation :

Comme prix de la Révolution de février, et en
conséquence de l'opinion que l'on avait de la
qualité du pouvoir, il avait été convenu entre
le Gouvernement provisoire et le peuple, que
celui-ci se démettait de sa souveraineté, et qu'en
prenant le pouvoir, le Gouvernement s'engageait
à garantir, sous trois mois, le travail.

L'exécution du traité étant impossible, l'assemblée nationale refusait d'y souscrire.

De deux choses l'une : ou il interviendrait une transaction ; ou bien, si les deux partis s'obstinaient, il y aurait une catastrophe.

Aux uns l'humanité, le respect de la foi jurée, le soin de la paix ; aux autres les embarras financiers de la République, les difficultés de la question, l'incompétence démontrée du pouvoir, commandaient de se prêter à un accommodement. C'est ce qui fut compris du côté des ateliers nationaux, représentés par leurs délégués, mais surtout par leur nouveau directeur Lalanne, et par le ministre des travaux publics Trélat, qui dans ces jours déplorables se conduisit en homme de cœur, et fit son devoir.

Comme cette partie des faits relatifs à l'insurrection de juin est restée jusqu'ici fort obscure, que le *Rapport d'enquête* sur les affaires de juin n'a eu garde d'en faire mention, et que là pourtant se révèle la cause de ces sanglantes journées, j'entrerai dans quelques détails. Il faut que le peuple connaisse à quels ennemis il avait à faire, et comment s'escamotent les révolutions ; il faut que la bourgeoisie sache à son tour comment on exploite ses terreurs, et quels intrigans font servir ses sentimens de loyale modération à leur politique exécrable. Les principaux renseignemens m'ont été fournis par M. Lalanne lui-même, qui m'a témoigné, à cette occasion, une complaisance dont je ne saurais trop ici le remercier.

La Commission exécutive venait de constituer un ministère. Le 12 mai, Trélat est appelé aux travaux publics, département auquel incombait la charge des ateliers nationaux. Il aperçoit immédiatement les dangers de la situation, et cherche sans retard les moyens d'y parer. Dès le 17, malgré le trouble apporté par la journée du 15, il institue une commission qu'il charge de lui faire un rapport sur les ateliers nationaux, et de lui proposer une solution. Le lendemain 18, cette commission se réunit ; elle délibère sans désemparer pendant la journée entière. Le rapport est rédigé dans la nuit suivante, lu à la commission dans la matinée du 19, discuté et arrêté dans cette seconde séance, copié et remis sur-le-champ au ministre. Après en avoir entendu la lecture, Trélat déclare qu'il en adopte toutes les conclusions, donne ordre de le faire imprimer de suite ; et dès le 20, à deux heures, l'imprimerie nationale avait tiré les 1,200 exemplaires destinés à l'Assemblée constituante et aux principales administrations. La distribution devait avoir lieu le jour même.

Tout-à-coup l'ordre est donné de surseoir à la distribution ; pas un exemplaire ne doit sortir du cabinet du ministre, la Commission exécutive en a ainsi décidé. Elle craint que les conclusions du *Rapport*, que certains principes qui y sont exprimés, le droit au travail entre autres, ne soulèvent dans l'Assemblée nationale une opposition violente. Depuis le 15 mai, des

passions hostiles commencent à se faire jour : il ne faut pas leur donner un prétexte d'éclater. Quand l'audace pouvait seule la sauver, la Commission exécutive s'abandonnait à la peur : l'heure de sa retraite avait sonné.

Arrêté dès le début dans la voie de réforme à la fois prudente et radicale où il s'engageait, le ministre ne se rebute pas. Il cherche au moins à extirper les abus les plus crians parmi ceux que la Commission lui a signalés ; mais il ne reçoit du jeune directeur qui avait présidé dès l'origine à la création des ateliers nationaux que des promesses non suivies d'effet. On eût dit qu'un fatal génie s'acharnait à aggraver le mal, en même temps qu'il en empêchait le remède. Quelques jours se perdent ainsi en efforts inutiles. Trélat veut vaincre l'inertie qu'il rencontre, donner plus d'autorité à ses ordres, s'entourer de plus de lumières ; dans ce but, il reconstitue la commission et y fait entrer les administrateurs expérimentés qui représentent divers départemens ministériels. Cette commission se réunit le 26 mai, sous la présidence du ministre ; elle appelle le directeur, et reconnaît bientôt qu'elle n'a rien à attendre de lui. Il est remplacé le jour même.

De ce moment, la *Commission des Ateliers nationaux* s'établit en permanence ; elle reprend une à une, modifie, étend ou restreint les propositions qui faisaient l'objet du premier rapport. D'abord elle s'occupe de la réforme des abus ; elle réduit les bureaux qui avaient pris un développement excessif ; remplace le travail à la journée par le travail à la tâche ; organise, avec le concours des autorités municipales, un contrôle, et du premier coup reconnaît que sur 120,000 noms inscrits, 25,000 doivent être rayés pour double ou triple emploi. Mais toutes ces mesures sont de pure répression ; il ne suffit pas de réduire peu à peu les cadres de cette grande armée, il faut pourvoir au travail des hommes que l'on congédie. La Commission le sent, et c'est l'objet de son incessante préoccupation.

Elle présente successivement au ministre des propositions spéciales de nature à rassurer les travailleurs sur les intentions du pouvoir. Des encouragemens aux associations ouvrières, la colonisation algérienne sur une vaste échelle, une loi sur les prud'hommes, l'organisation d'un système de caisse de retraite et d'assistance, telle est la part qu'elle propose de faire aux légitimes exigences de la classe ouvrière. Des primes à l'exportation, des avances sur les salaires, des commandes directes, une garantie sur certains objets manufacturés, sont les mesures qu'elle indique en faveur des commerçans et des industriels. Le bourgeois et l'ouvrier avaient part égale à la sollicitude de la commission : comme dans sa pensée leurs intérêts étaient solidaires, elle ne les séparait point dans ses projets d'encouragement et de crédit. Elle évalue à 200 millions la dépense totale à répartir entre les divers départemens ministériels; mais elle est convaincue qu'il s'agit là d'une dépense productive, d'une charge apparente et non réelle, beaucoup moins lourde pour le pays que les conséquences d'un plus long chômage.

Trélat adopte pleinement ces vues. Il ne s'agissait plus là, en effet, ni de communisme, ni d'organisation égalitaire, ni de main-mise universelle de l'État sur le travail et les propriétés. Il s'agissait simplement de revenir au *statu quo*, de rentrer dans l'ornière, d'où la secousse de février nous avait fait sortir. Trélat cherche à faire pénétrer ces idées dans les commissions de l'Assemblée nationale; mais en vain. On objecte la pénurie du Trésor; et l'on ne veut pas voir qu'il s'agit de sauver le Trésor lui-même, en lui rendant, par une large distribution de crédit, ses recettes anéanties. On affecte de ne pas comprendre que les sacrifices faits au travail profitent moins encore à l'ouvrier qu'au patron, et qu'après tout la bourgeoisie est encore la partie la plus intéressée à cette reprise tutélaire du travail. — « 200 millions pour licencier une armée de 100,000 hommes, s'écriait M. le baron et calculateur Charles Dupin! » — Comme si les 100,000 hommes des ateliers nationaux n'avaient pas été une minime fraction de la classe travailleuse alors sans ouvrage. Ah! si au lieu des travailleurs, il avait été question d'une compagnie de chemin de fer!... — « 200 millions! c'est bien cher! Ce serait une honte d'admettre que, pour conserver la paix publique, il fallût payer à chacun de vos 100,000 ouvriers une prime de 2,000 fr. Nous n'y consentirons jamais. Tout au plus pourrait-on, en prononçant la dissolution immédiate, donner à chaque homme le salaire de trois mois, soit 100 fr., en tout 10 millions, ce qui est loin de 200. Avec cette avance, les ouvriers se retireraient sans doute satisfaits. »

Et dans trois mois?.... demandait le directeur Lalanne.

Mais il s'agissait bien de raisonner vraiment! Des clameurs s'élèvent contre tout projet de nature à ménager les transitions; on veut EN FINIR. On le dit tout bas d'abord, et l'on se contente prudemment de faire aux actes du gouvernement une sourde opposition. Mais bientôt on s'enhardit, on se décide à courir les chances d'une lutte terrible. Cette voix qui répète incessamment qu'*il faut en finir*, et qui s'échappe à travers les portes des bureaux de l'Assemblée, porte dans les masses le trouble et l'exaspération. Et cependant les ouvriers, bien éloignés déjà de cette époque où ils assignaient un terme de trois mois à l'organisation agricole-industrielle, consentaient tous à rentrer chez leurs patrons, avec la seule garantie que leur donnait la nouvelle loi sur les prud'hommes, votée sous l'initiative de Flocon, alors ministre du commerce. — *Du travail! un travail utile!* tel était le cri que d'une voix unanime poussèrent pendant tout le cours du mois de juin plus de cent mille hommes. — *Oui*, s'écriait Trélat, dans une des plus belles inspirations dont ait retenti la tribune française, *il faut que l'Assemblée nationale décrète le travail, comme autrefois la Convention décréta la victoire!* Ce noble langage excite le sourire des malthusiens. En vain, d'accord avec le ministre, le directeur Lalanne vient annoncer, le 18 juin, à une commission de l'Assemblée, et le 20, au Comité du travail, que l'on touche à une catastrophe; les oreilles restent sourdes à la vérité, les yeux se ferment à la lumière. Le sort était jeté! La dissolution est résolue; elle s'exécutera, coûte que coûte. A la séance du 23 juin, le citoyen de Falloux vient lire le rapport qui conclut au renvoi immédiat des ouvriers, moyennant une indemnité de chômage de trois millions, soit par homme environ *trente francs!*... Trente francs, pour avoir fondé la République! Trente francs pour la rançon du monopole! Trente francs en échange d'une éternité de misère! Cela rappelle les trente deniers payés à Judas pour le sang de Jésus-Christ! A cette offre de trente francs, les ouvriers répondent par des barricades.

J'ai dit ce qui fut fait du côté des ateliers nationaux pour arriver à une conclusion pacifique. Je vais, historien fidèle, donner la contrepartie de ce récit, afin que le lecteur sache quelles ont été de part et d'autre les intentions, quelle part de responsabilité revient à chacun dans ce lugubre drame.

Tous mes documens sont extraits du *Moniteur*.

Pressé d'en finir, le gouvernement, par une décision ministérielle, en date du   , avait d'abord offert aux ouvriers de 17 à 25 ans l'alternative, ou de contracter des engagemens dans l'armée, ou, sur leur refus, de se voir exclus des ateliers nationaux. — La famine ou l'esclavage: voilà comment les doctrinaires entendaient procéder à la dissolution des ateliers nationaux.

Le 21 juin, la Commission exécutive, donne des ordres pour que les enrôlemens commencent de suite. «Le public et les ouvriers » eux-mêmes, dit le *Moniteur, verront avec* » *plaisir que par cette mesure on commence enfin* » *la solution de cette grave question.* Les ate-» liers nationaux ont été une nécessité inévitable » pour quelque temps: maintenant *its sont un* » *obstacle* au rétablissement de l'industrie et » du travail. Il importe donc, *dans l'intérêt le* » *plus pressant des ouvriers eux-mêmes*, que les » ateliers soient dissous; et nous sommes per-» suadés que les travailleurs le comprendront » sans peine, grâce au bon sens et au patrio-» tisme intelligent dont ils ont fait preuve si » souvent. »

Le 22 juin, le gouvernement informe les ouvriers que, dans l'état de la législation, les engagemens ne peuvent être contractés qu'à 18 ans; mais que, pour faciliter la dissolution de ateliers nationaux, un projet de décret, en ce moment soumis à l'Assemblée nationale, *abaisse à 17 ans la limite de l'âge* requis pour l'enrôlement volontaire.

L'âge de l'apprentissage devenu l'âge de la conscription! quelle touchante sollicitude! quel commentaire à la théorie de Malthus!

Tandis que la Commission exécutive vaque à ces soins urgens, que le Comité des travailleurs s'ensevelit dans les enquêtes, les rapports, les discussions, les projets, la réaction jésuitique harcèle le ministre des travaux publics, épouvante l'Assemblée nationale sur les conséquences *communistes* du rachat des chemins de fer, montre partout la main de l'État prête à s'emparer du travail libre et des propriétés. M. de Montalembert, avec l'à-propos le plus perfide, cite le passage suivant du journal la *République* écrit sous l'inspiration de la théorie d'initiative gouvernementale qui dominait alors :

« Nous ne chercherons pas à tourner la difficulté ; on ne gagne rien à ruser avec les gens d'affaires... Oui, *c'est de la question de votre propriété et de votre société qu'il s'agit;* oui, il s'agit de substituer la propriété légitime à la propriété usurpée, la société entre tous les membres de la famille humaine et de la cité politique, à la cité des loups contre les loups qui fait l'objet de vos regrets. Oui, la remise du domaine public de la circulation à l'État, que vous avez dépossédé, est le premier anneau de la chaîne des questions sociales que la Révolution de 1848 retient dans les plis de sa robe virile. »

Mais, honnête jésuite, prenez pour l'exécution et l'exploitation les chemins de fer tel système que vous voudrez, pourvu que le pays ne soit pas volé, que les transports se fassent à bas prix, que les ouvriers travaillent; et laissez la *République* avec la *Gazette* et le *Constitutionnel!*...

Mais c'est dans la séance du 23 juin, où, chaque discours, chaque phrase qui tombe de la tribune, vous fait entendre le ronflement du canon et le roulement de la fusillade, qu'il faut suivre le complot de la coalition jésuitico-juste-milieu.

La séance débute par un bulletin militaire. Le président informe l'Assemblée que la garde républicaine, marchant avec la garde nationale, vient d'enlever deux barricades rue Planche-Mibray, et que la troupe de ligne a fait plusieurs feux de peloton sur les boulevards.

Après cette communication, le citoyen Bineau demande la parole pour une motion d'ordre. La veille, à l'issue de la séance, le ministre des travaux publics avait présenté une demande de crédit de 6 millions pour les travaux à exécuter sur le chemin de fer de Châlon à Lyon, aux environs de Collonge. C'est qu'à Lyon comme à Paris, il y avait des masses ouvrières qui demandaient du travail ; et le ministre n'avait pu faire mieux que de les employer sur cette ligne, dont l'exécution était arrêtée définitivement. Or, le citoyen Bineau venait objecter que le crédit ne pouvait pas être alloué, attendu que la loi de rachat n'était pas votée, il serait irrégulier de commencer les travaux avant d'avoir alloué le crédit.

Trélat se récrie qu'il ne peut concevoir une telle opposition, puisque, si le rachat n'est pas voté, la compagnie devra rembourser le montant des travaux ; et qu'en conséquence rien n'empêche d'occuper toujours sur ce point les ouvriers. Toutefois, sur la motion du citoyen Duclerc, ministre des finances, la discussion du projet de crédit est ajournée.

L'incident vidé, Flocon, ministre du commerce et de l'agriculture, monte à la tribune. Il parle de la gravité des événemens ; il dit que le gouvernement est à son poste ; et, croyant sans doute retenir les masses insurgées en jetant le déshonneur sur l'insurrection, il déclare, *bien haut*, dit-il, *afin que du dehors on l'entende*, que les agitateurs n'ont d'autre drapeau que celui du désordre, et que derrière eux se cache plus d'un prétendant, appuyé par l'étranger. Il supplie, en conséquence, tous les bons républicains de se séparer de la cause du despotisme.

Cette politique malheureuse ne réussit qu'à enflammer les gardes nationaux sans apaiser les ouvriers, et à rendre la répression plus impitoyable.

La lutte engagée, on ne pouvait reculer. M. de Falloux choisit cet instant pour déposer sur la tribune le rapport relatif à la dissolution des ateliers nationaux, rapport dont les conclusions étaient, ainsi que nous l'avons vu, connues depuis deux jours des ouvriers. On peut dire de celui-là, qu'il alluma la mèche incendiaire qui produisit la conflagration de juin. En vain, le citoyen Raynal s'oppose à la lecture du rapport : *Je ne crois pas*, s'écrie-t-il, *qu'il y ait opportunité dans le moment actuel.* — De toutes parts : *Lisez! lisez!*

Et M. de Falloux donne lecture.

Corbon fait observer que le Comité des travailleurs, tout en étant d'avis de la dissolution, avait cependant reconnu que l'on ne devait y procéder qu'après avoir donné aux ouvriers les garanties auxquelles ils avaient droit; que le Comité avait préparé à cette fin un décret, dont il fait connaître les dispositions. Le décret est désavoué.

Ici, la discussion est interrompue par une nouvelle communication du président sur les faits d'armes qui se passent au dehors. Il annonce que la fusillade est engagée sur les boulevards; que les barricades s'élèvent dans la cité; qu'une femme du peuple a été blessée à l'épaule. Tout Paris est en armes !

A ces mots, Crêton, que rien n'arrête, demande la parole pour faire déclarer l'*urgence* d'une proposition ainsi conçue :

« La Commission exécutive déposera dans le plus bref délai possible l'état détaillé de toutes les recettes et de toutes les dépenses effectuées pendant les cent vingt-sept jours écoulés depuis le 24 février jusqu'au 1er juin 1848. »

C'était le procès fait au Gouvernement provisoire et à la Commission exécutive. Pendant qu'on la forçait de licencier les ateliers nationaux, le seul appui qui lui restât ; pendant que, pour plaire à ses ennemis, elle fusillait dans la rue ses propres soldats, et que chacun de ses membres exposait sa vie sur les barricades, on la traduisait à la barre, on lui demandait ses comptes. Point de temps perdu pour les hommes de Dieu : la Providence les protége. L'urgence est accordée.

La discussion du projet de rachat des chemins de fer est alors reprise. Le citoyen Jobez a la parole.

« Quelle que soit la gravité des circonstances, je pense que la discussion doit subir les phases qu'elle aurait suivies dans un moment de calme et de paix....... Partisan décidé de l'exécution des grands travaux publics par l'Etat, je viens pourtant combattre le projet de rachat qui vous est présenté, et appuyer les conclusions de votre commission des finances.»

Et pourquoi ce jeune représentant, le plus honnête et le plus modéré de tous les républicains du lendemain, vient-il abjurer son opinion avec tant d'éclat?

Ah ! c'est que le Gouvernement avait fait entendre qu'il comptait sur l'adoption du projet de rachat des chemins de fer pour donner un travail utile aux ouvriers, et qu'en ôtant au Gouvernement cette ressource, on prenait entre deux feux la Révolution. Les ouvriers demandent du travail ! Non, point de travail, dit Jobez, dont la pensée répond à celle de Bineau, « Depuis la réunion de l'Assemblée, continue-t-il, toutes les fois qu'on parle des ateliers nationaux, on vous répond par le rachat des chemins de fer. Et lorsqu'on dit : Mais sans ce rachat, vous avez 311 millions de travaux à exécuter, portez-y tout ou partie des ateliers nationaux, on répond : Donnez-nous la loi de rachat. Les argumens sont toujours les mêmes ; et, par une coïncidence singulière, il se trouve que ce recensement des ateliers nationaux demandé depuis la réunion de l'Assemblée n'est pas encore accompli, et que les travaux qui ont été choisis sont tous à la porte de Paris. »

Pure chicane. Il ne s'agissait pas des travaux que le Gouvernement avait à exécuter, il en a pour plusieurs milliards ; mais des sommes qu'il y pouvait mettre. Or, il croyait que la loi de rachat des chemins de fer devant lui procurer et plus d'argent et surtout plus de crédit, cette loi était éminemment favorable à l'occupation des ouvriers.

Le 17 mars, le peuple avait demandé au Gouvernement provisoire l'éloignement des troupes, et n'avait pu l'obtenir. Le 23 juin, la réaction impose à la Commission exécutive la dispersion des ateliers nationaux, c'est-à-dire l'éloignement du peuple : il est accordé sur-le-champ. Il y a toute une révélation dans ce rapprochement.

A peine le citoyen Jobez est descendu de la tribune, que le ministre de la guerre, général Cavaignac, y monte pour donner de nouveaux renseignemens sur l'insurrection. L'émeute est chassée des faubourgs Saint-Denis et Saint-Martin ; elle n'occupe plus que les quartiers Saint-Jacques et Saint-Antoine. La garde nationale, la garde mobile, la garde républicaine, la ligne enfin (car toutes les forces dont le pouvoir dispose étaient alors réunies contre le peuple), sont animées du meilleur esprit.

Ainsi, c'était à coups de fusil que l'Assemblée nationale payait la dette du Gouvernement provisoire ! Eh bien ! je le demande : quels furent les plus coupables, des insurgés de mars, d'avril, de mai, ou des provocateurs de juin? de ceux qui sollicitèrent le gouvernement, afin d'en obtenir du travail, ou de ceux qui lui firent dépenser 2,500,000 cartouches pour le refuser?

Mais qu'aurait pu le canon contre l'innocence, s'il n'avait eu le renfort de la calomnie? A cette même heure où le général Cavaignac faisait part à l'Assemblée de ses dispositions stratégiques, le maire de Paris, A. Marrast, écrivait aux municipalités des douze arrondissemens la circulaire suivante: on dirait un édit de Dioclétien.

« Paris, 23 juin 1848, trois heures après midi,

» Citoyen Maire,

» Vous êtes témoin depuis ce matin des efforts tentés par *un petit nombre de turbulens* pour jeter au sein de la population les plus vives alarmes.

» Les ennemis de la République prennent tous les masques ; ils exploitent tous les malheurs, toutes les difficultés produites par les événemens. » — (Qui donc exploitait la difficulté, si ce n'est ceux-là même qui affectaient de s'en plaindre le plus?) —« Des agens étrangers se joignent à eux, les excitent et les *paient*. Ce n'est pas seulement la guerre civile qu'ils voudraient allumer parmi nous ; *c'est le pillage, la désorganisation sociale*, c'est la ruine de la France qu'ils préparent, et l'on devine dans quel but.

» Paris est le siège principal de ces infâmes intrigues ; Paris ne deviendra pas la capitale du désordre. Que la garde nationale, qui est la première gardienne de la paix publique *et des propriétés*, comprenne bien que c'est d'elle surtout qu'il s'agit, *de ses intérêts, de son crédit*, de son honneur. Si elle s'abandonnait, c'est la patrie entière qu'elle livrerait à tous les hasards ; *ce sont les familles et les propriétés qu'elle*

laisserait exposées aux calamités les plus af-
freuses.

» Les troupes de la garnison sont sous les armes, *nombreuses et parfaitement disposées.* Que
les gardes nationaux se placent dans leurs
quartiers, aux bords des rues. L'autorité fera
son devoir : que la garde nationale fasse le
sien. »

La proclamation de Senard est plus furieuse
encore. Je n'en citerai que ces paroles :

. . . .
« Ils ne demandent pas la République! Elle
est proclamée.

» Le suffrage universel! Il a été pleinement
admis et pratiqué.

» Que veulent-ils donc? On le sait maintenant : ils veulent l'anarchie, l'incendie, le
pillage!... »

Jamais complot fut-il suivi avec une plus
implacable persévérance? Jamais la famine et
la guerre civile furent-elles exploitées avec une
habileté plus scélérate? Et pourtant on se trom-
perait, si l'on croyait que j'accuse tous ces
hommes d'avoir voulu, pour un intérêt de coterie, assassiner le massacre de cent mille de
leurs frères. Il n'y a dans tout ceci qu'une pensée collective qui se développe avec d'autant
plus d'acharnement que chacun de ceux qui
l'expriment a moins conscience de son funeste
rôle, et qu'usant de son droit d'initiative, il
ne peut subir la responsabilité de ses paroles.
Les individus sont susceptibles de clémence;
les partis sont impitoyables. L'esprit de conciliation avait été grand du côté des Ateliers
nationaux : c'est qu'ils étaient organisés, qu'il
y avait des hommes parlant en leur nom et
répondant pour eux, Trélat et Lalanne. Le
parti réactionnaire, livré à ses fanatiques instincts, ne voulait rien entendre, parce qu'il
n'était pas représenté, et qu'il agissait sans répondant. Voulez-vous, dans une lutte politique, assassiner votre adversaire, sans encourir
l'odieux du crime? Point de délibération, et le
scrutin secret.

Après Cavaignac, Garnier-Pagès, l'âme éga-
rée, la voix pleine de sanglots, vient porter à
son comble l'exaltation réactionnaire.— *Il faut
en finir,* s'écrie-t-il (Oui! oui!); *il faut en finir
avec les agitateurs!* (Oui! oui! bravo! bravo!)

Le citoyen Bonjean propose qu'une commission soit nommée pour marcher avec la garde
nationale et les troupes, *et mourir s'il faut, à
leur tête, pour la défense de l'ordre!* La motion
est accueillie avec transport.

Mauguin demande que l'Assemblée se constitue en permanence. Adopté. Les rapports se
croisent, les nouvelles du champ de bataille
deviennent de plus en plus graves. Considérant
propose d'adresser une proclamation aux ouvriers, afin de les rassurer sur leur sort, et de
mettre un terme à cette guerre fratricide. Mais
les partis sont impitoyables. On ne veut point

de réconciliation; on ne permet pas même à
l'auteur de la proposition d'en donner lecture.
Elle est écartée par la question préalable. —
« Notre devoir est de rester impassibles à notre
place, répond le stoïque Baze, sans délibération avec l'émeute, sans pactisation quelconque avec elle par la discussion d'une proclamation. »

Le sang bouillonne à Caussidière. — « Je demande, s'écrie-t-il, qu'une proclamation soit
faite aux flambeaux, et qu'un certain nombre
de députés se rendent, accompagnés d'un mem-
bre de la Commission exécutive, dans le cœur
de l'insurrection. ». — Les cris : *A l'ordre! vous
parlez comme un factieux! M. le président,
suspendez la séance!* accueillent les paroles du
Montagnard. Le ministre Duclerc, qui tout à
l'heure tombera sous les coups de la réaction,
traite lui-même cette proposition d'insensée.

Baune se joint à Caussidière. Cris plus nombreux : *Suspendez la séance!*

Sur de nouveaux détails fournis par le général Cavaignac, Lagrange revient à la charge. —
De toutes parts : *Suspendez la séance!*

Enfin le dénouement approche, le mot de
l'intrigue est révélé. Pascal Duprat propose que
Paris soit déclaré en état de siège, et tous les
pouvoirs remis au général Cavaignac.

Je m'oppose à la dictature! s'écrie Larabit.

Tréveneuc : La garde nationale demande de
tous côtés l'état de siège.

Langlois : C'est le vœu de la population.

Bastide : Dépêchez-vous; dans une heure
l'Hôtel-de-Ville sera pris.

Germain Sarrut : Au nom des souvenirs de
1832, nous protestons contre l'état de siège.
(Cris : *à l'ordre!*)

Quentin Bauchart et d'autres veulent qu'on
ajoute à la proposition de Pascal Duprat un
article additionnel ainsi conçu : « La Commis-
« sion exécutive cesse à l'instant ses fonctions. »
— C'est une rancune, répond dédaigneusement
le ministre des finances Duclerc. Enfin, on annonce que la Commission exécutive, qui depuis vingt-quatre heures, courant de barricade
en barricade, faisait, pour le compte des *honnêtes* et *modérés,* tirer sur ses propres troupes,
n'attendant pas qu'on la destitue, résigne ses
fonctions. Maintenant c'est au sabre à faire le
reste : la toile tombe sur le quatrième acte de
la Révolution de Février.

« O peuple de travailleurs! peuple déshérité,
vexé, proscrit! peuple qu'on emprisonne, qu'on
juge et qu'on tue! peuple bafoué, peuple flétri!
Ne cesseras-tu de prêter l'oreille à ces orateurs
de mysticisme, qui, au lieu de solliciter ton
initiative, te parlent sans cesse et du Ciel et de
l'État, promettant le salut tantôt par la religion, tantôt par le gouvernement, et dont la
parole véhémente et sonore te captive?....

» Le pouvoir, instrument de la puissance collective, créé dans la société pour servir de mé-
diateur entre le travail et le capital, se trouve

enchaîné fatalement au capital et dirigé contre le prolétariat. Nulle réforme politique ne peut résoudre cette contradiction, puisque, de l'aveu des politiques eux-mêmes, une pareille réforme n'aboutirait qu'à donner plus d'énergie et d'extension au pouvoir, et qu'à moins de renverser la hiérarchie et de dissoudre la société, le pouvoir ne saurait toucher aux prérogatives du monopole. Le problème consiste donc, pour les classes travailleuses, non à conquérir, mais à vaincre tout à la fois le pouvoir et le monopole, ce qui veut dire à faire surgir des entrailles du peuple, des profondeurs du travail, une activité plus grande, un fait plus puissant qui enveloppe le capital et l'État et qui les subjugue. Toute proposition de réforme qui ne satisfait point à cette condition n'est qu'un fléau de plus, une verge en sentinelle, *virgam vigilantem*, disait un prophète, qui menace le prolétariat. » — (*Contradictions économiques*, Paris, Guillaumin.)

Ces lignes, écrites en 1845, sont la prophétie des événemens que nous avons vus se dérouler en 1848 et 1849. C'est pour avoir obstinément voulu la révolution par le pouvoir, la réforme sociale par la réforme politique, que la révolution de Février a été ajournée et la cause du prolétariat et des nationalités perdue en première instance par toute l'Europe.

Combattans de juin! le principe de votre défaite est dans le décret du 25 février. Ceux-là vous ont abusés, qui vous ont fait, au nom du pouvoir, une promesse que le pouvoir était incapable de tenir. Vaincre le pouvoir, c'est-à-dire placer le pouvoir sous la main du peuple par la centralisation séparée des fonctions politiques et sociales; vaincre le capital par la garantie mutuelle de la circulation et du crédit : voilà quelle devait être la politique de la démocratie. Cela est-il donc si difficile à entendre?

En mars, en avril, en mai, au lieu de vous organiser pour le travail et la liberté, en profitant des avantages politiques que vous donnait la victoire de février, vous courûtes au Gouvernement, vous exigeâtes de lui ce que vous seuls pouviez vous donner, et vous fîtes reculer de trois étapes la révolution. En juin, victimes d'un odieux manque de foi, vous eûtes le malheur de céder à l'indignation et à la colère : c'était vous jeter dans le piège qui depuis six semaines vous était tendu. Votre erreur fut d'exiger du pouvoir l'accomplissement d'une promesse qu'il ne pouvait tenir; votre tort, de vous insurger contre la représentation nationale et le gouvernement de la République. Sans doute vos ennemis n'ont pas recueilli le fruit de leur intrigue; sans doute votre martyre vous a grandis : vous êtes cent fois plus forts aujourd'hui que sous le premier état de siége, et vous pouvez rapporter à la justice de votre cause vos succès ultérieurs. Mais, il faut le reconnaître, puisque la victoire ne pouvait vous donner rien de plus que ce que vous possédiez déjà, la faculté de vous concerter pour la production et le débouché, la victoire était d'avance perdue pour vous. Vous étiez les soldats de la République, cela est vrai, et les républicains ne le comprirent pas : mais les gardes nationaux étaient aussi les soldats de la République, les soldats de l'ordre et de la liberté. N'accusez jamais de félonie toute une fraction, la plus considérable, du peuple; ne conservez point de rancune pour ceux de vos frères trompés qui vous ont combattus. Que ceux-là seulement qui vous ont séduits par des utopies funestes se frappent la poitrine : quant à ceux qui, dans ces jours de deuil, n'ont eu d'intelligence que pour exploiter votre misère, je souhaite qu'ils n'abusent jamais assez de leur pouvoir d'un moment pour attirer sur leurs têtes de trop justes représailles.

Pour moi, le souvenir des journées de juin pèsera éternellement comme un remords sur mon cœur. Je l'avoue avec douleur : jusqu'au 25 je n'ai rien prévu, rien connu, rien deviné. Elu depuis quinze jours représentant du peuple, j'étais entré à l'Assemblée nationale avec la timidité d'un enfant, avec l'ardeur d'un néophyte. Assidu, dès 9 heures, aux réunions des bureaux et des comités, je ne quittais l'Assemblée que le soir, épuisé de fatigue et de dégoût. Depuis que j'avais mis le pied sur le Sinaï parlementaire, j'avais cessé d'être en rapport avec les masses : à force de m'absorber dans mes travaux législatifs, j'avais entièrement perdu de vue les affaires courantes. Je ne savais rien, ni de la situation des ateliers nationaux, ni de la politique du gouvernement, ni des intrigues qui se croisaient au sein de l'Assemblée. Il faut avoir vécu dans cet isoloir qu'on appelle une Assemblée nationale, pour concevoir comment les hommes qui ignorent le plus complètement l'état d'un pays sont presque toujours ceux qui le représentent. Je m'étais mis à lire tout ce que le bureau de distribution remet aux représentans, propositions, rapports, brochures, jusqu'au *Moniteur* et au *Bulletin des Lois*. La plupart de mes collègues de la gauche et de l'extrême gauche étaient dans la même perplexité d'esprit, dans la même ignorance des faits quotidiens. On ne parlait des ateliers nationaux qu'avec une sorte d'effroi : car la peur du peuple est le mal de tous ceux qui appartiennent à l'autorité; le peuple, pour le pouvoir, c'est l'ennemi. Chaque jour nous votions aux ateliers nationaux de nouveaux subsides, en frémissant de l'incapacité du pouvoir et de notre impuissance.

Désastreux apprentissage! L'effet de ce gâchis représentatif où il me fallait vivre, fut que je n'eus d'intelligence pour rien; que le 23, quand Flocon déclara en pleine tribune que le mouvement était dirigé par des factions politiques et soudoyé par l'étranger, je me laissai prendre à ce canard ministériel; et que le 24 je demandais encore si l'insurrection avait bien réellement pour motif la dissolution des ateliers nationaux !!! Non, monsieur Senard, je n'ai pas été un lâche en juin, comme vous m'en avez jeté l'insulte à la face de l'Assemblée ; j'ai été comme vous et comme tant d'autres, un imbécile. J'ai manqué, par hébétude parlementaire, à mon devoir de représentant. J'étais là pour voir, et je n'ai pas vu ; pour jeter l'alarme, et je n'ai pas crié ! J'ai fait comme le chien qui n'aboie pas à la présence de l'ennemi. Je devais, moi élu de la plèbe, journaliste du prolétariat, ne pas laisser cette masse sans direction et sans conseil : 100,000 hommes enrégimentés méritaient que je m'occupasse d'eux. Cela eût mieux valu que de me morfondre dans vos bureaux. J'ai fait depuis ce que j'ai pu pour réparer mon irréparable faute ; je n'ai pas été toujours heureux ; je me suis trompé souvent : ma conscience ne me reproche plus rien.

XI. — Qui suis-je ?

Ainsi la Démocratie se consumait elle-même, à la poursuite de ce pouvoir que son but est précisément d'annihiler en le distribuant. Toutes les fractions du parti étaient tombées l'une après l'autre : la Commission exécutive destituée, nous en étions aux républicains du lendemain, nous touchions aux doctrinaires. Si l'on ne parvenait à conjurer ce recul, ou du moins à le renfermer dans la sphère du gouvernement, la République était en péril : mais il fallait pour cela changer de manœuvre. Il fallait s'établir dans l'opposition, rejeter le pouvoir sur la défensive, agrandir le champ de bataille, simplifier, en la généralisant, la question sociale ; étonner l'ennemi par l'audace des propositions, agir désormais sur le peuple plutôt que sur ses représentans, opposer sans ménagemens aux passions aveugles de la réaction l'idée philosophique et révolutionnaire de février. Un parti ne se fût point prêté à cette tactique ; elle exigeait une individualité résolue, excentrique même, une âme trempée pour la protestation et la négation. Orgueil ou vertige, je crus que mon tour était venu. C'est à moi, me dis-je, de me jeter dans le tourbillon. Les démocrates, séduits par les souvenirs de notre glorieuse révolution, ont voulu recommencer en 1848 le drame de 1789 : pendant qu'ils jouent la comédie, tâchons de faire de l'histoire. La République ne va plus qu'à la garde de Dieu. Tandis qu'une force aveugle entraîne le pouvoir dans un sens, ne saurions-nous faire avancer la société dans un autre ? La direction des esprits étant changée, il en résulterait que le gouvernement, continuant à faire de la réaction, ferait alors, sans s'en douter, de la révolution... Et de ma banquette de spectateur, je me précipitai, nouvel acteur, sur le théâtre.

Mon nom depuis dix-huit mois a fait assez de bruit pour que l'on me pardonne d'apporter ici quelques explications, quelques excuses à ma triste célébrité. Bonne ou mauvaise, j'ai eu ma part d'influence sur les destinées de mon pays : qui sait ce que cette influence, plus puissante aujourd'hui par la compression, peut encore produire ? Il importe donc que mes contemporains sachent ce que j'ai voulu, ce que j'ai fait, ce que je suis. Je ne me vante point : je serais seulement flatté que mes lecteurs restassent convaincus, après lecture, qu'il n'y a dans mon fait ni folie ni fureur. La seule vanité qui m'ait jamais tenu au cœur était de croire qu'aucun homme n'avait agi en toute sa vie avec plus de préméditation, plus de réflexion, plus de discernement que je n'ai fait. J'ai appris à mes dépens qu'aux instans mêmes où je me croyais le plus libre, je n'étais encore, dans le torrent des passions politiques auquel je prétendais faire obstacle, qu'un instrument de cette inintelligible Providence que je nie, que je récuse. Peut-être l'histoire de mes méditations, inséparable de celle de mes actes, ne sera-t-elle pas sans profit pour tous ceux qui, quelles que soient leurs opinions, aiment à chercher dans l'expérience la justification de leurs idées : pour les libres penseurs, qui ne reconnaissent d'autorité dans les choses humaines que celle de la pure raison ; pour les croyans, qui aiment à reposer leur conscience sur le doux oreiller de la foi ; pour les hommes d'action enfin, qui, avant de s'engager dans la carrière politique, seraient curieux de connaître où peuvent conduire un génie rigoureux, les démonstrations impartiales et les principes désintéressés de la science.

Je n'ai rien rien à dire de ma vie privée : elle ne regarde pas les autres. J'ai toujours eu peu de goût pour les biographies, et ne m'intéresse aux affaires de qui que ce soit. L'histoire même et le roman n'ont d'attrait pour moi qu'autant que j'y retrouve, comme dans notre immortelle révolution, les manifestations des idées.

Ma vie publique commence en **1837**, en pleine corruption philippiste.

L'Académie de Besançon avait à décerner la pension triennale, léguée par M. Suard, secrétaire de l'Académie française, aux jeunes franc-comtois sans fortune qui se destinent à la carrière des lettres ou des sciences. Je me mis sur les rangs. Dans le mémoire que j'adressai à l'Académie, et qui existe dans ses archives, je lui dis :

« Né et élevé au sein de la classe ouvrière, lui appartenant encore par le cœur et les affections, surtout par la communauté des souffrances et des vœux, ma plus grande joie, si j'obtenais les suffrages de l'Académie, serait de travailler sans relâche, par la philosophie et la science, avec toute l'énergie de ma volonté et toutes les puissances de mon esprit, à l'amélioration physique, morale et intellectuelle de ceux que je me plais à nommer mes frères et mes compagnons ; de pouvoir répandre parmi eux les semences d'une doctrine que je regarde comme la loi du monde moral, et, en attendant le succès de mes efforts, de me trouver déjà, messieurs, comme leur représentant vis-à-vis de vous. »

Ma protestation, comme l'on voit, date de loin. J'étais jeune encore, et plein de foi, quand je prononçai mes vœux. Mes concitoyens diront si j'y ai été fidèle. Mon socialisme a reçu le baptême d'une compagnie savante ; j'ai eu pour marraine une académie ; et si ma vocation, dès longtemps décidée, avait pu fléchir, l'encouragement que je reçus alors de mes honorables compatriotes l'aurait confirmée sans retour.

Je me mis aussitôt à l'œuvre : Je ne fus point demander la lumière aux écoles socialistes qui subsistaient à cette époque, et qui déjà commençaient à passer de mode ; je laissai les hommes de parti et de journalisme, trop occupés de leurs luttes quotidiennes pour songer aux suites de leurs propres idées. Je n'ai pas connu davantage, ni recherché les sociétés secrètes : tout ce monde me semblait s'éloigner autant du but que je poursuivais que les éclectiques et les jésuites.

Je commençai mon travail de conspiration solitaire par l'étude des antiquités socialistes, nécessaire, à mon avis, pour déterminer la loi théorique et pratique du mouvement. Ces antiquités, je les trouvai dans la Bible. Un mémoire sur l'institution sabbatique, considérée au point de vue de la morale, de l'hygiène, des relations de famille et de cité, me valut une médaille de bronze de mon académie. De la foi où l'on m'avait élevé je me précipitais donc, tête baissée, dans la raison pure, et déjà, chose singulière et pour moi de bon augure, pour avoir fait Moïse philosophe et socialiste, je recevais des applaudissemens. Si je suis maintenant dans l'erreur, la faute n'en est pas à moi seul : fut-il jamais séduction pareille ?

Mais j'étudiais surtout pour réaliser. Je me souciais peu des palmes académiques ; je n'avais pas le loisir de devenir savant, encore moins littérateur ou archéologue. J'abordai de suite l'économie politique.

J'avais pris pour règle de mes jugemens que tout principe qui, poussé à ses dernières conséquences, aboutirait à une contradiction, devait être tenu pour faux et nié ; et que, si ce principe avait donné lieu à une institution, l'institution elle-même devait être considérée comme factice, comme utopie.

Muni de ce critérium, je choisis pour sujet d'expérience ce que j'avais trouvé dans la société de plus ancien, de plus respectable, de plus universel, de moins controversé, la Propriété. On sait ce qui m'arriva. Après une longue, minutieuse, et surtout impartiale analyse, j'arrivai, comme un algébriste conduit par ses équations, à cette conclusion surprenante : La propriété, de quelque côté qu'on la tourne, à quelque principe qu'on la rapporte, est..... une idée contradictoire ! Et la négation de la propriété emportant celle de l'autorité, je déduisis immédiatement de ma définition ce corollaire non moins paradoxal : La véritable forme du gouvernement, c'est *l'an-archie*. Enfin, trouvant par une démonstration mathématique qu'aucune amélioration dans l'économie de la société ne pouvait arriver par la seule puissance de sa constitution native, et sans le concours et la volonté réfléchie de tous ; reconnaissant ainsi qu'il y avait une heure marquée dans la vie des sociétés, où le progrès, d'abord irréfléchi, exigeait l'intervention de la raison libre de l'homme, j'en conclus que cette force d'impulsion spontanée que nous appelons Providence n'est pas tout dans les choses de ce monde : de ce moment, sans être athée, je cessai d'adorer Dieu. — Il se passera fort que vous l'adoriez, me dit un jour, à ce propos, le *Constitutionnel*. — Peut-être.

Était-ce maladresse de ma part à manier l'instrument dialectique, illusion produite par cet instrument même et inhérente à sa construction ; ou plutôt, la conclusion que je venais d'exprimer était-elle seulement le premier terme d'une formule que l'état peu avancé de la société, et par conséquent de mes études, laissait incomplète ? Je ne le sus pas d'abord, et ne m'arrêtai point à la vérifier. Je crus mon travail assez inquiétant par lui-même pour mériter l'attention du public, et éveiller la sollicitude des savans. J'adressai mon mémoire à l'Académie des sciences morales et politiques : l'accueil bienveillant qu'il reçut, les éloges que le rapporteur, M. Blanqui, crut devoir donner à l'écrivain, me donnèrent lieu de penser que l'Académie, sans prendre la responsabilité de ma théorie, était satisfaite de mon travail, et je continuai mes recherches.

Les observations de M. Blanqui n'avaient point porté sur la contradiction signalée par moi dans le principe de propriété : contradiction qui consiste surtout en ce que, d'un côté, l'appropriation des choses, par le travail ou de toute autre manière, conduit naturellement, nécessairement, à l'institution du fermage, de la rente et de l'intérêt, ainsi que l'a parfaitement démontré M. Thiers, dans son livre sur la *Propriété* ; tandis que d'autre part, le fermage, la rente, l'intérêt, en un mot le prix du prêt, est incompatible avec les lois de la circulation, et tend incessamment à s'annihiler. Sans entrer dans le fond de la controverse, le savant économiste s'était contenté d'opposer à mes raisonnemens une fin de non-recevoir qui eût été décisive, si elle avait été fondée. — « En ce qui concerne la propriété, disait M. Blanqui, la pratique donne un éclatant démenti à la théorie. Il est prouvé, en fait, que si la propriété est illégitime aux yeux de la raison philosophique, elle est en progrès constant dans la raison sociale. Il faut donc, ou que la logique soit insuffisante et illusoire, ce qui, de l'aveu des philosophes, s'est vu plus d'une fois ; ou que la raison sociale se trompe, ce qui est inadmissible. » Si ce ne sont pas les propres paroles de M. Blanqui, c'en est du moins le sens.

J'établis, dans un second mémoire, que les faits avaient été mal appréciés par M. Blanqui ; que la vérité était précisément l'inverse de ce qu'il avait cru voir ; que la propriété, qu'il disait en progrès, était au contraire en décadence, et qu'il en était ainsi de la religion, du pouvoir, et généralement de toutes les idées qui, comme la propriété, avaient un côté positif et un côté négatif. Nous les voyons dans un sens tandis qu'elles existent ou se passent dans l'autre : pour en avoir une représentation juste, il faut changer de position, et retourner, pour ainsi dire, la lunette. Et, pour que rien ne manquât à la preuve, je donnais la raison économique de ce phénomène. Sur ce terrain j'étais sûr de l'avantage : les économistes, quand il ne s'agit pas d'autre chose que de science, ne croient pas plus à la propriété qu'au gouvernement.

Dans un troisième mémoire adressé à M. Considérant, je reproduisis, non sans un certain emportement, les mêmes conclusions ; et j'insistai, dans l'intérêt de l'ordre et de la sécurité des propriétaires, sur la nécessité de réformer au plus tôt l'enseignement de l'économie politique et du droit. La dialectique m'enivrait : un certain fanatisme, particulier aux logiciens, m'était monté au cerveau, et avait fait de mon mémoire un pamphlet. Le parquet de Besançon ayant cru devoir sévir contre cette brochure, je fus traduit devant la Cour d'assises du département du Doubs, sous la quadruple inculpation d'attaque à la propriété, d'excitation au mépris du gouvernement, d'outrage à la religion et aux mœurs. Je fis ce que je pus pour expliquer au jury comment, dans l'état actuel de la circulation mercantile, la valeur utile et la valeur d'échange, étant deux quantités incommensurables et en perpétuelle opposition, la propriété est tout à la fois illogique et instable, et que telle est la raison pour laquelle les travailleurs sont de plus en plus pauvres, et les propriétaires de moins en moins riches. Le jury parut ne pas comprendre grand'chose à ma démonstration : il dit que c'était matière scientifique, par conséquent hors de sa compétence, et rendit en ma faveur un verdict d'acquittement.

Tandis que, seul de mon école, je creusais la tranchée dans le glacis de la vieille économie politique ; tandis que P. Leroux, Villegardelle, Vidal, et quelques autres suivaient, dans des directions peu différentes, cette marche savante de démolition, que faisaient les organes de la démocratie ? Ce qu'ils faisaient ? Hélas ! qu'ils me permettent de le leur rappeler, afin que les socialistes ne portent pas seuls la responsabilité des malheurs de la République : ils se livraient à leurs préoccupations parlementaires ; écartant avec obstination, de peur d'effrayer leurs abonnés, les questions sociales, ils préparaient la mystification de février ; ils organisaient par cette négligence volontaire les *ateliers nationaux* ; ils minutaient les décrets du Gouvernement provisoire, et jetaient, sans le savoir, les fondemens de la république *honnête* et *modérée*. Le *National*, je ne lui en veux plus, maudissant le socialisme, faisait voter les fortifications de Paris ; la *Réforme*, forte de ses bonnes intentions, s'en tenait au suffrage universel et au gouvernementalisme de Louis Blanc. On laissait croître l'utopie, quand il eût fallu l'arracher en herbe ; on dédaignait des écoles qui devaient embrasser un jour le parti tout entier, et, par leurs aspirations au pouvoir, faire rétrograder la République. Il n'a pas moins fallu que l'expérience de février pour convaincre nos hommes d'État qu'une révolution ne s'arrête ni ne s'improvise : je ne répondrais pas cependant qu'ils n'en soient encore à accuser, avec M. Lamartine, le socialisme de leur déroute. Quel dommage, en vérité, pour la gloire de ces messieurs, que le peuple, après avoir résigné ses pouvoirs entre leurs mains, ait cru devoir leur demander des arrhes !

Cependant il ne suffit pas que la critique démolisse, il faut qu'elle affirme et reconstruise. Sans cela, le socialisme resterait un objet de pure curiosité, alarmant pour la bourgeoisie, et sans utilité pour le peuple. C'est ce que je me disais tous les jours : je n'avais pas besoin pour cela des avertissemens des utopistes, pas plus que des conservateurs.

Ici, la méthode qui avait servi pour construire, devenait impuissante pour édifier. Le procédé par lequel l'esprit affirme n'est pas le même que celui par lequel il nie : il fallait, avant de bâtir, sortir de la contradiction, et créer une méthode d'invention révolutionnaire, une philosophie, non plus négative, mais, pour emprunter le langage de M. Aug. Comte, *positive*. La société seule, l'être collectif, peut, sans crainte d'une erreur absolue et immédiate, suivre son instinct et s'abandonner à son libre arbitre ; la raison supérieure qui est en elle, et qui se dégage peu à peu par les manifestations de la multitude et la réflexion des individus, la ramène toujours au droit chemin. Le philosophe est incapable de découvrir par intuition la vérité ; et, si c'est la société elle-même qu'il se propose de diriger, il court risque de mettre ses vues propres, toujours fautives, à la place des lois éternelles de l'ordre, et de pousser la société aux abîmes. Il lui faut un guide : or, quel peut être ce guide, sinon la loi du développement, la logique immanente de l'humanité même ? En tenant d'une main le fil des idées, et de l'autre celui de l'histoire, je devais, me figurais-je, pénétrer la pensée intime de la société ; je devenais prophète, sans cesser d'être philosophe.

Me voilà donc commençant, sous le titre de *Création de l'Ordre dans l'Humanité*, une nouvelle suite d'études, les plus abstruses auxquelles puisse se livrer l'intelligence humaine, mais, dans la situation où je me trouvais, absolument indispensables. L'ouvrage que je publiai à cette occasion, bien que j'aie fort peu de chose à en rétracter, ne me satisfait point : aussi, malgré une seconde édition, me paraît-il avoir obtenu du public assez peu d'estime, et c'est justice(1). Ce livre, vraie machine infernale, qui devait renfermer tous les instrumens de création et de destruction, est mal fait, et fort au-dessous de ce que j'aurais pu produire si j'avais pris le temps de choisir et ranger mes matériaux. Mais, je l'ai dit, je ne travaillais pas pour la gloire; j'étais, comme tout le monde en ce temps-ci, pressé d'en finir. L'esprit de réforme était devenu en moi un esprit de guerre, et les conquérans n'attendent pas. Malgré son originalité, mon travail est au-dessous du médiocre : que ce soit mon châtiment!

Toutefois, si défectueux qu'il puisse paraître aujourd'hui, il suffit à mon objet. L'important était que je m'entendisse avec moi-même : comme la contradiction m'avait servi à démolir, la Série devait me servir à édifier. Mon éducation intellectuelle était faite. La *Création de l'ordre* avait à peine vu le jour, qu'appliquant aussitôt la méthode créatrice, je compris que, pour acquérir l'intelligence des révolutions de la société, la première chose à faire était de construire la Série entière de ses antinomies, le *Système de ses contradictions.*

Il me serait difficile de donner à ceux qui ne l'ont pas lu une idée de cet ouvrage. J'essaierai toutefois, en me servant du langage, aujourd'hui compris de tout le monde, du teneur de

livres. Car si je parvenais, en quelques lignes, à donner une idée nette de ce que je considère comme la véritable méthode économique, il est difficile qu'elle ne forçât pas bientôt toutes les convictions.

Dans mes premiers mémoires, attaquant de front l'ordre établi, je disais, par exemple : *La propriété, c'est le vol!* Il s'agissait de protester, de mettre pour ainsi dire en relief le néant de nos institutions. Je n'avais point alors à m'occuper d'autre chose. Aussi, dans le mémoire où je démontrais, par A plus B, cette étourdissante proposition, avais-je soin de protester contre toute conclusion communiste.

Dans le *Système des Contradictions économiques,* après avoir rappelé et confirmé ma première définition, j'en ajoute une toute contraire, mais fondée sur des considérations d'un autre ordre, qui ne pouvaient ni détruire la première argumentation ni être détruites par elle : *La propriété, c'est la liberté.* La propriété, c'est le vol; la propriété, c'est la liberté : ces deux propositions sont également démontrées et subsistent l'une à côté de l'autre dans le *Système des Contradictions.* J'opère de même, sur chacune des catégories économiques, la *Division du travail*, la *Concurrence*, l'*État*, le *Crédit*, la *Communauté*, etc.; montrant tour à tour comment chacune de ces idées, et par conséquent comment les institutions qu'elles engendrent, ont un côté positif et un côté négatif; comment elles donnent lieu à une double série de résultats diamétralement opposés : et toujours je conclus à la nécessité d'un accord, conciliation ou synthèse. La propriété paraissait donc ici, avec les autres catégories économiques, avec sa raison d'*être* et sa raison de *non-être*, c'est-à-dire comme élément à double face du système économique et social.

Ainsi exposé, cela a paru sophistique, contradictoire, entaché d'équivoque et de mauvaise foi. Je vais tâcher de le rendre plus intelligible, en reprenant pour exemple la propriété.

La propriété, considérée dans l'ensemble des institutions sociales, a pour ainsi dire deux comptes ouverts : l'un est celui des biens qu'elle procure, et qui découlent directement de son essence; l'autre est celui des inconvéniens qu'elle produit, des *frais* qu'elle coûte, et qui résultent, comme les biens, directement aussi de sa nature.

Il en est de même pour la concurrence, le monopole, l'impôt, etc.

Dans la propriété, comme dans tous les élémens économiques, le mal ou l'abus est inséparable du bien, exactement comme, dans la comptabilité en partie double, le *doit* est inséparable de l'*avoir*. L'un engendre nécessairement l'autre. Vouloir supprimer les abus de la propriété, c'est la détruire elle-même; de même que supprimer un article au débit d'un

---

(1) La partie de la *Création de l'ordre*, à laquelle j'attache le plus d'importance, après la méthode sérielle, est, comme de raison, la détermination des *concepts* fondamentaux, ou catégories. Je suis revenu bien des fois, depuis 1843, sur cette question, et toujours je suis arrivé au même résultat. Les catégories sont les formes de la raison, sans doute : mais il me paraît bien difficile de me les admettre, d'après Kant lui-même, que ces formes sont *données*, et non pas seulement *révélées* par la nature. D'abord qu'elles supposent toutes un *sujet* et un *objet*, propres, le premier à les recevoir, le second à les faire naître. Elles ne sont pas le produit d'une réflexion, comme l'image dans la glace, ni d'une impression, comme celle du cachet sur la cire; elles ne sont pas non plus innées, puisque avant d'être en rapport avec le monde, l'homme ne pense pas. Dire qu'elles sont *révélées* à l'esprit, à l'occasion des perceptions qu'il reçoit des choses sensibles, c'est un pur mysticisme : qu'est-ce que cette révélation ?...

Pour moi, les concepts ou catégories de la raison pure sont à l'esprit ce que la *liquidité*, la *solidité*, la *gazéité* sont à la matière. Ces formes, ou qualités primitives des corps, leur sont ESSENTIELLES, quoique non innées ou inhérentes. Elles sont dues à la présence ou à l'absence du calorique; et le physicien, qui n'empêche pas de les concevoir dans les corps indépendamment du calorique, les y supposerait encore, alors même qu'il n'y aurait plus de calorique. Tout de même, les idées de *temps* et d'*espace*, de *substance* et de *cause*, sont conçues par l'esprit, à la présence de la nature, et deviennent essentielles à la raison, à tel point qu'elle n'est plus maîtresse d'en faire abstraction, alors même que, par hypothèse, elle détruit la nature.

compte, c'est le détruire au crédit. Tout ce qu'il est possible de faire contre les abus ou inconvéniens de la propriété, c'est de la fusionner, synthétiser ou équilibrer avec un élément contraire, qui soit vis-à-vis d'elle ce que le créancier est vis-à-vis du débiteur, l'actionnaire vis-à-vis du commandité, etc. : telle sera, par exemple, la *Communauté*; de telle sorte que, sans qu'elles s'altèrent ou se détruisent mutuellement, le bien de l'une vienne couvrir le mal de l'autre, comme, dans un bilan, les parties, après s'être réciproquement soldées, conduisent à un résultat final, qui est ou tout perte ou tout bénéfice.

La solution du problème de la misère consiste donc à élever à une plus haute expression la science du comptable, à monter les écritures de la société, à établir l'*actif* et le *passif* de chaque institution, en prenant pour comptes généraux ou divisions du grand-livre social, non plus les termes de la comptabilité ordinaire, *Capital, Caisse, Marchandises générales, Traites et remises*, etc.; mais ceux de la philosophie, de la législation et de la politique : *Concurrence* et *Monopole, Propriété* et *Communauté, Citoyen* et *État, Homme* et *Dieu.* — Enfin, et pour achever ma comparaison, il faut tenir les écritures *à jour*, c'est-à-dire déterminer avec exactitude les droits et les devoirs, de manière à pouvoir, à chaque moment, constater l'ordre ou le désordre, et présenter la BALANCE.

J'ai consacré deux volumes à expliquer les principes de cette comptabilité que j'appellerai, si l'on veut, transcendante ; j'ai rappelé cent fois, depuis Février, ces idées élémentaires, communes à la tenue des livres et à la métaphysique. Les économistes routiniers m'ont ri au nez; les idéologues politiques m'ont invité poliment à écrire pour le peuple. Quant à ceux dont j'avais pris si fort à cœur les intérêts, ils m'ont traité encore plus mal. Les communistes ne me pardonnent pas d'avoir fait la critique de la communauté, comme si une nation était un grand polypier, et qu'à côté du droit social il n'y avait pas le droit individuel. Les propriétaires me veulent mal de mort pour avoir dit que la propriété, seule et par elle-même, est vol; comme si la propriété ne tirait pas toute sa valeur (la rente) de la circulation des produits, et par conséquent ne relevait pas d'un fait supérieur à elle, la force collective, la solidarité du travail. Les politiques enfin, quelle que soit leur bannière, répugnent invinciblement à l'*an-archie*, qu'ils prennent pour le désordre; comme si la démocratie pouvait se réaliser autrement que par la distribution de l'autorité, et que le véritable sens du mot démocratie ne fût pas destitution du gouvernement. Ces gens-là ressemblent tous à ce maquignon qui, ayant pris un commis pour débrouiller ses comptes, se croyait volé, parce qu'il voyait les parties rangées sur deux colonnes, l'une au *débit*, l'autre au *crédit*. « Je fais tous mes achats au comptant, s'écriait-il ! Je ne dois rien à personne, et prétends ne devoir jamais rien ! » — M. Thiers, exposant avec sa merveilleuse lucidité l'origine et le développement de la propriété, sans vouloir entendre parler de sa corruptibilité et de sa décadence, est le pendant de ce maquignon. Cela n'empêche pas que M. Thiers ne soit aujourd'hui le sauveur de la famille et de la propriété. Pour prix de sa science économique, il sera bientôt ministre; tandis que moi, pauvre vérificateur d'écritures, je suis une peste publique, et l'on me met en prison. Entre la société et la propriété, ne vous avisez jamais de mettre le doigt !...

Le Système des Contradictions économiques, ou GRAND-LIVRE *des mœurs et institutions*, peu importe le nombre des cadres, comptes généraux ou catégories, est le vrai système de la société, non telle qu'elle se développe historiquement et dans l'ordre des générations, mais dans ce qu'elle a de nécessaire et d'éternel. Comme dans une entreprise industrielle, de nouvelles relations donnent lieu chaque jour à de nouveaux comptes, et modifient incessamment l'organisation intérieure du travail, la distribution des ouvriers et employés, l'emploi des machines, etc.; ainsi, dans la société, de nouvelles lumières, de grandes découvertes, produisent incessamment de nouvelles mœurs, et modifient l'économie générale. Mais de même encore que, dans toute société de commerce ou d'industrie, les principes de comptabilité, le système général des écritures est invariable; que les livres sont la représentation des opérations, l'observatoire d'où le gérant dirige toute la marche des affaires : pareillement, dans la société, la théorie des antinomies est à la fois la représentation et la base de tout mouvement. Les mœurs et les institutions peuvent varier de peuple à peuple, comme le métier et les mécaniques varient de siècle à siècle, de ville à ville : les lois qui régissent leurs évolutions sont inflexibles comme l'algèbre. Partout où il existe des hommes groupés par le travail; partout où l'idée de valeur marchande a pris racine, où, par la séparation des industries, il se fait une circulation de valeurs et de produits : là, à peine de perturbation, de déficit, de banqueroute de la société envers elle-même, à peine de misère et de prolétariat, les forces antinomiques de la société, inhérentes à tout déploiement de l'activité collective, comme à toute raison individuelle, doivent être tenues dans un constant équilibre; et l'antagonisme, perpétuellement reproduit par l'opposition fondamentale de la société et de l'individualité, être perpétuellement ramené à la synthèse.

On s'est scandalisé de voir figurer dans ce système, en opposition l'un à l'autre, Dieu et l'homme; on a trouvé étrange que je voulusse établir, comme je l'avais fait pour la propriété et la communauté, les comptes de la Liberté humaine et de la Providence ; les tartuffes ont crié à l'athéisme et au sacrilége. Et pourtant cette partie des *Contradictions* n'est pas autre chose que le catholicisme expliqué par la philosophie, la réalité substituée au symbole.

Qu'est-ce que le catholicisme? le système *mystique* des rapports entre Dieu et l'Humanité. La théorie des contradictions abolit ce mysticisme : elle fait de la théologie la science *positive* des rapports entre le Créateur, ou la nature, mère de tous les êtres, *alma parens rerum natura*, et l'homme, son expression la plus élevée, par conséquent son antithèse.

La nature, au point de vue de l'esprit, se manifeste par un double essor, l'instinct et la raison. Ce qui caractérise l'instinct, c'est la promptitude, l'intuition, la spontanéité, l'infaillibilité; ce qui distingue la raison, est la mémoire, la réflexion, l'imagination, le raisonnement, l'*erreur* ou vagabondage, le progrès. Le premier est à proprement parler la forme de l'intelligence en Dieu ; la seconde est la forme de l'intelligence dans l'homme.

C'est dans la société humaine que l'instinct et la raison, se manifestant parallèlement, s'élèvent à la fois au plus haut degré. Les manifestations de l'instinct constituent le gouvernement de la Providence; les manifestations de la philosophie le règne de la liberté. Les religions, les empires, les poésies et les monumens anciens, sont des créations de la spontanéité sociale, que la raison révise et rajeunit indéfiniment.

Mais, dans la société et dans l'individu, la raison gagne toujours sur l'instinct, la réflexion sur la spontanéité : c'est là le propre de notre espèce, et qui constitue en nous le progrès. Il suit de là que la Nature en nous semble reculer, tandis que la Raison arrive; en autres termes, Dieu s'en va, l'Humanité vient.

L'Humanité s'est d'abord adorée elle-même comme Dieu ou Nature; elle a commencé en Jésus-Christ à s'adorer comme Humanité. Le mouvement religieux est allé du ciel à la terre : mais la liberté doit abolir toute idolâtrie, et l'homme se réconcilier finalement avec Dieu, par la connaissance de la nature et de lui-même.

Qu'on rejette cette philosophie, je ne le trouve point du tout mauvais : qu'est-ce que cela me fait? Tiens-je donc si fort à avoir des disciples? Mais qu'on en fasse, sous prétexte d'athéisme, un moyen de contre-révolution, c'est ce que je défends à tous cafards, papistes et réformés, à peine de représailles. Nous sommes plus forts que vous, messieurs : prenez-y garde!

J'avais publié, dès 1846, la partie *antinomique* de ce système ; je travaillais à la *synthèse*, quand la Révolution de février éclata. Je n'eus garde, on l'imagine de reste, de me jeter dans ce gâchis politico-socialiste où M. de Lamartine traduisait en prose poétique les lieux communs de la diplomatie ; où l'on parlait de mettre en associations et en régies successivement tout

le commerce, toute l'industrie, et bientôt toute l'agriculture; de racheter toutes les propriétés, et de les exploiter administrativement ; de centraliser capitaux et capacités entre les mains de l'Etat ; puis de porter aux peuples de l'Europe, à la tête de nos triomphantes armées, ce régime gouvernemental. Je crus plus utile de poursuivre dans la retraite mes laborieuses études, convaincu que c'était le seul moyen que j'eusse de servir la Révolution, et bien sûr que ni le Gouvernement provisoire, ni les néo-babouvistes ne me devanceraient.

Les deux premières livraisons de ce nouveau travail parurent vers la fin de mars. Elles furent à peine remarquées des démocrates. J'étais peu connu, et mon début devait médiocrement leur plaire. Pouvaient-ils s'intéresser à une brochure dont l'auteur se croyait obligé de démontrer, par les plus hautes considérations du droit public et de l'histoire, la légitimité de la Révolution, et puis conseillait au pouvoir de s'abstenir de toute initiative réformatrice? A quoi bon ! pensaient-ils, soulever une pareille controverse? La démocratie n'est-elle pas souveraine? Le Gouvernement provisoire ne se fait-il pas obéir? Faut-il tant de raisonnemens pour convaincre ceux que le fait accompli tient subjugués! La République est comme le soleil : aveugle qui la nie!

Eh bien ! qu'en disent aujourd'hui les puissans d'alors? Est-il clair à présent que la souveraineté du peuple, seule capable de légitimer une révolution, n'est ni cette violence brutale qui dévaste les palais, incendie les châteaux; ni cet entraînement fanatique qui, après avoir fait un 17 mars, un 16 avril et un 15 mai, met le comble à ses bévues par un 10 décembre; ni l'oppression alternative des majorités par les minorités, des minorités par les majorités? Où donc est la souveraineté, la raison du peuple? La Constitution consacre sa propre révision ; tous les partis s'apprêtent à faire cette révision dans le sens de leurs intérêts : montrez-moi, dans ce conflit d'idées, la volonté, la vraie volonté du pays?

Avais-je donc tort de dire à ces fabricateurs de décrets :

« Ah! grands politiques, vous montrez le poing au capital, et vous voilà prosternés devant la pièce de cent sous! Vous voulez exterminer les *Juifs, rois de l'époque*, et vous adorez (en jurant, c'est vrai!) le Veau d'or ! Vous dites, ou vous laissez dire, que l'Etat va s'emparer des chemins de fer, des canaux, de la batellerie, du roulage, des mines, des sels; qu'on n'établira plus d'impôts que sur les riches, impôt somptuaire, impôt progressif, impôt sur les domestiques, les chevaux, les voitures et tous les objets de prix; qu'on réduira, avec le nombre des emplois, le chiffre des traitemens, les rentes, la propriété. Vous provoquez la dépréciation de toutes les valeurs financières, industrielles, immobilières; vous tarissez la source de tous les revenus; vous glacez le sang dans les veines au commerce, à l'industrie, et puis vous conjurez le numéraire de circuler : vous suppliez les riches épouvantés de ne pas le retenir. Croyez-moi, citoyens dictateurs, si c'est là toute votre science, hâtez-vous de vous réconcilier avec les juifs; renoncez à ces démonstrations de terrorisme qui font courir les capitaux après la révolution comme les chiens après les sergens de ville. Rentrez dans ce *statu quo* conservateur au-delà duquel vous n'apercevez rien, et dont vous n'auriez jamais dû sortir; car, dans la situation équivoque où vous êtes, vous ne pouvez vous défendre de toucher à la propriété; et, si vous portez la main sur la propriété, vous êtes perdus. Vous avez déjà un pied dans la banqueroute...

» ...Non, vous ne comprenez rien aux choses de la Révolution. Vous ne connaissez ni son principe, ni sa logique, ni sa justice; vous ne parlez pas sa langue. Ce que vous prenez pour la voix du peuple n'est que le mugissement de la multitude, ignorante comme vous des pensées du peuple. Refoulez ces clameurs qui vous envahissent. Respect aux personnes, tolérance pour les opinions; mais dédain pour les sectes qui rampent à vos pieds et qui ne vous conseillent qu'afin de vous mieux compromettre. Les sectes sont les vipères de la Révolution : le peuple n'est d'aucune secte. Abstenez-vous le plus que vous pourrez de réquisitions, de confiscations, surtout de législation, et soyez sobres de destitutions! Conservez intact le dépôt de la République, et laissez la lumière se faire toute seule. Vous aurez bien mérité de la patrie. »

Je n'ai point, après les journées de juin, protesté contre l'abus que des ignorans auraient pu faire de quelques-uns de mes aphorismes, et renié mes inclinations populaires; je n'ai pas insulté le lion expirant. Mais je n'ai pas non plus attendu aux journées de juin pour attaquer les tendances gouvernementalistes, et manifester mes sentimens d'intelligente conservation. J'ai toujours eu, j'aurai éternellement le pouvoir contre moi : est-ce la tactique d'un ambitieux et d'un lâche?

Ailleurs, faisant le bilan du pouvoir, je prouvais qu'une démocratie gouvernementale n'est qu'une monarchie retournée; je démontrais qu'elle coûterait plus cher que la monarchie, d'après ce principe d'économie élémentaire, que la condition dans laquelle le produit, eu égard à la dépense, est le plus grand possible, est celle où le producteur agit seul et sans le concours d'aucun ouvrier ou employé, et réciproquement; et qu'en toute entreprise susceptible de prendre de l'extension, les frais généraux croissent plus rapidement que le produit et le bénéfice.

« La démocratie est l'idée de l'Etat étendue à l'infini : c'est là réunion de toutes les exploitations agricoles en une seule exploitation agricole; de toutes les entreprises industrielles en une seule entreprise industrielle; de toutes les maisons de commerce en une seule maison de commerce; de toutes les commandites en une seule commandite. C'est, par conséquent, non la décroissance à l'infini de frais généraux, comme cela doit être sous la République, mais l'augmentation à l'infini des frais généraux. L'organisation par l'Etat, poussée à ses dernières limites, aurait donc ce résultat définitif : tandis que la dépense nationale serait comme 12, la recette serait comme 6. »

Certes, ce n'était pas l'à-propos qui manquait à ma publication : mais mes idées avaient le tort d'être à rebours du préjugé. L'erreur favorite du socialisme a été jusqu'à présent de croire que la somme des frais, comparativement au produit, diminue à mesure que les opérations s'accroissent, et que l'on fait entrer dans l'atelier un plus grand nombre de métiers et d'individus. C'est là-dessus qu'on a bâti tous les plans de communauté, d'association, d'organisation du travail par l'Etat. Je soutenais au contraire, d'un côté, que si tous les métiers, manufactures, etc., pouvaient être exploités par des travailleurs indépendans les uns des autres, la somme totale des frais généraux, dans le pays, serait zéro; et que si, au contraire, on formait de toutes les industries, professions, arts, etc., une exploitation unique, la somme de ces mêmes frais dépasserait celle des produits de 100 pour 100. Evidemment il n'y avait qu'un fou pour avancer de pareilles énormités. Ma brochure n'avait pas le sens commun. Cet homme, disaient-ils, a le sang âcre; il faut qu'il démolisse tout, propriété, communauté, monarchie et démocratie, Dieu et le diable. Il n'est pas même satisfait de lui !...

Heureux, trois fois heureux ceux qui peuvent être contens d'eux-mêmes! J'ai eu la patience, six mois durant, d'écouter les financiers de l'Assemblée constituante déclamer contre le système d'organisation du travail par l'Etat; je n'en ai pas vu un seul faire cette observation qui l'écrase, et que j'avais présentée, dès le mois de mars, à mes aveugles coreligionnaires.

L'impatience me gagnant, je pris le parti de suspendre ma publication, et de résumer, dans un opuscule de quarante pages, mes idées sur le *Crédit*. C'est là que je proposai, pour la première fois, et d'une manière affirmative, d'opérer la Révolution *par en bas*, en faisant appel à la raison et à l'intérêt de chaque citoyen, et ne demandant au pouvoir que la notoriété et l'impulsion que lui seul, aujourd'hui, est capable de donner à une idée. Au lieu de système, j'apportais une formule simple, pratique, légale, justifiée par mille exemples, à qui il ne manquait, pour faire son chemin, que d'être généralisée et mise en lumière.

Il est clair que je ne pouvais être compris. Mon projet n'était rien de moins qu'une déclaration de déchéance du pouvoir. Je proposais de créer un précédent qui, s'il réussissait, aurait eu pour conséquence de supprimer peu à peu toute la machine gouvernementale. L'Etat n'était plus rien, l'Etat, avec son armée de 500,000 hommes, avec son million de salariés, avec son budget de 2 milliards ! C'était monstrueux, incroyable. La démagogie était au pouvoir, le socialisme lui-même y était représenté. Se pouvait-il qu'avec toutes les forces de la République, avec l'appui des travailleurs et l'humble soumission des bourgeois, le gouvernement provisoire, des citoyens si dévoués, des patriotes si purs, aboutissent juste à rien? que les trois mois de misère accordés par le peuple s'écouleraient sans fruit? que tous voulant le bien, tous seraient impuissans à le produire? qu'au contraire, afin de s'empêcher réciproquement de faire le mal, ils se démoliraient l'un après l'autre? Se pouvait-il qu'ayant l'oreille du peuple, ils lui laisseraient commettre la faute énorme du 15 mai? qu'en juin ils ne sauraient répondre aux 100,000 hommes des ateliers nationaux que par des coups de fusil? qu'une Constitution pleine d'équivoques serait votée malgré eux, presque sans eux? qu'en décembre, un neveu de l'Empereur, sans qualité, sans titre, sans fortune, se ferait élire président de la République, à cinq millions et demi de majorité, contre les Ledru-Rollin, les Cavaignac, les Lamartine? Non, non! j'étais un utopiste, un frondeur, un mécontent. Il fallait garder intact le pouvoir, que le peuple avait conquis en février, et s'en servir pour son bonheur, comme la royauté s'en était servie pour sa corruption.

Vinrent les élections d'avril. J'eus la fantaisie de me porter candidat. Dans la circulaire que j'adressai aux électeurs du Doubs, sous la date du 3 avril 1848, je disais :

« La question sociale est posée : vous n'y échapperez pas. Pour la résoudre, il faut des hommes qui unissent à l'extrême de l'esprit radical, l'extrême de l'esprit conservateur. Travailleurs, tendez la main à vos patrons; et vous, patrons, ne repoussez pas l'avance de ceux qui furent vos ouvriers. »

Lorsque je m'exprimais ainsi, l'influence démocratique était encore dans toute sa force. Je n'ai pas attendu un revirement de fortune pour prêcher, comme but et signification du socialisme, la réconciliation universelle.

Le 16 avril vint mettre à néant ma candidature. Après cette déplorable journée, on ne voulut plus entendre parler de *radicalisme extrême*; on préféra tout compromettre en se jetant dans l'*extrême conservation*. Je voudrais savoir de mes honorés compatriotes ce qu'ils pensent avoir gagné à écouter leur prévention égoïste? Qu'est-ce que le juste-milieu de l'Assemblée constituante a produit? Qu'est-ce que l'absolutisme de la Législative produira?... Nos *Montagnons* tournent au rouge; dans deux ans, les paysans crieront, d'un bout à l'autre de la catholique et monarchique Franche-Comté : *Vive la République démocratique et sociale !*

Candidat évincé, publiciste sans lecteurs, je dus me rabattre sur la presse. — On me dit tous les jours : Faites des livres, cela vaut mieux que des journaux. J'en conviens : mais les livres, on ne les lit pas; et tandis que l'auteur de la *Philosophie positive*, M. Auguste Comte, réunit à peine à ses cours deux cents fidèles, le *Faubourien*, le *Père Duchêne* et la *Vraie République* mènent le pays. Vous consumez dix ans de votre vie à faire votre in-octavo; cinquante amateurs l'achètent, puis vient le journaliste qui vous jette dans son tombereau, et tout est dit. Les livres ne servent plus qu'à l'apprentissage du journaliste : le plus haut genre en littérature, dans notre siècle, c'est le premier-Paris, c'est le feuilleton.

Les journées des 17 mars et 16 avril, les malheureuses affaires de Risquons-Tout et de Kehl, l'agitation produite dans les départemens par l'envoi des commissaires, les déclamations sans portée des clubs, etc., etc., m'avaient éclairé sur les tendances rétrospectives des révolutionnaires de février. Combattre ces tendances, faire rentrer la Révolution dans sa véritable route, fut l'objet principal du *Représentant du Peuple*. Nous nous attachâmes surtout, mes collaborateurs et moi, à faire comprendre que les propriétés n'étant plus indépendantes, grâce précisément à la séparation des industries, et tirant toute leur valeur de la circulation, la France actuelle, quoique plus riche, ne pouvait, comme l'ancienne, supporter dix ans d'état révolutionnaire; que la Révolution de février ne ressemblait point à celle de 89-92; qu'il fallait abandonner les vieux erremens, mettre de côté les utopies, et entrer au plus vite dans le positif des questions. Inutiles efforts! Le *Représentant du Peuple* n'obtint qu'un succès d'estime : il conquit sa place au soleil de la publicité; mais quoi qu'il eût prévu, il n'eut pas le crédit de rien obtenir, de rien empêcher.

Ce fut vers cette époque que j'entrai en rapport avec M. de Girardin. Cet éminent écrivain ne me démentira pas, aujourd'hui surtout que sa théorie de l'impôt établit entre nous tant de points communs : il approuvait mes idées sur le crédit; mais, suivant ses inclinations d'homme d'état, et n'attendant rien que de l'autorité, il se refusait à toute initiative venant du peuple. — Une heure de pouvoir, disait-il, *vaut mieux que dix ans de journalisme*. Ces mots révèlent le secret de la politique et des oscillations de M. de Girardin.

Par ses théories administratives et financières, M. de Girardin est un pur socialiste : on dirait même qu'il a emprunté à Pierre Leroux l'idée de son ministère trine et un. Pour M. de Girardin la question économique est tout, la politique fort peu de chose. S'il fait grand cas du gouvernement, il est sceptique quant à la forme : peu lui importe la souveraineté du peuple ou le droit divin, pourvu qu'en résultat le gouvernement fasse les affaires de la nation. Mais cette indifférence politique n'altère point en M. de Girardin l'esprit gouvernemental : sous ce rapport, il marche de pair avec le communisme aussi bien qu'avec la doctrine. Aussi, comme il ne cherche point ce que veut la raison générale, mais seulement ce qui paraît le plus probable et le meilleur comme initiative du pouvoir, et que les données du problème changent sans cesse, il arrive, malgré la prudence et la subtilité de l'écrivain, qu'il retombe toujours en quelque contradiction, soit avec les faits, soit avec l'opinion du jour, soit avec lui-même.

J'ai cru un moment, après l'élection du 10 décembre, que M. de Girardin, arrivant avec son protégé aux affaires, allait nous donner une démonstration éclatante de sa théorie gouvernementale, qui, au fond, n'est que la théorie communautaire. Pourquoi Louis Bonaparte n'a-t-il pas fait ministre des finances M. de Girardin ? La révolution eût été commencée *par en haut*, M. de Girardin aurait accompli ce que voulaient Blanqui, Barbès, Louis Blanc, ce que supposaient les ateliers nationaux. Pourquoi, dis-je, aujourd'hui encore plus que sous le ministère de M. Guizot, M. de Girardin se retrouve-t-il l'antagoniste du pouvoir ? Hélas ! c'est que M. de Girardin est un homme à idées révolutionnaires, et que MM. Thiers, Barrot, Falloux, Changarnier, etc., ne veulent pas plus de la révolution pour le gouvernement du 23 décembre, que le Gouvernement provisoire et la Commission exécutive n'en avaient voulu pour eux-mêmes, que Louis-Philippe et Charles X n'en avaient voulu. C'est que le bourgeois, pas plus que le paysan et l'ouvrier, n'entend qu'on le révolutionne.

Quand je songe à tout ce que j'ai dit, écrit, publié depuis dix ans sur le rôle de l'État dans la société ; sur la subordination du pouvoir et l'incapacité révolutionnaire du gouvernement, je suis tenté de croire que mon élection, en juin 1848, a été l'effet d'une méprise de la part du peuple. Ces idées datent en moi de l'époque de mes premières méditations ; elles sont contemporaines de ma vocation au Socialisme. L'étude et l'expérience les ont développées ; elles m'ont constamment dirigé dans mes écrits et ma conduite ; elles ont inspiré tous les actes dont je vais rendre compte ; et il est étrange qu'avec la garantie qu'elles présentent, et qui est la plus haute qu'un novateur puisse offrir, j'aie pu paraître un seul moment, à la Société que je prends pour juge et au Pouvoir dont je ne veux pas, un adversaire redoutable.

XII. — 31 juillet : Nouvelle manifestation du Socialisme.

Je reprends mon récit au point où je l'ai laissé avant cette digression.

L'insurrection vaincue, le général dictateur Cavaignac se hâte de déposer les pouvoirs qui lui avaient été confiés. L'Assemblée nationale maintient l'état de siège, nomme le général président du conseil et chef du pouvoir exécutif, et le charge de composer un ministère. Les journaux socialistes sont suspendus : le *Représentant du Peuple* est d'abord ménagé ; mais comme, au lieu de crier avec les Brennus de la réaction, *Malheur aux vaincus!* il s'avise de prendre leur défense, il ne tarde pas à subir le sort de ses confrères. Les conseils de guerre s'emparent des malheureux que la fusillade a épargnés. Quelques hommes de la veille, tels que Bastide, Marie, Vaulabelle, sont conservés. Mais la couleur du gouvernement pâlit bientôt ; l'arrivée au pouvoir de MM. Senard, Vivien, Dufaure, annonce qu'aux républicains de la veille succèdent décidément les républicains du lendemain.

C'était la conséquence logique, j'ai presque dit légitime, de la victoire de l'*Ordre* : la gauche n'en proteste pas moins contre cette restauration d'une politique qu'on croyait à jamais enterrée sous les pavés de février. Les partis ne pourraient-ils donc mettre dans leur stratégie plus de franchise ? Reprocher à un adversaire de poursuivre le fruit de son succès, c'est défendre au général victorieux de profiter de la victoire. Puisque, grâce au fanatisme gouvernemental, la civilisation est comme la barbarie un état de guerre, il n'y a législation, constitution, théorie, expérience qui tienne : tant que nous nous battrons pour le pouvoir, les vainqueurs ne manqueront pas de prétextes pour opprimer les vaincus ; les hommes d'état trouveront des raisons de renier leurs principes, et tout le monde aura toujours raison. — Je suis vaincu, tuez-moi, disait Barbès à ses juges, après le coup de main du 12 mai 1839. C'est tout ce que la Montagne aurait dû répondre en août 1848, à Cavaignac, et en juillet 1849, à Louis Bonaparte. — Nous sommes vaincus, faites, usez de votre fortune, et ne disputons pas. Souvenez-vous seulement qu'il est des retours aux choses d'ici-bas, et qu'à l'occasion nous ferons comme vous !

C'est contre ce fatalisme brutal, qui fait tourner sans fin la société dans un cercle de déceptions et de violences, que j'étais résolu de lutter. La tâche était immense : quel serait mon plan d'opérations ?

Il faut, me dis-je, faire tourner à l'avantage de la Révolution la contre-révolution elle-même, en la poussant à son paroxysme, et l'épuisant par la peur et la fatigue.

Il faut apprendre aux vainqueurs de juin qu'ils n'en ont pas *fini*, comme ils supposent ; que rien n'est même commencé, et que l'unique fruit qu'ils aient recueilli de leur victoire est un surcroît de difficultés.

Il faut relever le moral des travailleurs, venger l'insurrection de juin des calomnies de la réaction ; poser, avec un redoublement d'énergie, avec une sorte de terrorisme, la question sociale ; l'agrandir encore, en la rendant traditionnelle et européenne; consolider la Révolution, en forçant les conservateurs à faire eux-mêmes de la démocratie pour la défense de leurs priviléges, et en rejetant, par ce moyen, la monarchie sur un plan secondaire.

Il faut vaincre le pouvoir, en ne lui demandant rien; prouver le parasitisme du capital, en le suppléant par le crédit; fonder la liberté des individus en organisant l'initiative des masses.

Il faut, en un mot, une deutérose de l'idée révolutionnaire, une nouvelle manifestation du socialisme.

A Dieu ne plaise que je veuille grandir mon rôle! je raconte mes rêves. Je sais combien peu la pensée d'un homme pèse dans les résolutions de la société; je suis moi-même une preuve vivante de la lenteur avec laquelle l'idée pénètre la masse. Mais, en faisant suivre le récit de mes méditations socialistes de celui de mes actes politiques, je ne fais que continuer la même histoire, l'histoire d'un penseur entraîné malgré lui dans le somnambulisme de sa nation. Et d'ailleurs, passer de la spéculation à l'action, ce n'est point changer de rôle : agir, c'est toujours penser; dire, c'est faire, *dictum, factum*. Il n'y a pas de différence à mes yeux entre l'auteur qui médite, le législateur qui propose, le journaliste qui écrit, et l'homme d'État qui exécute. C'est pour cela que je demande la permission de parler de ce que j'ai fait, comme si je parlais encore de ce que j'ai écrit : ma conduite et mes idées n'ayant pour objet que la Révolution, ce sera toujours parler de la Révolution.

Puis donc, continuais-je, que l'État, par la nature de son principe, est contre-révolutionnaire; que la seule initiative légitime est celle du citoyen, et que le droit de proposition appartient à tous, proposons quelque chose, non pas au gouvernement, il le repousserait; mais à l'Assemblée nationale, mais au pays. Révélons, s'il se peut, à la société, une de ses idées latentes; montrons-lui, comme en un miroir, quelque chose de sa propre conscience. D'abord elle reculera d'épouvante, elle se reniera, se maudira : il faut s'y attendre. A chaque fois que l'humanité acquiert une plus haute révélation d'elle-même, elle se fait horreur. C'est-à-dire que cette horreur, ces malédictions de la société s'adressent, non pas à elle, mais aux révélateurs. Qu'importe! Si nous étions de loisir, nous pourrions avoir recours aux précautions oratoires, tirer l'idée en longueur, solliciter pour elle les intelligences candides; nous dissimulerions, nous déguiserions de notre mieux l'affreux paradoxe. Mais le temps presse : *il faut en finir!* La vérité crue est ici la meilleure, la médication homœopathique la seule rationnelle. Le scandale et la haine produiront le même effet que l'adoration et l'amour : et qu'est-ce que la haine? encore l'amour. Abstraction faite de la personne, que

fait à la conscience, à l'entendement, que ces enfans prennent celui qui leur parle pour le monstre de la perdition ou pour l'ange du salut, si le résultat est identiquement le même?

Mais que proposer? l'occasion ne tarda pas à s'offrir.

Aussitôt après les journées de juin, le *Représentant du Peuple* s'était mis à déchirer le voile sanglant dans lequel cherchaient à s'envelopper les auteurs et provocateurs de la catastrophe : il avait pris fait et cause pour les meurtriers; en même temps, il jetait çà et là des idées économiques. Dans un article sur le *terme*, daté du 11 juillet, article qui amena la suspension du journal, il osa dire que les événemens accomplis depuis février constituaient pour l'immense majorité des locataires un cas de force majeure, dont ils pouvaient légitimement se prévaloir pour obtenir une réduction et un ajournement. La cause de force majeure, résultant du fait de l'État, n'était point une invention qui fût propre à l'écrivain : on la trouve dans tous les jurisconsultes. Mais le propos était d'un socialiste : les conservateurs y virent une attaque à la propriété, et je fus signalé à la tribune comme prêchant la spoliation et la guerre civile.

Il ne m'était plus possible de garder le silence : d'une idée jetée dans un journal, je fis une proposition financière, qui fut renvoyée, *urgence déclarée,* — on voulait en finir! — au Comité des finances.

Qu'est-ce que le Comité des finances?

On y remarquait alors MM. Thiers, Berryer, Duvergier de Hauranne, Léon Faucher, Bastiat, Gouin, Goudchaux, Duclerc, Garnier-Pagès, Ferdinand de Lasteyrie, etc. Pierre Leroux, qui s'y fit inscrire en même temps que moi, y vint une fois, et ne reparut plus. — Ce sont des imbéciles! me dit-il. — Cela n'était pas juste, quant aux personnes; mais profondément vrai, quant au Comité.

Ce que je reproche au Comité des finances, c'est de n'avoir jamais su faire autre chose que de pointer les articles du budget; c'est qu'avec toute leur érudition, les honorables représentans qui le composent en font moins, pour l'aménagement de la fortune publique, que les commis du ministère.

Le Comité des finances n'a jamais eu de théorie, ni de l'impôt, ni des salaires, ni de l'argent, ni du commerce extérieur, ni du crédit et de la circulation, ni de la valeur, ni de rien de ce qui doit faire la science d'un Comité des finances. Le Comité des finances n'a jamais pu venir à bout d'un projet pour la *refonte des monnaies de billon*. A en juger d'après les discussions du Comité sur cet objet, il faudrait croire que la création de cette espèce de monnaie a été un prodige du génie économique, lequel n'a pu s'accomplir sans une influence surnaturelle. Le Comité des finances conçoit très-bien la possibilité d'augmenter ou diminuer les impôts, et, jusqu'à certain point, d'en varier les espèces : il ne se posera jamais la question de ramener les impôts, qui sont le revenu de l'Etat, à une forme unique. L'unité de l'impôt, réclamée par le bon sens populaire, est pour lui la pierre philosophale. Le Comité des finances est systématiquement opposé à toute innovation en matière de crédit public : tout papier de circulation, quel qu'en soit le gage, est invariablement pour lui un assignat ; comme si le billet de banque, dont le gage spécial est l'argent, comme si l'argent lui-même n'était pas assignat ! Il suffirait, en effet, de décupler ou centupler la masse du numéraire, pour que, l'argent étant réduit, par son abondance même, au dixième ou au centième de sa valeur, les billets de banque perdissent immédiatement crédit. Or, il n'en serait pas autrement de 50 milliards de billets hypothéqués sur une valeur double ou triple de propriétés : les propriétés pourraient garder leur valeur, que les billets n'en auraient aucune. Qu'est-ce donc qui constitue le papier de crédit, et qui le distingue de l'assignat? Qu'est-ce qui fait que l'argent lui-même, accepté en tout paiement, est le signe de toutes les valeurs? Le Comité des finances l'ignore.

Le comité des finances ne connaît qu'une chose : s'opposer à toute innovation. Car, comme il ne sait pas mieux la raison de ce qui existe que la raison de ce qui pourrait être, il lui semble toujours que le monde va crouler : il est comme un homme qui verrait à travers son corps le jeu de ses organes, et qui tremblerait à chaque instant de les voir rompre. Si le comité des finances avait vécu du temps de Sésostris, il aurait arrêté l'humanité à la civilisation égyptienne. Non seulement il ne fait rien ; il ne permet pas que les autres pensent, il ne supporte pas qu'on discute le *statu quo*, fût-ce même pour le conserver. M. Thiers est le philosophe de cet immobilisme, M. Léon Faucher en est le fanatique. Le premier se contente de nier le mouvement ; le second ferait brûler, s'il pouvait, ceux qui l'affirment. M. Thiers, mystifié autant que M. Guizot, par la Révolution de Février, regrettant peut-être de ne s'être pas immédiatement rallié à la République, a son amour-propre à venger. M. Léon Faucher, fustigé par les verges socialistes, renégat du socialisme, a son apostasie à expier, ses haines à assouvir.

C'est devant ce tribunal que je devais comparaître et développer ma proposition. Etrange proposition, il faut en convenir, pour un comité des finances.

Le CRÉDIT, leur disais-je, au point de vue des relations privées, est tout simplement le *prêt* ; au point de vue des relations sociales, c'est un *mutuellisme*, un échange.

De cet échange, naît la circulation.

Lorsqu'en effet l'on considère la société dans son ensemble, on voit que la circulation se réduit à l'opération suivante : Un certain nombre de citoyens fait à la société, représentée par les fermiers, l'avance de la terre, ce sont les propriétaires ; — une autre catégorie de citoyens fait à la même société, représentée par les commerçans et industriels, l'avance de capitaux et de numéraire ; ce sont les banquiers et capitalistes ; — une troisième fait à la société, représentée par l'Etat, l'avance ou dépôt de ses épargnes, ce qui constitue la dette publique ; ce sont les rentiers ; —le plus grand nombre, à défaut de terres, de maisons, de capitaux ou d'épargnes, fait à la société représentée par tous les citoyens, l'avance de ses services : ce sont tous les travailleurs.

Il est entendu que les créanciers de la société propriétaires, capitalistes, travailleurs, sont, aussi bien que les fermiers, les commerçans et l'Etat, des représentans de la société.

Mais il est évident que la société qui reçoit est le même être moral que la société qui prête : d'où il suit que ce que le propriétaire nomme *affermage*, le banquier *escompte*, le capitaliste *commandite*, l'usurier *prêt*, etc., ramené à une formule générale, est échange, ou comme disent les théologiens *mutuum*, mutualité. La même opération, considérée au point de vue de l'intérêt privé et de l'intérêt social, prend tour à tour un caractère différent : ici elle est le prêt, distingué suivant les espèces ; là elle est la réciprocité, le crédit.

Le mouvement ou transport de valeurs, des citoyens les uns aux autres, qui résulte de cet échange, est donc la circulation, la grande fonction économique de la société. Les conditions spéciales auxquelles donne lieu cet échange, créent pour chaque espèce de créancier et de débiteur un système particulier de rapports, dont la science constitue, suivant le point de vue où on l'envisage, l'économie domestique ou l'économie sociale. Au point de vue de l'économie domestique, le propriétaire prête sa terre moyennant *fermage* ; le capitaliste, ses fonds, moyennant *rente* ; le banquier fait l'escompte, sous déduction d'*intérêt* ; le commerçant prélève un *bénéfice* ; le courtier, une *commission*, etc. Au point de vue de l'économie sociale, les services des citoyens ne font que s'échanger les uns contre les autres, suivant une règle de proportion, qui constitue leur valeur relative : là retenue n'existe pas.

La circulation vient-elle à s'arrêter?

Cela veut dire que le rentier, pour une cause quelconque, refuse d'avancer ses fonds à l'Etat, et vend même à perte ses créances ; — que le banquier refuse d'escompter les valeurs des négocians ; — le capitaliste, de commanditer l'industriel, et de prêter au laboureur ; — le commerçant de se charger de marchandises, sans garantie de débouché ; — le fabricant, de produire sans commandes ; — que le propriétaire, incertain de ses rentrées, ne peut plus soutenir ses dépenses, et que l'ouvrier sans travail ne consomme plus.

Pour rétablir cette circulation suspendue,

que faut-il? une chose très-simple : c'est que tout le monde, d'un commun accord, et par une convention publique, fasse ce qu'il faisait auparavant d'un consentement tacite, et sans s'en rendre compte.

Or, cette reprise volontaire et raisonnée des relations économiques peut s'effectuer de mille manières, qui toutes aboutiront au même résultat. Le gouvernement de juillet, après la révolution de 1830, en a donné un exemple ; la *Commission des ateliers nationaux*, dont j'ai rapporté le projet à l'occasion de l'insurrection de juin, en fournissait un autre. En voici un troisième qui a le mérite de les généraliser tous, en suppléant les transactions ordinaires par un équivalent.

Que le créancier de l'Etat, au lieu de consentir un nouvel emprunt, que l'Etat ne lui demande pas, abandonne, à titre de dégrèvement ou contribution, 1 p. 100 sur ses rentes ; — que le propriétaire, au lieu de fournir à la population agricole de nouvelles et meilleures terres, ce qui n'est pas en son pouvoir, fasse remise d'une partie des fermages échus ; — que le banquier, au lieu de recevoir à l'escompte les valeurs dont il se méfie, ce qui serait à lui d'une trop grande imprudence, réduise sa commission et son intérêt ; — que le travailleur, pour contribuer en ce qui le concerne à l'effort général, au lieu de travailler une demi-heure de plus par jour, ce qui dépasserait peut-être la mesure de ses forces, laisse à l'entrepreneur un vingtième de son salaire : il est clair que dans tous ces cas le résultat obtenu par le second mode de crédit sera le même que celui qu'on aurait obtenu par le premier. La circulation s'accroîtra de tout ce dont chaque débiteur aura obtenu décharge de la part du créancier.

Comme la mesure, pour arriver au plus haut degré d'efficacité et de justice, doit atteindre tous les citoyens, rentiers, capitalistes, propriétaires, fonctionnaires, commerçans, industriels, ouvriers, etc., sans exception, il s'ensuit :

1° Que, par la généralité du crédit donné et reçu, il s'établit pour tout le monde une compensation, et que, chacun contribuant au sacrifice, personne ne perd rien ;

2° Qu'au contraire, plus le crédit augmenté, en d'autres termes, plus le loyer ou salaire, tant des capitalistes, propriétaires et entrepreneurs que des ouvriers, diminue, plus la société, et par suite l'individu, s'enrichit. — Baisse de salaire pour une même quantité de travail, ou augmentation de travail pour un même salaire, c'est même chose. Or, le chiffre du salaire étant l'expression du dividende revenant à chaque citoyen sur la totalité des produits, et cette totalité, comme on vient de dire, étant accrue, il en résulte que baisse générale des salaires équivaut pour chacun à augmentation de richesse.

Ajoutons que le système proposé exigeant le concours et la participation de tous, implique par cela même conciliation générale. Les citoyens apprennent à agir collectivement, non à se faire la loi et à s'exploiter. Les haines de classe s'éteignent dans cette initiative des masses, au lieu de s'exalter par la dispute du pouvoir. On désapprend la tyrannie ; on se fortifie, par une transaction féconde, dans la liberté.

Tels étaient les principes sur lesquels la proposition que j'avais à développer était conçue. Quant aux détails et à l'application, on pouvait à volonté les modifier à la convenance des intérêts. La mesure des transitions était abandonnée à la sagesse de l'Assemblée.

Il fut impossible aux économistes-financiers du Comité d'y rien comprendre. Ils s'obstinaient à juger les affaires de la société sur les apparences des relations privées, ne concevant pas que les phénomènes économiques, vus de haut en bas, sont exactement l'inverse de ce qu'ils semblent, vus de bas en haut. — Vous ne nous ferez jamais comprendre, disait M. Thiers, comment plus le propriétaire abandonne de son revenu, plus il gagne, et comment plus le travailleur perd de son salaire, plus il s'enrichit ! — Sans doute, répondais-je ; tant que vous refuserez de faire la balance entre ce qu'il paie d'une main et ce qu'il a à recevoir de l'autre ! — On était décidé à nier, et l'on niait. On chicanait sur des chiffres, on ergotait sur le tiers et sur le quart, comme si, dans une proposition de cette nature, qui avait pour but d'introduire dans l'économie publique un nouveau principe, de donner à la société conscience de ses opérations, au lieu de l'abandonner passivement à sa routine patriarcale, les chiffres n'avaient pas été la chose la moins essentielle. J'avais beau dire qu'il ne s'agissait là ni d'impôt sur le revenu, ni d'impôt progressif ; qu'à mes yeux, l'impôt sur le revenu était ou un mensonge ou une chimère, et que c'était pour y échapper que je proposais une loi d'*exception*, par laquelle chacun devant faire, pendant trois ans, un léger sacrifice sur son salaire ou revenu, la situation générale étant sauvée et la fortune publique accrue, il serait facile d'aviser pour l'avenir. On m'accusait de prêcher le vol, on disait que je voulais *prendre* à la propriété le tiers de son revenu. Bref, ma proposition fut déclarée scandaleuse, immorale, absurde, attentatoire à la religion, à la famille et à la propriété. Et aujourd'hui encore, toutes les fois qu'il est question d'*imposer le revenu*, chose qui n'est jamais entrée dans ma cervelle, contre laquelle je n'ai jamais cessé de protester énergiquement, et que je renvoie à la responsabilité de MM. Garnier-Pagès, Léon Faucher, Goudchaux, Passy et autres économistes : on ne manque pas de dire que ce projet d'impôt est renouvelé de ma proposition.

Tant de mauvaise foi ou de crétinisme aurait indigné un saint. Je résolus de briser la glace, et puisque M. Thiers faisait de la pasquinade, je ferais, moi, de la fascination. Ah ! oui : au lieu de discuter sérieusement une proposition économique, vous demandez à l'auteur compte de ses croyances ; vous vous flattez de l'écraser sous ses propres aveux ; vous prétendez, d'un seul coup, extirper le socialisme, en le montrant à la France tel qu'il est ! Pardieu ! Messieurs, voici bien votre homme. Je vous ferai beau jeu : et si vous en finissez, comme vous dites, je vous tiens pour les plus grands politiques du monde.

La nature m'a refusé le don de bien dire : qu'en avais-je besoin ? Mon discours martelé n'en produisit que plus d'effet. Les rires ne furent pas de longue durée. C'était à qui manifesterait le plus haut son indignation. A Charenton ! criait l'un. — A la ménagerie ! disait l'autre. — Il y a soixante ans, vous vous appeliez Marat ! — Il fallait aller, le 26 juin, sur les barricades ! — Il est trop lâche ! — Une partie de la Montagne, honteuse, épouvantée, mais ne voulant pas condamner un co-religionnaire, prit la fuite. Louis Blanc vota, avec la majorité conservatrice, l'ordre du jour motivé. Les socialistes lui en ont fait reproche : ils ont eu tort. Son vote fut le plus consciencieux de l'Assemblée. Louis Blanc représente le socialisme gouvernemental, la révolution par le pouvoir, comme je représente le socialisme démocratique, la révolution par le peuple. Un abîme existe entre nous. Or, qu'y avait-il dans mon discours, sous ces formules nouvelles de *crédit gratuit et réciproque*, de suppression de l'intérêt, d'augmentation continue du bien-être par la réduction progressive des salaires et du revenu, de liquidation sociale, etc., etc. ? Il y avait ceci : sans aristocratie capitaliste, plus d'autorité ; et sans autorité, plus de gouvernement. Le travail affranchi de la suzeraineté du capital, le peuple ne peut tarder à l'être de l'initiative gouvernementale : toutes ces propositions sont homologues et solidaires. Le socialisme, tel que je le professe, est le contrepied du socialisme de Louis Blanc. Cette opposition est fatale : et si je mets tant d'insistance à la relever, ce n'est nullement pour le plaisir de contredire un chef d'école ; c'est que je la crois nécessaire à l'éducation du peuple.

Flocon me dit un jour, à propos de mon discours du 31 juillet : *C'est vous qui avez tué le droit au travail !* — Dites plutôt, lui répondis-je, que j'ai égorgé le capital. Toute ma crainte, au surplus, avait été que l'ordre du jour motivé ne passât point. L'absurde blâme infligé à ma proposition était l'acte d'abdication de la routine bancocratique.

Mon discours finissait par ces paroles qui n'avaient de menaçant que l'expression : *Le capital ne reviendra pas ; le socialisme a les yeux sur lui.*

Ce qui voulait dire : La question sociale est posée, et vous la résoudrez, ou vous n'en finirez pas !

Il y a de cela quatorze mois. Eh bien ! M. Thiers, est-ce fini ? Avez-vous tué le socialisme ? Le capital reviendra-t-il avec les mêmes priviléges qu'autrefois ? Les propriétaires, qui depuis vingt mois ont vu s'évanouir la plus forte part de leurs loyers et fermages, ont-ils beaucoup gagné à votre rigorisme ? Vous avez eu l'état de siége deux fois, la loi contre les clubs deux fois, les lois contre la presse deux fois ; vous avez eu les complaisances de Cavaignac et la docilité à toute épreuve de Louis Bonaparte ; après avoir vaincu le 17 mars, le 16 avril, le 15 mai, le 26 juin, vous avez vaincu encore en septembre, en décembre, au 13 mai, au 13 juin, au 8 juillet ; vous avez fait la Constitution à peu près comme vous l'avez voulue ; vous avez meurtri la démocratie à Rome, en Allemagne, en Hongrie, par toute l'Europe ; nous sommes bâillonnés, muselés, en fuite ou en prison. Vous avez tout ce qu'ordonne de puissance le fanatisme, le préjugé, l'égoisme, la ruse, la force brutale. A quand la fin du socialisme ? à quand le retour du capital ? Nous étions en France, avant février, une demi-douzaine d'utopistes : à présent, il n'est conservateur qui n'ait son système. La révolution vous emporte. Voici déjà que vous êtes forcé de vous appuyer sur la Constitution, que vous faites de l'opposition au pape, que vous vous couvrez, mais en retournant le manteau, de la politique des montagnards ! Vous voteriez même, et de bon cœur, si vous croyiez en être quitte pour si peu, l'impôt sur le revenu. Ah ! vous ne voulez pas du crédit réciproque ! Osez donc, puisque vous êtes au mieux avec les puissances, renvoyer dans leurs foyers vos 500,000 baïonnettes !...

A partir du 31 juillet, la révolution de février est devenue irrévocable : la question sociale avait enfin reçu une signification positive. Sous la menace d'un bouleversement social, la monarchie a senti son impuissance, et pris les invalides, le peuple socialiste lui échappe sans retour. En 89, la peur de brigands imaginaires qui parcouraient, disait-on, les campagnes, pour scier les blés, fit armer toute la nation, et la révolution fut faite. En 1848, la peur du socialisme, qui devait, assurait-on, prendre toutes les propriétés, a forcé tout le monde de réfléchir sur les conditions du travail et de la propriété, et la révolution a été faite. Les prétendants peuvent venir, les majorités essayer des coups d'état : on n'aura rien fait, on aura compromis de plus en plus l'ordre dans les villes et les campagnes, tant qu'on n'aura pas répondu à l'interrogation du travailleur. Car, dans le système capitaliste, système à la fois d'individualisme et de subalternisation, incompatible avec les données d'une démocratie égalitaire, il n'y a plus d'autre moyen d'en finir avec le socialisme que la mitraille, le poison et les noyades. Il faut, si l'on persiste à demeurer dans l'ancien état de choses, ou compter avec la classe ouvrière, c'est-à-dire lui voter son budget, à prélever exclusivement sur le revenu, sur le plus pur de la propriété; il faut lui créer toute une administration, lui faire sa part dans l'État, la reconnaître comme pouvoir nouveau dans la Constitution; ou bien organiser, suivant la loi de Malthus, la suppression des bouches inutiles. Pas de milieu à cela : le suffrage universel, désormais indestructible, est une contradiction à la subordination du travail au capital. Sortez du principe mutuelliste, de la révolution par le concours et la solidarité des citoyens, vous n'avez plus, sous une démocratie inéluctable, d'autre alternative que celle-ci : la taxe du prolétariat, ou le meurtre du pauvre; le partage du revenu, ou la jacquerie.

A dater aussi du 31 juillet, je devins, suivant l'expression d'un journaliste, *l'homme-terreur*. Je ne crois pas qu'il y ait jamais eu d'exemple d'un tel déchaînement. J'ai été prêché, joué, chansonné, placardé, biographié, caricaturé, blâmé, outragé, maudit; j'ai été signalé au mépris et à la haine, livré à la justice par mes collègues, accusé, jugé, condamné par ceux qui m'avaient donné mandat, suspect à mes amis politiques, espionné par mes collaborateurs, dénoncé par mes adhérens, renié par mes co-religionnaires. Les dévots m'ont menacé, dans des lettres anonymes, de la colère de Dieu; les femmes pieuses m'ont envoyé des médailles bénites; les prostituées et les forçats m'ont adressé des félicitations dont l'ironie obscène témoignait des égaremens de l'opinion. Des pétitions sont parvenues à l'Assemblée nationale pour demander mon expulsion comme indigne. Lorsque Dieu permit à Satan de tourmenter le saint homme Job, il lui dit : Je te l'abandonne dans son corps et dans son âme, mais je te défends de toucher à sa vie. La vie, c'est la pensée. J'ai été plus maltraité que Job : ma pensée n'a cessé d'être indignement travestie. J'ai été, pendant un temps, le théoricien du vol, le panégyriste de la prostitution, l'ennemi personnel de Dieu, l'Antechrist, un être sans nom. Ce que j'avais prévu arrivait : comme le pécheur, en recevant le corps de Jésus-Christ, mange et boit sa condamnation, la société, en calomniant les socialistes, se condamnait elle-même; elle brûlait ses idoles.

Il m'a été donné, par l'effet de circonstances que je n'avais point provoquées, de remuer à une profondeur jusqu'alors inconnue la conscience de tout un peuple, et de faire sur la société une expérience comme il ne sera peut-être jamais donné à un philosophe d'en tenter une seconde. Cette race, me disais-je, si sceptique, si libertine, si corrompue, croit-elle à un Dieu et à son âme? a-t-elle une idée de la loi morale? que pense-t-elle de la famille et du mariage? Ce monde sensualiste, avide, que dit-il, dans son for intérieur, de la théorie utilitaire?

Ces malthusiens, qui ne veulent ni se priver de la jouissance ni en accepter les produits, sont-ils des disciples de Fourier ou de Saint-Simon? à qui croient-ils le plus, de la passion ou du libre arbitre? Ces voltairiens sont-ils aussi fermes qu'ils paraissent dans leur incrédulité; ces boutiquiers aussi féroces dans leur égoïsme?... Hélas! pendant qu'ils exécraient en ma personne le soi-disant apôtre de leurs abominations, je leur appliquais avec bonheur le mot de Louis XIV sur le duc d'Orléans : *Ce sont des fanfarons de vices!* Oui, cette société licencieuse et sacrilège tremble à l'idée d'une autre vie; elle n'ose pas rire de Dieu, elle croit qu'il faut croire à QUELQUE CHOSE! Ces adultères se révoltent à l'idée de la polygamie communautaire; ces voleurs publics sont les glorificateurs du travail. Le catholicisme est mort dans tous ces cœurs : le sentiment religieux y est plus vivant que jamais. La continence les afflige : ils adorent la chasteté. Pas une main qui soit pure du bien d'autrui : tous détestent la doctrine de l'intérêt. Courage, ô mon âme, la France n'est pas perdue; les puissances de l'humanité palpitent sous ce cadavre; elle va renaître de ses cendres : j'en fais serment sur ma tête, vouée aux dieux infernaux!...

Chargé, comme le bouc émissaire, des iniquités d'Israël, je m'étais fait un stoïcisme qui n'allait point à mon tempérament : c'était par là que la *vendetta* propriétaire devait m'atteindre. D'ailleurs, l'espèce de dictature que je m'étais arrogée en faisant violence à l'opinion, ne pouvait rester sans châtiment. Le 31 juillet, en poussant, malgré elle, la nation dans le socialisme, j'avais pris une résolution plus grave que celle d'Huber, prononçant, le 15 mai, de sa seule autorité, la dissolution de l'Assemblée nationale. En avais-je le droit? Est-il de ces instants, dans la vie d'un peuple, où un citoyen puisse légitimement penser et agir pour tous, disposer souverainement de leur conscience et de leur raison? Je ne puis l'admettre; et je porterais contre moi-même une condamnation irrémissible, si je croyais que je fusse tout-à-fait libre, lorsqu'à la même tribune où Huber avait prononcé, mais sans succès, la dissolution de l'Assemblée, je prononçais, avec une certitude absolue, la dissolution de la société. Mon excuse est dans cette réponse que je fis sans réflexion à l'un de mes interrupteurs : *Quand je dis nous, je m'identifie avec le prolétariat; et quand je dis vous, je vous identifie avec la classe bourgeoise.* Ce n'était plus moi qui parlais à la tribune, c'étaient tous les travailleurs.

Quoi qu'il en soit, dans le courant d'août 1848, arriva la demande d'autorisation de poursuites contre Louis Blanc et Caussidière. Paris était en état de siège, les conseils de guerre procédaient au jugement sommaire de 14,000 inculpés. Des milliers de familles partaient pour l'Algérie; on les envoyait, poussées par la détresse, ignorantes du climat, engraisser pour de futurs possesseurs le sol africain de leurs corps. Mais ce n'était point assez : il fallait atteindre la démocratie socialiste dans ses représentans; la justice rétroactive des doctrinaires commença. Louis Blanc et Caussidière, accusés d'avoir pris part à l'*attentat* du 15 mai, plus, d'avoir préparé les journées de juin, furent livrés au parquet. Le général Cavaignac se fit gratuitement le ministre de ces rancunes, et présenta lui-même la demande d'autorisation. On me réservait quelque chose de pis. Les *charges* n'ayant point paru suffisantes pour m'englober dans le procès, la commission d'enquête essaya de me tuer par la diffamation. Quentin Bauchart me représenta, dans son rapport, admirant froidement, le 26 juin, sur la place de la Bastille, *la sublime horreur de la canonnade.*

En entendant de ma place ce travestissement de mes paroles, je faiblis un instant, et ne pus retenir un cri d'horreur. « *Je m'inscris en faux contre le rapport;* » ces paroles échappèrent de ma poitrine indignée. Mais je me calmai vite, et me renfermai plus que jamais dans mon silence. Le trait était lancé : la haine allait s'en emparer, le colporter, le commenter : toute protestation devenait inutile. *Se non è vero, è ben trovato* : un an après, Montalembert, faisant sa fameuse déclaration de guerre aux idées, le répétait encore. Un garde national, qui m'avait vu verser des larmes au moment où j'accompagnais à l'Hôtel-de-Ville le corps du général Négrier, frappé d'une balle à quelques pas de moi, vint m'offrir de déposer de ma sensibilité. Je remerciai ce brave homme, et fis la même réponse au témoignage spontané de quelques-uns de mes collègues, qui avaient été-à même de juger de ma contenance pendant l'insurrection. A quoi bon protester? Que prouvent donc, en ce siècle de comédiens, un geste énergique, un regard passionné, une voix émue? Me fallait-il descendre de ma dignité de calomnié, pour prendre le rôle d'absous? Et quand les insurgés de juin étaient traités de brigands et d'incendiaires, ne pouvais-je endurer qu'on me prît pour le Néron de la bande? Jésuites, faites votre métier : entre vous et nous la guerre est à outrance. Fussiez-vous trente-six millions, nous ne vous pardonnerons pas.

Louis Blanc et Caussidière firent une longue défense : à leur place, j'aurais défié l'Assemblée. Je n'ai pas besoin de dire que je votai avec la Montagne sur toutes les questions : mais Dieu m'est témoin que je n'ai pas écouté un mot des deux plaidoyers. Est-ce que, depuis le 22 février 1848, il existe, en France, des délits politiques? Est-ce que tous les principes, tous les droits, toutes les notions sur le pouvoir et la liberté ne sont pas aujourd'hui confondus? Est-ce que ni Louis Blanc et Caussidière, ni leurs fanatiques accusateurs, ont jamais su ce qu'ils faisaient? Dites que Raspail et Blanqui furent des mé-

contens; Barbès, Sobrier, Huber, des étourdis; Louis Blanc un utopiste plein d'inconséquence; dites que les insurgés de Juin eurent le tort de céder à une effroyable provocation : à la bonne heure! Ajoutez que le Gouvernement provisoire se montra en tout d'une imbécillité rare, la Commission exécutive d'un aveuglement stupide, le parti réactionnaire d'un égoïsme infernal, l'Assemblée nationale d'une mollesse désespérante : je passe condamnation. Mais des conspirateurs! des hommes coupables d'attentat politique! en France! depuis la Révolution!... Vieux relaps! commencez donc par réquérir contre vous-mêmes; vous avez mérité vingt fois les pontons et le bagne.

XIII. — 17 septembre. Progrès du socialisme; Conversion de la Montagne.

Le général Cavaignac, en prêtant les mains à l'accusation de Louis Blanc et de Caussidière, était tombé dans la même faute que la Commission exécutive, lorsqu'elle avait repoussé par la force des baïonnettes la demande des ateliers nationaux : il s'était tué dans ses auteurs. Désormais il apparaissait que la réaction, dans laquelle tout le monde pouvait se vanter d'avoir trempé les mains, depuis le président du Luxembourg jusqu'au président de l'état de siège, ne s'arrêterait qu'au point le plus reculé de la ligne révolutionnaire. Il pouvait être honorable de la combattre encore; mais, jusqu'à ce qu'elle fût parvenue à son terme, tous les efforts qu'on ferait pour la retenir ne serviraient qu'à la précipiter.

Un événement inattendu m'apprit bientôt que nous ne touchions pas à la fin de notre apocalypse : je veux parler de la conversion de la Montagne. Disons d'abord ce qui la détermina.

Après les journées de juin, la seule chose qu'il y eût à faire avant de rien entreprendre, était de relever le drapeau socialiste, de ranimer l'opinion et de discipliner les esprits. Le socialisme n'avait été jusque là qu'une secte, moins que cela, une pluralité de sectes : il ne s'était point assis au banquet de la vie politique. Il fallait en faire un parti, nombreux, énergique, défini. Le courant réactionnaire nous portait en arrière : il fallait déterminer un contre-courant d'idées radicales qui nous portât en avant. Les haines s'envenimaient entre les classes : il fallait donner le change aux passions redoutables du peuple, en discutant avec lui les questions économiques; le détourner de l'émeute, en le faisant entrer comme acteur dans les luttes parlementaires; exalter sa patience, en lui montrant la grandeur de la Révolution, l'intéresser à cette attitude pacifique, en la lui présentant comme son unique moyen de salut, en lui apprenant à philosopher même sur sa misère.

L'entreprise avait ses dangers. D'un côté, en posant la question révolutionnaire dans sa généralité et sa profondeur, la réaction allait crier alarme et appeler sur les novateurs de nouvelles persécutions ; d'autre part, en prêchant, à travers une polémique ardente, le calme et la patience, nous nous exposions à passer pour des endormeurs et des traîtres : il y allait de la popularité du socialisme. Mais les inconvéniens étaient balancés par des avantages. Tant que le socialisme respecterait l'ordre et se tiendrait dans la légalité, la réaction en serait pour ses grognemens et son impuissance ; tant que les hommes d'action de la démocratie n'auraient pas de système, que leur politique se renfermerait dans ses souvenirs et se bornerait à pourchasser le gouvernement, ils restaient convaincus, par leurs propres actes, de n'être que des doctrinaires déguisés, et leurs déclamations tombaient par leur insignifiance.

On peut dire qu'à ce moment la direction des esprits était au premier occupant. Pas n'était besoin d'une haute politique, ni de longs discours. Il suffisait de se montrer, de tenir tête à la réaction, pour avoir derrière soi la masse. La moindre opposition, même légale et pacifique, était citée comme trait d'audace : il y avait tout profit à suivre cette marche. Le succès fut si complet, qu'on fut tout surpris un jour, à l'Assemblée nationale, d'entendre le ministre Dufaure rendre témoignage à l'esprit d'ordre, de paix, de loyale discussion, qui animait les banquets socialistes. J'y gagnai, pour mon compte, de devenir suspect aux montagnards, scandalisés de me voir si bien avec le gouvernement. Cette suspicion me poursuit encore.

Le Socialisme avait représenté la Révolution aux élections de juin : il fit les élections du 17 septembre. Quand tout se réunissait pour l'écraser, 70,000 hommes se levaient à son appel pour protester contre la victoire de juin, et nommer Raspail représentant. C'est dans les bureaux du *Peuple* que le comité électoral démocratique tint ses séances. Contre une réaction immodérée, la démocratie prenait pour drapeau son organe le plus énergique. La Montagne, dans cette éclatante manifestation du Socialisme, ne figura que comme alliée.

De ce moment, il fut avéré pour tout le monde que la situation politique était changée. La question n'était plus entre la monarchie et la démocratie, mais bien entre le travail et le capital. Les idées sociales, si longtemps dédaignées, étaient une force : par cette raison, tandis qu'elles soulevaient la haine de ceux-ci, elles devaient exciter l'ambition de ceux-là. A quoi sert, en effet, de se dire démocrate, si l'on n'est pas du parti du peuple ? Or, le parti populaire était maintenant le parti socialiste : ceux qui d'abord avaient méconnu la réalité du socialisme, songèrent dès lors à s'en approprier la puissance.

J'arrive à une époque qui, dans cette merveilleuse légende, fut pour le Socialisme une véritable tentation de saint Antoine. Moins heureux ou moins avisé que le solitaire de la Thébaïde, il se laissa prendre aux charmes de la sirène : il lui en coûta cher, comme on verra.

J'ai dit que jusqu'en octobre 1848, sept mois après l'inauguration d'une république faite au nom des idées sociales, la fraction la plus avancée du parti démocratique, celle que représentaient, à l'Assemblée nationale l'extrême gauche, et dans la presse la *Réforme*, s'était tenue, à l'égard du socialisme, dans une réserve extrême : elle n'avait pas fait son *prononcement*. Si elle préconisait Robespierre, elle n'acceptait pas Babœuf. Ni l'éloquence et le gouvernementalisme de Louis Blanc, ni les manifestations réitérées du prolétariat n'avaient pu entraîner le néo-jacobinisme : depuis février il ne considérait qu'avec inquiétude et méfiance ce que pendant 18 ans il avait refusé de voir.

Un évènement décisif pouvait seul le faire sortir de sa tradition et de son essence : les élections du 17 septembre, le banquet du faubourg Poissonnière, déterminèrent ce mouvement. Le peuple, il n'était plus possible de le nier, allait au socialisme : il fut décidé qu'on se déclarerait socialiste.

Mais en adhérant au socialisme, dans quel inconnu se jetait-on ? quel serait le symbole du parti si brusquement transfiguré ? qui se chargerait de faire la profession de foi ? que changerait-on, qu'ajouterait-on aux idées anciennes ? quelle modification le parti apporterait-il à sa politique ?

Un système social, cosmologique, théologique, industriel et agricole, est chose qui ne s'improvise pas d'un trait de plume. Après Saint-Simon et Fourier, il ne restait rien à glaner dans le champ de la fantaisie ; et ne réforme pas qui veut la religion, la philosophie et l'économie sociale.

Entreprendre une critique savante et profonde, procéder méthodiquement à la découverte des lois sociales : cela suppose de longues études, une habitude de l'abstraction, un esprit calculateur, peu compatibles avec la passion révolutionnaire des démocrates.

Accepter une théorie toute faite, entrer en masse dans une école, comme on entrait dans le socialisme, c'était se mettre à la queue d'une secte : la dignité du parti ne le permettait pas.

En y regardant de plus près, les montagnards auraient compris qu'ils n'avaient rien de mieux à faire que de rester ce qu'ils étaient, à peine de n'être rien du tout ; ils auraient vu qu'un parti ne se modifie pas au gré de ses chefs, et suivant les convenances d'une politique du moment ; loin de là, ils se seraient convaincus que la distinction des partis étant donnée par la constitution même de la société, ils ne peuvent se fondre qu'en cessant d'exister, et qu'en conséquence la seule question pour eux est celle-ci, *être* ou *ne pas être*, la vie ou la mort.

La Montagne pouvait-elle consentir à s'absorber dans le socialisme, ou se contenter d'en prendre la direction et de le gouverner dans le sens de sa politique? voilà ce que les montagnards, avant de se déclarer, auraient dû se demander. Or, s'ils se fussent ainsi posé la question, ils se seraient dit, que de ces deux alternatives, la première n'était point dans leur cœur, et la seconde échappait à leur capacité; ils auraient laissé le socialisme à lui-même, comme, après février, les doctrinaires avaient laissé les républicains, et, fidèles à leur ancienne ligne de conduite, ils auraient attendu les événemens. Cette politique était sans contredit la plus sage; car, ou le socialisme, livré à lui-même, périrait bientôt par la contradiction, le ridicule et l'impraticabilité de ses utopies; et alors la Montagne, non compromise, ressaisissait l'influence. Ou bien le socialisme parviendrait à s'établir d'une manière pratique et positive; et, dans ce cas, la Montagne conservait encore son initiative en le prenant sous sa protection. Elle n'avait pas l'honneur de la découverte, il est vrai; mais elle avait l'avantage, bien autrement important pour un corps politique, de la certitude. Du reste, rien ne l'obligeait à manifester envers le parti socialiste ni malveillance ni sympathie : il lui suffisait de rester neutre.

L'impatience des radicaux ne pouvait s'accommoder de cette prudence. On fit comme d'habitude : on prit une résolution, dictée, ce semble, par la sagesse, mais qui accusait l'impuissance la plus déplorable. On voulut avoir un socialisme à soi, faire le triage des utopies en vogue; et l'on aboutit, chose facile à prévoir, à un juste-milieu.

Qu'on n'essaie pas de le nier : la Montagne, faisant, sans le savoir, de l'éclectisme démocratique et social, devenait tout simplement doctrinaire. Son prétendu socialisme, qu'il ne tint pas à moi d'empêcher, ne fut qu'un mensonge, mensonge de bonne foi, assurément, mais mensonge funeste, dont les auteurs ne pouvaient manquer d'être victimes. C'est ce que les montagnards auraient bien vite aperçu, si la passion gouvernementale qui les possédait ne leur eût fait complètement illusion.

La révolution sociale est le but, avaient-ils dit longtemps avant février; *la révolution politique est le moyen*. Donc, concluaient-ils, c'est à nous, qui sommes avant tout des hommes politiques; à nous, qui continuons la tradition de 93, et qui avons fait la République en février, de fonder le vrai socialisme par l'initiative du gouvernement; à nous d'absorber dans notre synthèse toutes les écoles divergentes, en saisissant, avec le gouvernail politique, le gouvernail économique.

Ainsi, la Montagne, toujours guettant le pouvoir, reprenait en sous-œuvre les idées de Babœuf, de Louis Blanc, des communistes et absolutistes de tous les siècles; elle proclamait, plus haut qu'on n'avait fait avant elle, la nécessité d'*imposer* par en haut la Révolution, au lieu de la *proposer*, comme je le voulais, par en bas.

Ce n'est pas moi qui pouvais être dupe de ce revirement, dont personne ne découvrait alors les contradictions doctrinales, et que je déplorais de toute mon âme, pour l'avenir de la Montagne non moins que pour celui de la Révolution. Le socialisme de l'extrême gauche n'était, à mes yeux, qu'une fantasmagorie dont je reconnaissais toute la sincérité, mais dont j'estimais la valeur à néant. On allait, selon moi, provoquer une recrudescence de la réaction, en recommençant sur une plus grande échelle les tentatives du 17 mars, du 16 avril, du 15 mai. Après avoir trois fois échoué dans ses tentatives, le parti radical s'apprêtait à engloutir avec lui, dans une dernière déroute, le socialisme. La conversion des montagnards n'avait pas, à mes yeux, d'autre signification.

Une divergence aussi radicale de principes et de vues ne pouvait manquer de se traduire en une guerre de plume, et bientôt en une rivalité de partis. C'était certes le moindre des inconvéniens : et j'étais homme à braver, s'il était besoin, la colère aveugle des montagnards, comme les malédictions beaucoup plus consciencieuses des malthusiens.

Mais de sérieuses considérations me retenaient.

Le parti montagnard apportait au socialisme une force immense. Etait-il politique de le repousser?

En se déclarant socialiste, il s'engageait irrévocablement, il engageait avec lui une portion notable de la République. Il répondait d'ailleurs au vœu du peuple, qui avait proclamé le premier la fusion en nommant la *République démocratique* et *sociale*. Le socialisme, doublé de la démocratie, imposait à la réaction. Fallait-il négliger cet avantage?

Si le programme des montagnards laissait tout à expliquer et à définir, par cela même il réservait tout : or, le Socialisme n'avait rien produit qui s'imposât avec l'autorité des masses; de quel droit aurais-je repoussé les éclectiques, quand je n'acceptais que sous bénéfice d'inventaire les dogmatiques?

La conversion en masse du parti de la Montagne, mettant à néant les petites églises, pouvait même être regardée comme un progrès. La catholicité de la Révolution était fondée, bien que son dogme ne fût pas défini; et quelle notoriété, quelle puissance allait apporter aux idées sociales, à fur et mesure qu'elles se produiraient, l'alliance d'un parti énergique, organisé, qui formait la portion la plus active de la démocratie?

Telles étaient les réflexions dont j'étais assiégé, et qui se trahirent plus d'une fois dans la polémique du *Peuple*, du 19 octobre au 23 décembre. Dans cette situation inextricable, je me sentais arracher mon libre arbitre ; la dialectique la plus savante ne me servait plus de rien ; l'influence politique, l'action providentielle, malgré moi m'emportait. Du reste, les discussions avec les organes de la Montagne était peu faites pour m'éclairer. Les raisons se croisaient, mais sans se répondre ; elles subsistaient les unes à côté des autres, elles ne s'entre-détruisaient pas. Les deux partis, ne pouvant ni s'entendre ni vivre désunis, devaient se battre. C'est la solution de tous les conflits, quand les adversaires ne se comprennent plus. Quelques personnalités se mêlèrent à la lutte...

Les chefs de parti oublient trop souvent qu'ils ne sont que des hérauts d'armes, parlant au nom de leurs commettans, et que leur premier devoir est de se considérer réciproquement comme des personnages sacrés. Je n'ai pas été plus qu'un autre exempt de passion et de violence ; surpris à l'improviste, j'ai payé largement le tribut à l'humaine faiblesse. J'ai cru même remarquer alors, la philosophie me le pardonne ! que plus la raison acquiert en nous de développement, plus la passion, quand elle se déchaîne, gagne en brutalité. Il semble alors que l'ange et le bipède, dont l'union intime constitue notre humanité, au lieu de confondre leurs attributs, vivent seulement de compagnie. Si c'est là que nous mène le progrès, à quoi sert-il ?...

Dévoré d'inquiétudes, j'attendais avec impatience le résultat de l'élection de décembre qui devait faire cesser toutes les dissidences. Dans l'intervalle la Constitution fût votée : je dois dire la part que j'y ai prise.

XIV. — 4 novembre : la Constitution.

Le 4 novembre 1848 fut votée dans son ensemble la Constitution. 769 représentans assistaient à la séance : 739 votèrent pour, 30 contre. Sur ces 30 voix protestantes, il y en avait 32 de démocrates-socialistes, 14 de légitimistes. M. Odilon Barrot, chef actuel du ministère, s'était abstenu.

Le jour même du vote, je crus devoir expliquer, dans une lettre insérée au *Moniteur*, les motifs qui m'avaient déterminé. Voici cette lettre :

» Monsieur le rédacteur,

» L'Assemblée nationale vient de proclamer la Constitution, aux cris prolongés de : *Vive la République !*

» J'ai pris part aux vœux de mes collègues pour la République ; j'ai déposé dans l'urne un billet bleu contre la Constitution. Je n'eusse pas compris comment, dans une circonstance aussi solennelle, et après quatre mois de discussion, je pouvais m'abstenir ; je ne comprendrais pas,

après mon vote, qu'il me fût permis de ne point m'expliquer.

» J'ai voté contre la Constitution, non point par un vain esprit d'opposition ou d'agitation révolutionnaire, parce que la Constitution renferme des choses que je voudrais ôter, ou que d'autres ne s'y trouvent pas que j'y voudrais mettre. Si de pareilles raisons pouvaient prévaloir sur l'esprit d'un représentant, il n'y aurait jamais de vote sur aucune loi.

» J'ai voté contre la Constitution, parce que c'est une constitution.

» Ce qui fait l'essence d'une constitution, — je veux dire d'une constitution politique, il ne peut être question d'aucune autre, — c'est la division de la souveraineté, autrement dire, la séparation des pouvoirs en deux, législatif et exécutif. Là est le principe et l'essence de toute constitution politique ; hors de là, il n'y a plus de constitution, dans le sens actuel du mot, il n'y a qu'une autorité souveraine, faisant des lois, et les exécutant par ses comités et ses ministres.

» Nous ne sommes point accoutumés à une telle organisation de la souveraineté ; dans mon opinion, le gouvernement républicain n'est pas autre chose.

» Je trouve donc qu'une constitution, dans une république, est chose parfaitement inutile ; je pense que le provisoire que nous avions depuis huit mois, pouvait très bien, avec un peu plus de régularité, un peu moins de respect pour les traditions monarchiques, être rendu définitif ; je suis convaincu que la Constitution, dont le premier acte sera de créer une présidence, avec ses prérogatives, ses ambitions, ses coupables espérances, sera plutôt un péril qu'une garantie pour la liberté.

» Salut et fraternité.

» P.-J. PROUDHON,
» *Représentant de la Seine.*

» Paris, 4 novembre 1848. »

Cette lettre suffit pour le législateur : le publiciste doit à ses lecteurs de plus amples explications. Nous sommes si infatués de pouvoir, nous avons été si bien monarchisés, nous aimons tant à être gouvernés, que nous ne concevons plus la possibilité de vivre libres. Nous nous croyons démocrates parce que nous avons renversé quatre fois la royauté héréditaire : quelques-uns, allant jusqu'à nier la présidence élective, sauf à rassembler ensuite les pouvoirs dans une Convention dirigée par un comité de salut public, se croient parvenus aux colonnes d'Hercule du radicalisme. Mais nous ne voyons pas qu'obstinés à cette idée fixe de Gouvernement, nous ne sommes, tous tant qui nous faisons la guerre pour l'exercice du pouvoir, que des variétés d'absolutistes !

Qu'est-ce qu'une constitution *politique* ?

Une société peut-elle subsister sans constitution *politique* ?

Que mettrons-nous à la place d'une constitution *politique?*

Telles sont les questions que je me propose de résoudre, en moins de mots peut-être qu'il n'en faudrait à d'autres seulement pour les exposer. Les idées que je vais produire sont vieilles comme la démocratie, simples comme le suffrage universel ; je n'aurai d'autre mérite que de les systématiser, en y mettant un peu de suite et d'ordre. Elles n'en paraîtront pas moins une révélation, une utopie de plus, même à nos démagogues, dont la plupart, prenant leur main droite pour leur main gauche, n'ont jamais su tirer de la souveraineté du peuple autre chose que la dictature.

I.

Je distingue en toute société deux espèces de constitutions, l'une que j'appelle la constitution SOCIALE, l'autre, qui est la constitution *politique* : la première, intime à l'humanité, libérale, progressive, et dont le progrès consiste le plus souvent à se débarrasser de la seconde, essentiellement arbitraire, oppressive et rétrograde.

Disons d'abord ce qu'est la constitution sociale : nous comprendrons mieux ce que sont les constitutions politiques.

Moïse avait placé en tête de ses lois, comme nous l'avons fait en tête de notre dernière Constitution, un préambule avec une déclaration sommaire des droits de l'homme et du citoyen. Ce préambule et cette déclaration, adoptés depuis par toutes les nations chrétiennes, et qui forment la première pièce de leurs annales, sont connus de tout le monde sous le nom de DÉCALOGUE.

Un Dieu, d'abord, une religion, un culte ; en second lieu, l'autorité des Pères et Anciens ; troisièmement, la défense de se rendre justice à soi-même, et, conséquemment, l'institution d'une justice publique ; enfin, le respect de la famille, du mariage, de la propriété, de la foi jurée : voilà toute la constitution de Moïse, constitution si simple, qu'on ne saurait concevoir la dureté de cervelle d'une race qui, pendant plus de mille ans, mit toute son énergie à lui substituer l'idolâtrie et l'esclavage. Le peuple juif ne voulait pas de la liberté ; et, comme nous l'avons dit plus haut, le tort de Moïse fut de vouloir l'affranchir malgré lui.

Après, viennent les lois qui règlent dans le détail les solennités de la religion, les cérémonies du culte, les attributions, moitié médicales, moitié policières et religieuses des prêtres (on ne séparait point alors le spirituel du temporel ; religion et société étaient synonymes) ; la police municipale, les peines, tous les intérêts, en un mot, que soulève chacun des principes posés dans le Décalogue. Il n'y a rien dans tout le Pentateuque qui ressemble, de près ou de loin, à une *Séparation des pouvoirs*, à plus forte raison à des lois prétendues *organiques*, ayant pour objet de définir les attributions des pouvoirs, et de mettre en jeu le système. Moïse n'avait aucune idée d'un premier pouvoir, dit *législatif ;* d'un second, *exécutif ;* et d'un troisième, bâtard des deux autres, *ordre judiciaire.* Les *conflits d'attributions* et de *juridictions* ne lui avaient point révélé la nécessité d'un *Conseil d'Etat ;* encore moins les dissensions politiques, résultat inévitable de la mécanique constitutionnelle, lui avaient-elles fait sentir l'importance d'une *haute cour.* L'idée *constitutionnelle* était restée lettre close pour le grand législateur : c'est après quatre siècles de réaction du peuple contre la Loi qu'on la vit pour la première fois apparaître en Israël, et cela précisément afin de motiver l'élection du premier roi. Jusqu'à ce moment, l'idée de constitution politique, homologue dans la race arabe à celle de royauté, avait été montrée au peuple plutôt comme une menace que comme un progrès.

« Voici quel sera le *statut royal,* » la Constitution du gouvernement, avait dit Samuel, lorsque les délégués du peuple vinrent le sommer de leur sacrer un roi. Remarquez cela : c'est le prêtre qui donne l'institution au roi ; chez tous les peuples, même en révolte contre le sacerdoce, le pouvoir est de droit divin. « Il prendra vos fils pour
» en faire des conscrits, et vos filles pour en
» faire des cantinières et des grisettes. Et quand
» il se sera fait une *force,* il mettra des impôts
» sur les personnes, sur les maisons, les meu-
» bles, les terres, le vin, le sel, la viande, les
» marchandises, etc., afin d'entretenir ses sol-
» dats, de payer ses employés et ses maîtresses.
» Et vous serez ses serviteurs. »

C'est en ces termes que Samuel, d'après Moïse, exposait la constitution politique ; et tous nos publicistes, depuis l'abbé Syeyès jusqu'à M. de Cormenin, sont d'accord avec lui. Mais que peut la raison contre l'orgueil et l'égoïsme ? La constitution politique, c'est-à-dire la royauté, n'était-ce pas, d'abord, le gouvernement, et par conséquent des honneurs et des sinécures ? N'était-ce pas le monopole, l'usure, la rente, la grande propriété, par conséquent l'exploitation de l'homme par l'homme, le prolétariat ? N'était-ce pas, enfin, *la liberté dans l'ordre,* comme dit Louis Blanc, la liberté entourée de piques et de flèches ? Tout le monde en voulait donc ; les Phéniciens, les Anglais de ce temps-là, en jouissaient depuis longtemps ; comment le peuple juif, qui se disait lui aussi le Messie des nations, comme nous autres Français, Polonais, Hongrois et Cosaques, car il paraît que c'est une manie, nous avons la vanité de nous le dire, serait-il demeuré en arrière de ses voisins ? En vérité, il n'y a rien de nouveau sous le soleil, pas même le constitutionnalisme et l'anglomanie.

Ce qui fait l'essence d'une constitution politique, c'est donc, ainsi que je le dis dans ma lettre au *Moniteur,* la *Séparation des pouvoirs,* c'est-à-dire la distinction de deux natures dans le gouvernement, la nature *législative,* et la nature *exécutive* ; comme en Jésus-Christ, Dieu et homme tout ensemble : il est surprenant qu'au fond de notre politique, nous trouvions toujours la théologie.

Par cette distinction, le gouvernement, créé *à priori* pour le peuple ; le gouvernement qui devrait être l'instrument et l'organe du peuple, est placé AU-DESSUS du peuple : il est son maître, son tyran. Aussi, quand la Constitution dit, article 19 : *La séparation des pouvoirs est la première condition d'un gouvernement libre*, elle a toute à fait raison pour ce qui est de la liberté du prince, président, ou directeur, je n'y fais pas de différence ; mais pour ce qui est de la liberté du pays, elle se trompe du tout au tout : la séparation des pouvoirs est la première condition de l'oppression du peuple.

Mais comment s'est établie cette idée de séparation de pouvoir, aujourd'hui démontrée radicalement fausse et impraticable ? Car toute erreur a sa source dans une difficulté qu'il faut résoudre ; et toute institution ou constitution mauvaise peut être considérée comme une solution provisoire de cette difficulté. Cherchons donc encore, en dehors des mirages de l'orgueil et de la cupidité, l'origine pratique de la séparation des pouvoirs.

A quoi bon, disaient il y a un an quelques hommes notables de la Constituante, à quoi bon une constitution ? Quelle peut être l'utilité de cette distinction de pouvoirs, avec leurs prérogatives, leurs conflits, leurs ambitions et tous leurs périls ? Ne suffit-il pas d'une Assemblée qui, expression des besoins du pays, fait des lois, et, par les ministres qu'elle choisit dans son sein, les exécute ?

Ainsi parlait entre autres, l'honorable M. Valette (du Jura).

Et les partisans du régime constitutionnel leur répondaient, d'après Rousseau :

La séparation des pouvoirs a sa source dans la constitution elle-même. Sans objet dans un petit Etat, où l'assemblée des citoyens peut intervenir quotidiennement dans les affaires publiques, elle est indispensable chez une nation de plusieurs millions d'hommes, forcés, par leur nombre même, de déléguer leurs pouvoirs à des représentants. Elle devient alors une garantie de la liberté.

Supposez, en effet, tous les pouvoirs concentrés dans une assemblée unique, vous n'aurez fait qu'augmenter les périls de la liberté, en lui enlevant ses dernières garanties. Le gouvernement par l'assemblée sera tout aussi redoutable que par le prince, et vous aurez la responsabilité de moins. L'expérience prouve même que le despotisme des assemblées est cent fois pire que l'autocratie d'un seul, par la raison qu'un être collectif est inaccessible aux considérations d'humanité, de modération, de respect de l'opinion, etc., qui gouvernent les individus. Si donc l'unité de pouvoirs que vous préconisez et l'absence de constitution politique

n'ont d'autre effet que de remplacer le gouvernement d'un président responsable par le gouvernement d'une majorité irresponsable, les conditions du pouvoir restant d'ailleurs les mêmes, qu'aurez-vous avancé ? Ne vaut-il pas mieux diviser l'autorité, faire de l'un des pouvoirs le contrôleur de l'autre, donner la liberté d'action à l'exécutif, mais en le rendant responsable devant le législatif ? Donc, ou la séparation des pouvoirs ; ou bien, avec la centralisation, point de liberté.

A cette objection la démocratie n'a jamais fait de réponse sérieuse. Cela n'a rien d'étonnant : ceux qui la représentent ont toujours été aussi gouvernementalistes que les doctrinaires. Aussi la République démocratique, la République sans distinction de pouvoirs, n'a-t-elle jamais paru aux esprits non prévenus qu'une mystification politique, un véritable escamotage de la liberté. Et j'avoue, pour ma part, qu'étant donnée la nécessité organisée d'une centralisation comme la nôtre, dans laquelle toutes les facultés sociales convergent en un centre unique, initiateur et dominateur souverain, je préfère, et de beaucoup, au gouvernement absolu et irresponsable d'une convention, le gouvernement séparé et responsable d'une présidence ; et au gouvernement d'une présidence élective, celui d'une royauté constitutionnelle.

Pas de milieu, selon moi, avec la centralisation telle qu'on l'a faite, et que radicaux, doctrinaires et absolutistes la comprennent : ou bien il faut revenir à la Charte de 1830, modifiée selon le besoin du jour ; ou il faut chercher quelque chose que la démocratie n'a point encore défini, dont la Convention n'a pas eu l'idée claire, et que l'auteur du *Contrat social* a complètement méconnu, quand il a osé dire que la liberté des citoyens était en raison de la petitesse des Etats, et que dans une République d'une aussi grande étendue que la France, le gouvernement par la centralisation devenant toujours plus fort, la liberté serait nécessairement toujours moindre.

Constatons donc, avant d'aller plus loin, ce double fait : la séparation des pouvoirs, principe de toutes les constitutions politiques, est une institution d'essai, que l'expérience déclare hostile à la liberté, mais que le besoin de centralisation, dans un grand pays, a paru généralement aux auteurs de droit public rendre nécessaire. Otez la séparation des pouvoirs, l'équilibre constitutionnel, vous avez le despotisme des assemblées ; ôtez la centralisation, la République n'est plus une, vous tombez dans le fédéralisme. On a cru trouver à cette contradiction un moyen terme dans la monarchie constitutionnelle. Ce système, mis à l'épreuve, a donné pour résultat la corruption : il a péri comme jamais gouvernement n'avait péri, non pas sur le champ de bataille, mais dans un égout. L'accord de la liberté avec la centralisation, tel est, à côté du problème social, le problème politique que la révolution de février nous a donné à résoudre.

Voyons maintenant comment l'Assemblée constituante l'a résolu.

La Constitution de 1848, imitation de la Charte de 1830, socialiste pour le fond, est politique ou à bascule dans la forme. Par son côté socialiste, elle promet l'instruction, le crédit, le travail, l'assistance ; elle crée le suffrage universel, et se soumet au progrès : ce sont là autant de principes nouveaux que ne reconnaissaient pas les anciens législateurs, et que l'Assemblée constituante a ajoutés au Décalogue. — Par sa forme politique, elle a pour objet de garantir l'exercice des droits reconnus, la sécurité et l'ordre.

Or, de même que toutes ses devancières, la Constitution de 1848 est impuissante à tenir aucune de ses promesses, politiques et sociales ; et, si le peuple devait la prendre au sérieux, j'ose dire que le gouvernement se trouverait chaque jour placé dans l'alternative d'un 24 février ou d'un 26 Juin.

D'abord, cette constitution, politique et socialiste tout à la fois, c'est-à-dire restrictive ou libérale, réactionnaire ou progressive, suivant qu'il plaît au pouvoir, est en contradiction avec elle-même : la moitié de ses articles détruit l'autre moitié. Il était impossible, au surplus, qu'il en fût autrement. Ce n'est point l'influence de quelques socialistes, membres de l'Assemblée, qui a donné à la constitution cette figure équivoque. Le Socialisme, tel qu'il se trouve dans ce grand acte parlementaire, existait dans la majorité des esprits longtemps avant la convocation de l'Assemblée et la révolution de Février : il devait se produire officiellement, comme besoin de l'époque et conséquence de la révolution. Louis-Philippe serait resté sur le trône que le même mouvement, qui s'est accompli par sa chute, se fût accompli sous son autorité.

Trois choses forment la partie socialiste du nouveau pacte :

1. La *déclaration des droits et des devoirs*, dans laquelle se trouve, à défaut et comme indemnité du droit au travail, le droit à l'assistance.

2. L'idée de *progrès*, de laquelle est sortie l'article 111, qui établit pour le pays la faculté perpétuelle de révision.

3. Le *suffrage universel*, dont l'effet, encore inaperçu, mais inévitable, sera de changer de fond en comble notre droit public.

Ces trois élémens de la Constitution nouvelle étaient, je le répète, dans la nécessité du temps : la dynastie d'Orléans, si elle se fût maintenue, pas plus que l'Assemblée constituante, ne pouvait y échapper. L'accident du 24 février n'a fait qu'avancer de quelques années l'éclosion de ce produit de la pensée générale.

Eh bien ! la Constitution de 1848, quelle qu'ait été la bonne foi de ses auteurs, est radicalement impuissante à réaliser aucune de ses promesses : pas plus que celle de 1830, elle ne peut être une vérité ; elle est condamnée à rester un invincible mensonge. Et pourquoi cela ? Parce que, d'une part, les droits ou principes que la Constitution se propose d'appliquer, au lieu de se présenter en conciliation les uns des autres, se posent en contradiction ; parce qu'ensuite, c'est le Gouvernement qui, se mettant au droit de la société vis-à-vis des citoyens, traite et compromet en son propre nom, tandis qu'il ne possède aucun moyen d'exécuter ; parce qu'enfin la société, au lieu de se gouverner elle-même par la centralisation séparée de chacune de ses fonctions, les a concentrées en un Gouvernement établi au-dessus d'elle, et composé de deux pouvoirs omnipotens et antagonistes.

Les faits étant la meilleure démonstration des idées, prenons pour exemple le *droit à l'assistance*.

Qui ne voit d'abord que le droit à l'assistance, garanti par le gouvernement *à défaut de travail*, est la même chose que le droit au travail, travesti sous une formule d'égoïsme ? C'est EN HAINE du droit au travail qu'a été accordé le droit à l'assistance ; c'est comme rachat de la rente, comme rançon de la propriété, que le Gouvernement s'est obligé à organiser la charité publique. Pour tout homme qui a le sens de la logique et du droit, qui connaît la manière dont s'exécutent les obligations entre les hommes, il est évident que le droit à l'assistance, également odieux à ceux qui en jouissent et à ceux qui l'acquittent, ne peut entrer, au moins en cette forme, dans les institutions d'une société.

Je ne parle point des difficultés d'exécution : elles sont à peu près insurmontables. — L'assistance est-elle l'aumône ? non. L'aumône ne s'organise pas ; elle ne peut faire l'objet d'un contrat ; elle n'a pas de place dans les lois ; elle ne relève que de la conscience. L'assistance, tombant sous le coup de la loi, pouvant faire l'objet d'une action administrative ou judiciaire, reconnue comme droit par la Constitution, est donc autre chose que l'aumône : c'est une *indemnité*. Or, si le droit à l'assistance est une indemnité, quel sera le minimum d'indemnité délivré à titre d'assistance ? Sera-ce 25, 50, 75 centimes ? Sera-t-il égal au minimum du salaire ?... Quel sera le maximum ? Quels individus auront droit à l'assistance ? Quel sera la rétribution, suivant l'âge, le sexe, la profession, les infirmités, le domicile ? Fera-t-on des conditions aux indigens ? Les obligera-t-on, par exemple, à vivre dans des établissemens spéciaux et des localités déterminées ? à la campagne plutôt qu'à la ville ? Nous tombons dans le régime des maisons de force : l'assistance, indemnité du travail, devient, chose monstrueuse, l'indemnité de la liberté. Ce n'est pas tout : qui fera les fonds de l'assistance ? les propriétaires ? 200 millions n'y suffiront pas ; il faudra donc créer de nouveaux impôts, écraser la propriété pour fournir une subvention au prolétariat. Organisera-t-on un système de retenues sur les salaires ? Alors, ce n'est plus l'Etat, ce ne sont plus les propriétaires et capitalistes qui assistent; ce sont les travailleurs qui s'assistent les uns les autres : l'ouvrier qui travaille paie pour celui qui ne travaille pas, le bon pour le mauvais, l'économe pour le prodigue et le débauché. Dans tous les cas, l'assistance devient une retraite pour l'inconduite, une prime à la paresse : c'est le contrefort de la mendicité, la providence de la misère. Le paupérisme, devient ainsi chose constitutionnelle; c'est une fonction sociale, un métier consacré par la loi, payé, encouragé, multiplié. La taxe des pauvres est un argument au désordre contre les caisses d'épargnes, caisses de retraite, tontines, etc. Pendant que vous moralisez le peuple par vos institutions de prévoyance et de crédit, vous le démoralisez par l'assistance. Encore une fois, je ne veux point agiter ces questions délicates, où l'abus se mêle partout au bien et à l'utile, où la justice n'est que passe-droit. Je demande quelle peut être la moralité, l'efficacité, la durée d'une institution qui a pour principes, d'un côté l'envie, et de l'autre la haine? d'une institution qui constate l'antagonisme de deux castes, et qui semble figurer dans la Déclaration des Droits et des Devoirs comme la pierre d'attente d'une guerre sociale?

J'ai contribué, sans l'avoir voulu, à faire rejeter de la Constitution le droit au travail, — et je ne regrette point d'avoir épargné à mes collègues, à mon pays, ce nouveau mensonge, — par une réponse que je fis à M. Thiers, au comité des finances. *Donnez-moi le droit au travail,* lui disais-je, *et je vous abandonne le droit de propriété.* Je voulais indiquer par là que le travail modifie incessamment la propriété, de même que la propriété modifie incessamment le droit social, en sorte que la garantie du premier pouvait être, ni plus ni moins que la garantie de la seconde, le signal d'une réforme complète des institutions. Mais ce ne fut pas ainsi qu'on prit la chose. Mes paroles furent regardées comme une menace à la propriété; et je n'étais pas d'humeur à donner d'autres explications. Dès ce moment, les conservateurs promirent que le travail serait protégé, mais non pas garanti : ce qui, à leur point de vue, semblait assez juste, puisqu'ils ne garantissaient pas davantage la propriété. Ils crurent faire merveille et épuiser les finesses de la tactique, en faisant passer, *à défaut de travail,* LE DROIT A L'ASSISTANCE, un non-sens à la place d'une impossibilité. N'aurais-je donc pas pu dire à ces aveugles : *Eh! donnez-moi le droit à l'assistance, et je vous abandonne le droit au travail?....* Alors, en haine du droit à l'assistance, devenue pour tous les esprits aussi périlleuse que le droit au travail, il aurait fallu se rabat-

tre sur une autre garantie, ou ne rien accorder du tout, ce qui était impossible. Et comme, à chaque proposition de la philanthropie conservatrice, j'aurais pu reproduire toujours le même argument, et cela à l'infini, j'étais sûr, si je l'eusse voulu, de faire rejeter jusqu'à l'idée même de constitution.

Il en est, en effet, de tous les élémens politiques et économiques sur lesquels repose la société, comme du droit au travail et du droit à l'assistance : ils peuvent tous se suppléer l'un l'autre, parce qu'ils se convertissent, se transforment, s'absorbent incessamment l'un l'autre, parce qu'ils sont théoriquement contradictoires.

Accordez-moi la gratuité de l'enseignement, disais-je dans une autre occasion, *et je vous abandonne la liberté de l'enseignement.*

De même, aurais-je pu dire encore, accordez-moi le droit au crédit, et je vous quitte, du même coup, et le droit au travail, et le droit à l'assistance.

Accordez-moi la liberté des cultes, et je vous permets d'avoir une religion de l'Etat.

Accordez-moi la faculté de révision, et j'obéis, à tout jamais, à la Constitution.

Accordez-moi l'exercice à perpétuité du suffrage universel, et j'accepte d'avance tous les produits du suffrage universel.

Accordez-moi la liberté de la presse, et, plus hardi que vous, qui interdisez la discussion des principes, je vous permets de discuter le principe même de la liberté.

La société, chose essentiellement intelligible, repose tout entière sur ces oppositions, synonymies, ou équivalences, qui toutes rentrent les unes dans les autres, et dont le système est infini. Et la solution du problème social consiste à poser les différens termes du problème, non plus en *contradiction,* comme ils apparaissent d'abord aux premières époques de formation sociale, et comme la Constitution de 1848 nous les présente, mais en DÉDUCTION : de telle sorte, par exemple, que le droit au travail, le droit au crédit, le droit à l'assistance, tous ces droits dont la réalisation est impossible ou dangereuse sous une législation antagoniste, résultent successivement d'un droit déjà établi, réalisé, non douteux, tel que serait, je suppose, le droit de libre concurrence; et, au lieu de rencontrer les uns dans les autres autant de pierres d'achoppement, y trouvent leurs plus solides garanties.

C'est notre ignorance profonde de ces transformations, en même temps que notre incurie républicaine, qui nous rend aveugles sur les moyens et nous fait désirer sans cesse d'inscrire dans le texte de nos constitutions et de porter au catalogue de nos lois, des garanties qu'il n'est au pouvoir d'aucun gouvernement de nous donner, qu'il dépend de nous seuls d'acquérir.

Qu'est-il besoin, à présent, d'ajouter que le dualisme des pouvoirs, joint à la concentration des fonctions dans une autorité unique, est un obstacle de plus à la réalité du droit à l'assistance? En effet, c'est le pouvoir exécutif qui assiste, mais c'est le pouvoir législatif qui paie. Essayez, pour voir, d'obtenir de l'Assemblée nationale une surcharge de 200 millions au budget pour les pauvres!... Il en sera du droit à l'assistance comme de tous les articles de la Constitution : ce sera pour le pouvoir législatif un moyen de plus de faire la guerre à l'exécutif. Les intrigans y gagneront des portefeuilles; le prolétariat n'en tirera jamais le moindre soulagement.

Ce que je viens de dire de l'assistance et du travail, est également vrai du progrès et du suffrage universel. Le Gouvernement ne peut nous donner, dans leur vérité, ni l'un ni l'autre : la Constitution que nous lui avons faite, la manière dont s'y présentent les principes qui nous servent de loi, s'y opposent.

Le progrès! Mais il est évident que, d'abord pour tout ce qui touche aux idées sociales, l'Etat est essentiellement stationnaire. De la libre concurrence, qui nous est garantie depuis 1789, comment l'Etat, qui a appris la logique avec M. de Falloux, dans la *Philosophie de Lyon*, ferait-il sortir la garantie du travail, du crédit, de l'assistance, ou de l'instruction? — Quant à la politique, bien loin de progresser, le Gouvernement ne peut que rétrograder. Où voulez-vous qu'il aille, en effet, avec son principe constitutif, la séparation des pouvoirs? Au point de vue des constitutions politiques, la présidence quadriennale et l'unité de la représentation nationale, loin d'être un progrès, sont une dégénérescence du système. La véritable formule du régime constitutionnel, c'est la Charte. Veut-on revenir à la monarchie de juillet? Que celui qui n'en a point assez le dise!

Le suffrage universel! Comment serait-il véridique, quand vous ne lui adressez que des questions équivoques? Comment parviendrait-il à manifester la pensée, la vraie pensée du peuple, quand le peuple est divisé, par l'inégalité des fortunes, en classes subordonnées les unes aux autres, votant par servilité ou par haine; quand ce même peuple, tenu en laisse par le pouvoir, ne peut, malgré sa souveraineté, faire entendre sa pensée sur rien; quand l'exercice de ses droits se borne à choisir, tous les trois ou quatre ans, ses chefs et ses charlatans; quand sa raison façonnée sur l'antagonisme des idées et des intérêts, ne sait aller que d'une contradiction à une autre contradiction; quand sa bonne foi est à la merci d'une dépêche télégraphique; quand, au lieu d'interroger sa conscience, on évoque ses souvenirs; quand, par la division des partis, il ne peut éviter un péril qu'en se précipitant dans un autre, et qu'à peine de manquer à sa sûreté, il est forcé de mentir à sa conscience? La société, sous le régime à 200 fr., était immobile : un poète l'avait personnifiée dans le dieu Terme. Depuis

que le suffrage universel est établi, elle tourne, mais sur place. Auparavant elle croupissait dans sa léthargie; maintenant elle a des vertiges. Serons-nous donc plus avancés, plus riches et plus libres, quand nous aurons fait un million de pirouettes?...

Que si maintenant le gouvernement, tel que l'a fait la Constitution de 1848, ne peut garantir ni le travail, ni le crédit, ni l'assistance, ni l'instruction, ni le progrès, ni la sincérité du suffrage universel, ni rien de ce qui constitue l'état social, comment garantirait-il l'état politique? comment garantirait-il l'ordre? Chose singulière! cette réforme politique, qui devait nous donner la réforme sociale, nous apparaît, de quelque côté qu'on l'entreprenne, comme une perpétuelle impossibilité. Sans la centralisation, point de force dans le pouvoir, point d'unité dans la République; nous glissons dans le fédéralisme, la France est rayée du nombre des nations. Sans la séparation des pouvoirs, plus de contrôle, plus de responsabilité, plus de liberté : nous périssons par le despotisme ou la dictature. Mais avec la centralisation, le gouvernement, incapable de remplir aucune des conditions de son mandat, est en lutte perpétuelle avec la société; avec la séparation des pouvoirs, il est en lutte avec lui-même. L'équilibre détruit de partout, la société est emportée dans un cercle de révolutions.

Est-il possible de trouver une issue à ce labyrinthe? J'ose l'affirmer. Mais j'avertis le lecteur que ce ne sera ni par une transaction, ni par un éclectisme, ni par le sacrifice d'aucune idée, ni par aucun ajustement de forces et de contrepoids; ce sera par l'élévation à leur plus haute puissance de tous les principes constitutionnels actuellement en lutte : centralisation et séparation, suffrage universel et gouvernement, travail et crédit, liberté et ordre. Au premier abord, il semble que cette méthode doive accroître l'antagonisme : elle aura pour résultat de le faire cesser. Seulement, nous n'aurons plus cette distinction de constitution politique et de constitution sociale : le gouvernement et la société seront identifiés, indiscernables.

II.

Je dis que le vice de toute constitution, politique ou sociale, ce qui amène les conflits et crée dans la société l'antagonisme, c'est, d'un côté, et pour m'en tenir à la seule question que je veuille examiner en ce moment, celle de la Constitution, que la séparation des pouvoirs, ou pour mieux dire, des fonctions, est mal faite et incomplète; et d'autre part, que la centralisation est insuffisante. D'où il suit que la puissance collective est sans action, et la pensée, ou le suffrage universel, sans exercice. Il faut achever la séparation, à peine ébauchée, et centraliser davantage; il faut rendre au suffrage universel ses prérogatives, et par suite au peuple l'énergie, l'activité qui lui manquent.

Tel est le principe : pour le démontrer, pour expliquer le mécanisme social, je n'ai que faire désormais de raisonnemens; les exemples suffiront. Ici, comme dans les sciences positives, la pratique c'est la théorie; l'observation exacte du fait est la science même.

Depuis bien des siècles, le pouvoir *spirituel* a été séparé, suivant la forme reçue, du pouvoir *temporel*.

J'observe en passant que le principe politique de la séparation des pouvoirs, ou des fonctions, est le même que le principe économique de la séparation des industries, ou division du travail : par où nous voyons poindre déjà l'identité de la constitution politique et de la constitution sociale.

Or, je dis que la séparation des deux pouvoirs, spirituel et temporel, n'a jamais été complète; par suite que leur centralisation a été toujours insuffisante, au grand détriment de l'administration ecclésiastique, comme des fidèles.

Il y aurait séparation complète, si le pouvoir temporel, non seulement ne se mêlait en rien de la célébration des mystères, de l'administration des sacrements, du gouvernement des paroisses, etc.; mais s'il n'intervenait point non plus dans la nomination des évêques. Il y aurait ensuite centralisation plus grande, et par conséquent gouvernement plus régulier, si le peuple, dans chaque paroisse, avait le droit de choisir lui-même ses curés et succursalistes, comme de n'en prendre pas du tout; si les prêtres, dans chaque diocèse, élisaient leur évêque; si l'assemblée des évêques réglait seule les affaires religieuses, l'enseignement de la théologie, et le culte. Par cette séparation, le clergé cesserait d'être, dans la main du pouvoir politique, un instrument de tyrannie à l'égard du peuple; et par cette application du suffrage universel, le gouvernement ecclésiastique, centralisé en soi, recevant ses inspirations du peuple, non du gouvernement ou du pape, serait en harmonie constante avec les besoins de la société, et l'état moral et intellectuel des citoyens.

Au lieu de ce système, démocratique et rationnel, que voyons-nous? Le Gouvernement, il est vrai, n'intervient pas dans les choses du culte; il n'enseigne pas le catéchisme; il ne professe pas au séminaire. Mais il choisit les évêques, les évêques choisissent les curés et succursalistes, et les expédient dans les paroisses, sans la moindre participation du suffrage populaire, souvent même malgré le peuple. En sorte que l'Eglise et l'Etat, engrenés l'un dans l'autre, parfois se faisant la guerre, forment une espèce de ligue offensive et défensive contre la liberté et l'initiative de la nation. Leur gouvernement cumulé, au lieu de servir le pays, pèse sur le pays. Il est inutile que je fasse ressortir les conséquences de cet ordre de choses : elles surgissent à tous les yeux.

Il faut donc, pour rentrer dans la vérité organique, économique et sociale : 1° Abolir le cumul constitutionnel, en ôtant à l'Etat la nomination des évêques, et séparant définitivement le spirituel du temporel; — 2° centraliser l'Eglise en elle-même, par un système d'élections graduées; — 3° donner pour base au pouvoir ecclésiastique, comme à tous les autres pouvoirs de l'Etat, le suffrage universel.

Par ce système, ce qui aujourd'hui est GOUVERNEMENT n'est plus qu'*administration*; la France entière, quant à ce qui concerne les fonctions ecclésiastiques, est centralisée; le pays, par le seul fait de son initiative électorale, se gouverne lui-même, aussi bien dans les choses du salut que dans celles du siècle; il n'est plus gouverné. Et l'on conçoit déjà que s'il était possible d'organiser le pays entier, au temporel, d'après les bases que nous venons d'indiquer pour son organisation spirituelle, l'ordre le plus parfait, la centralisation la plus vigoureuse existeraient, sans qu'il y eût rien de ce que nous appelons aujourd'hui autorité constituée, ou Gouvernement.

Autre exemple :

Autrefois on comptait, en sus du pouvoir législatif et de l'exécutif, un troisième pouvoir, le pouvoir *judiciaire*. C'était une dérogation au dualisme séparatif, un premier pas fait vers la séparation complète des fonctions politiques comme des industries. La Constitution de 1848, à l'instar des chartes de 1830 et 1814, ne parle que de l'*ordre judiciaire*.

Ordre, pouvoir, ou fonction, je trouve ici, comme dans l'Eglise, et sous prétexte de centralisation, un nouvel exemple du cumul de l'Etat, et, par suite, une nouvelle atteinte à la souveraineté du peuple.

Les fonctions judiciaires, par leurs différentes spécialités, leur hiérarchie, leur inamovibilité, leur convergence en un ministère unique, témoignent d'une distinction et d'une tendance à la centralisation non équivoques.

Mais elles ne relèvent aucunement des justiciables; elles sont toutes à la disposition du pouvoir exécutif, subordonnées, non pas au pays par l'élection, mais au Gouvernement, président ou prince, par la nomination. Il en résulte que les justiciables sont livrés à leurs juges, prétendus naturels, comme les paroissiens le sont à leurs curés; que le peuple appartient aux magistrats comme un héritage; que le plaideur est au juge, non le juge au plaideur.

Appliquez le suffrage universel et l'élection graduée aux fonctions judiciaires comme aux fonctions ecclésiastiques; supprimez l'inamovibilité, qui est l'abdication du droit électoral; ôtez à l'Etat toute action, toute influence sur l'ordre judiciaire; que cet ordre, centralisé en lui-même et à part, ne relève plus que du

9

peuple, et vous aurez ravi au Pouvoir son plus puissant instrument de tyrannie; vous aurez fait de la justice un principe de liberté autant que d'ordre; et, à moins de supposer que le peuple, de qui doivent émaner, par le suffrage universel, tous les pouvoirs, ne soit en contradiction avec lui-même, que ce qu'il veut dans la religion, il ne le veuille pas dans la justice, et *vice versâ*, vous êtes assuré que la séparation des pouvoirs ne peut engendrer aucun conflit; vous pouvez hardiment poser, en principe, que *séparation* et *équilibre* seront désormais synonymes.

Je passe à un autre ordre d'idées, l'*état militaire*.

N'est-il pas vrai que l'armée est la chose propre du Gouvernement? qu'elle appartient, n'en déplaise aux fictions constitutionnelles, bien moins au pays qu'à l'Etat? Autrefois, l'état-major de l'armée était proprement la *Maison du Roi*; sous l'Empire, la réunion des corps d'élite portait le nom de *garde impériale*, jeune et vieille. C'est le Gouvernement qui, chaque année, prend quatre-vingt mille recrues, non le pays qui les donne; — c'est le Pouvoir qui, pour sa politique personnelle, et pour faire respecter ses volontés, nomme les chefs, ordonne les mouvemens de troupes, en même temps qu'il désarme les gardes nationaux; non la nation qui, s'armant spontanément pour sa liberté et pour sa gloire, dispose de la force publique, du plus pur de son sang. Là encore l'ordre social est compromis, non pas peut-être par défaut de centralisation, mais, à coup sûr, par insuffisance de séparation.

Le peuple a l'instinct confus de cette anomalie, quand, à chaque révolution, il insiste pour l'éloignement des troupes; quand il demande une loi sur le recrutement militaire, l'organisation de la garde nationale et de l'armée. Et les auteurs de la Constitution ont entrevu le péril, quand ils ont dit, art. 50 : *Le président de la République dispose de la force armée, sans pouvoir jamais la commander en personne.* Prudens législateurs, en vérité! Et qu'importe qu'il ne la commande pas en personne, s'il en dispose, s'il peut l'envoyer où bon lui semble, à Rome ou à Mogador? si c'est lui qui donne les commandemens, qui nomme aux grades, qui décerne les croix et pensions? s'il a des généraux qui commandent pour lui?

C'est aux citoyens à désigner hiérarchiquement leurs chefs militaires, les simples soldats et gardes nationaux nommant aux grades inférieurs, les officiers nommant aux supérieurs.

Ainsi organisée, l'armée conserve ses sentimens civiques; ce n'est plus une nation dans la nation, une patrie dans la patrie, une sorte de colonie ambulante où le citoyen, naturalisé soldat, apprend à se battre contre son propre pays. C'est la nation elle-même centralisée dans sa force et sa jeunesse, indépendamment du Pouvoir, qui peut, comme tout magistrat de

l'ordre judiciaire ou de la police, réquérir la force publique au nom de la loi, non la commander ni en disposer. Quant au cas de guerre, l'armée ne doit obéissance qu'à la représentation nationale et aux chefs qu'elle lui désigne.

Les socialistes humanitaires, en parcourant ces pages, demanderont peut-être si je pense que le culte, la justice et la guerre soient des institutions éternelles, et si c'est parler en vrai réformateur que de prendre tant de soin de leur organisation? — Mais il est clair que tout ceci ne préjuge absolument rien sur la nécessité et l'essencialité de ces grandes manifestations de la pensée sociale; et que si nous voulons nous en rapporter au jugement du peuple, seul compétent pour juger de l'importance et de la durée de ses institutions, nous n'avons encore rien de mieux à faire que de les constituer, comme je viens de le dire, démocratiquement. La religion et la justice sont de ces choses que j'ai appelées *organiques*, et qu'il n'appartient qu'au peuple de laisser tomber ou de soutenir : toute autre initiative à leur égard est tyrannie ou corruption. Quant à la guerre, personne n'y voit plus qu'une nécessité malheureuse, à laquelle le progrès de la liberté doit infailliblement mettre fin. Voulez-vous hâter de quelques siècles cette abolition? Commencez, en séparant et centralisant les fonctions, par désarmer le gouvernement.

Je continue.

Les sociétés ont éprouvé de tout temps le besoin de protéger leur commerce et leur industrie contre l'importation étrangère : le pouvoir ou la fonction qui dans chaque pays protège le travail indigène et lui garantit le marché national, est la douane.

Je n'entends en aucune façon préjuger ici la moralité ou l'immoralité, l'utilité ou l'inutilité de la douane : je la prends telle que la société me l'offre, et je me borne à l'examiner au point de vue de la constitution des pouvoirs. Plus tard, quand de la question politique et sociale nous passerons à la question purement économique, nous chercherons au problème de la balance du commerce une solution qui lui soit propre, nous verrons si la production indigène peut être protégée sans qu'il lui en coûte ni droit ni surveillance, en un mot sans douane.

La douane, par cela seul qu'elle existe, est une fonction centralisée : son origine, comme son action exclut toute idée de morcellement. Mais comment se fait-il que cette fonction, qui est spécialement du ressort des commerçans et industriels, qui devrait ressortir exclusivement de l'autorité des chambres de commerce, soit encore une dépendance de l'Etat?

La France entretient, pour la protection de son industrie, une armée de plus de 40,000 douaniers, tous armés de fusils et de sabres, coûtant au pays, chaque année, une somme de 26 millions. Cette armée a pour mission, en même temps que de donner la chasse aux contrebandiers, de percevoir, sur les marchandises d'importation et d'exportation, une taxe de 100 à 110 millions.

Or, qui peut mieux savoir que l'industrie elle-même en quoi et de combien elle a besoin d'être protégée, quelle doit-être la compensation à prélever, quels produits méritent primes et encouragemens? Et quant au service même de la douane, n'est-il pas évident que c'est aux intéressés à en calculer la dépense, non au pouvoir à s'en faire une source d'émolumens pour ses créatures, comme il se fait du droit différentiel un revenu pour ses profusions?

Tant que l'administration des douanes restera aux mains de l'autorité, le système protectionniste, que je ne juge pas d'ailleurs en lui-même, sera nécessairement défectueux; il manquera de sincérité et de justice; les tarifs imposés par la douane seront une extorsion, et la contrebande, suivant l'expression de l'honorable M. Blanqui, un droit et un devoir.

Outre les ministères des *Cultes*, de la *Justice*, de la *Guerre*, du commerce international ou de la *Douane*, le Gouvernement en cumule encore d'autres: ce sont le ministère de l'*Agriculture et du Commerce*, le ministère des *Travaux publics*, le ministère de l'*Instruction publique*; c'est enfin, par-dessus tout cela, et pour solder tout cela, le ministère des *Finances!* Notre prétendue séparation des pouvoirs, n'est que le cumul de tous les pouvoirs, notre centralisation qu'une absorption.

Ne vous semble-t-il donc pas que les agriculteurs, déjà tout organisés dans leurs communes et leurs comices, pourraient fort bien opérer leur centralisation et gérer leurs intérêts généraux, sans passer par les mains de l'Etat?

Que les commerçans, fabricans, manufacturiers, industriels de toute espèce, ayant dans les chambres de commerce leurs cadres tout ouverts, pourraient également, sans le secours du Pouvoir, sans attendre leur salut de son bon plaisir, ou leur ruine de son inexpérience, organiser par eux-mêmes, à leurs frais, une administration centrale, débattre leurs affaires en assemblée générale, correspondre avec les autres administrations, prendre toutes décisions utiles, sans attendre le visa du Président de la République, et puis, confier l'exécution de leurs volontés à l'un d'entre eux, élu par ses pairs, et qui serait ministre?

Que les travaux publics, qui tous concernent soit l'agriculture, l'industrie et le commerce, soit les départemens et les communes, devraient être dès lors répartis entre les administrations locales et centrales qu'ils intéressent, et non plus former, ainsi que l'armée, la douane, la régie, etc., une corporation à part, entièrement placée sous la main de l'Etat, ayant sa hiérarchie, ses privilèges, son ministère, le

tout afin que l'Etat puisse trafiquer de mines, de canaux, de chemins de fer, jouer à la Bourse, spéculer sur les actions, passer à des compagnies d'amis des baux de quatre-vingt-dix-neuf ans, adjuger les travaux de routes, ponts, ports, digues, percemens, creusemens, écluses, dragages, etc., etc., à une légion d'entrepreneurs, spéculateurs, agioteurs, corrupteurs et concussionnaires, vivant de la fortune publique, de l'exploitation des artisans et manouvriers, et des sottises de l'Etat?

Ne vous semble-t-il pas que l'instruction publique serait aussi bien UNIVERSALISÉE, administrée, régentée; les instituteurs, professeurs, recteurs et inspecteurs aussi bien choisis; le système des études aussi parfaitement en rapport avec les intérêts et les mœurs, si les conseils municipaux et généraux étaient appelés à conférer l'institution aux maîtres, tandis que l'Université n'aurait à leur délivrer que des diplômes; si, dans l'instruction publique comme dans la carrière militaire, les états de service dans les grades inférieurs étaient exigés pour la promotion aux supérieurs; si tout grand dignitaire de l'Université avait dû passer par les fonctions d'instituteur primaire et de maître d'études? Croyez-vous que ce régime, parfaitement démocratique, ferait tort à la discipline des écoles, à la moralité de l'éducation, à la dignité de l'enseignement, à la sécurité des familles?

Et, puisque le nerf de toute administration est l'argent; que le budget est fait pour le pays, non le pays pour le budget; que l'impôt doit être voté librement, chaque année, par les représentans du peuple; que c'est là le droit primitif, inaliénable, de la nation, aussi bien sous la monarchie que sous la République; puisque les dépenses, comme les recettes, doivent être consenties par le pays avant d'être ordonnancées par le gouvernement: ne trouvez-vous point que la conséquence de cette initiative financière, si formellement reconnue aux citoyens par toutes nos constitutions, serait que le ministère des finances, toute cette organisation fiscale, en un mot, appartînt au pays, non au prince; qu'elle relevât directement de ceux qui paient le budget, non de ceux qui le mangent; qu'il y aurait infiniment moins d'abus dans la gestion du trésor public, moins de dilapidation, moins de déficits, si l'Etat n'avait pas plus la disposition des finances publiques que celle des cultes, de la justice, de l'armée, des douanes, des travaux publics, de l'instruction publique, etc.?

Je ne multiplierai pas davantage les exemples. Il est facile, d'après ce qui précède, de continuer la série et de voir la différence qu'il y a entre la centralisation et le cumul, entre la séparation des fonctions sociales et la séparation de ces deux abstractions que l'on a nommées si ridiculement *pouvoir législatif* et *pouvoir exécutif*; enfin, entre l'administration et le gouvernement. Croyez-vous, dis-je, qu'avec ce régime vraiment démocratique et unitaire, il n'y aurait pas plus de sévérité dans les dépenses, plus d'exactitude dans les services, plus de responsabilité pour les fonctionnaires, plus de bienveillance de la part des administrations envers les citoyens, et moins de servilisme, moins d'esprit de corps, moins de conflits, en un mot moins de désordres? Croyez-vous que les réformes paraîtraient alors si difficiles; que l'influence de l'autorité corromprait le jugement des citoyens; que la corruption servirait de base aux mœurs, et que, pour être cent fois moins gouvernés, nous n'en serions pas mille fois mieux administrés?

Pour créer l'unité nationale, on a cru qu'il fallait concentrer toutes les facultés publiques dans une seule autorité; puis, comme on s'est bien vite aperçu qu'en procédant ainsi, on ne créait que le despotisme, on a cru remédier à cet inconvénient par le dualisme des pouvoirs, comme si, pour empêcher la guerre du gouvernement contre le peuple, il n'existait d'autre moyen que d'organiser la guerre du gouvernement contre le gouvernement!

Il faut, pour qu'une nation se manifeste dans son unité, que cette nation soit centralisée dans sa religion, centralisée dans sa justice, centralisée dans sa force militaire, centralisée dans son agriculture, son industrie et son commerce, centralisée dans ses finances, centralisée, en un mot, dans toutes ses fonctions et facultés; il faut que la centralisation s'effectue de bas en haut, de la circonférence au centre, et que toutes les fonctions soient indépendantes et se gouvernent chacune par elle-même.

Groupez ensuite, par leurs sommités, ces administrations différentes : vous avez votre conseil des ministres, votre *pouvoir exécutif*, qui pourra très bien alors se passer de conseil d'Etat.

Elevez au-dessus de tout cela un grand jury, législature ou assemblée nationale, nommée directement par la totalité du pays, et chargée, non pas de nommer les ministres, — ils tiennent leur investiture de leurs commettans spéciaux — mais de vérifier les comptes, de faire les lois, de fixer le budget, de juger les différends entre les administrations, le tout après avoir entendu les conclusions du ministère public, ou ministre de l'intérieur, auquel se réduira désormais tout le gouvernement : et vous avez une centralisation d'autant plus forte, que vous en multipliez davantage les foyers, une responsabilité d'autant plus réelle, que la séparation entre les pouvoirs sera plus tranchée : vous avez une constitution à la fois politique et sociale.

Là le gouvernement, l'état, le pouvoir, quel que soit le nom que vous lui donniez, ramené à ses justes limites, qui sont, non de *légiférer* ni d'*exécuter*, pas même de *combattre* ou de *juger*, mais d'assister, comme ministère public, aux débats des tribunaux et aux discussions du parlement; de rappeler le sens des lois et d'en prévenir les contradictions; de surveiller, comme police, leur exécution, et de poursuivre les infractions : là, dis-je, le gouvernement n'est autre chose que le proviseur de la société, la sentinelle du peuple. Ou plutôt le gouvernement n'existe plus : de l'*an-archie* est sorti l'ordre. Là enfin vous avez la liberté des citoyens, la vérité des institutions, la sincérité du suffrage universel, l'intégrité de l'administration, l'impartialité de la justice, le patriotisme des baïonnettes, la soumission des partis, l'impuissance des sectes, la convergence de toutes les volontés. Votre société est organisée, vivante, progressive; elle pense, parle, agit comme un homme, et cela précisément parce qu'elle n'est plus représentée par un homme, parce qu'elle ne reconnaît plus d'autorité personnelle, parce qu'en elle, comme en tout être organisé et vivant, comme dans l'infini de Pascal, le centre est partout, la circonférence nulle part.

C'est à cette constitution anti-gouvernementale que nous conduisent invinciblement nos traditions démocratiques, nos tendances révolutionnaires, notre besoin de centralisation et d'unité, notre amour de la liberté et de l'égalité, et le principe purement économique, mais si imparfaitement appliqué, de toutes nos constitutions. Et c'est ce que j'eusse voulu faire comprendre, en quelques paroles, à l'Assemblée constituante, si cette Assemblée, impatiente de lieux communs, avait été capable d'écouter autre chose que des lieux communs; si dans son aveugle prévention pour toute idée nouvelle, dans ses provocations déloyales aux socialistes, elle n'avait eu l'air de leur dire : Je vous défie de me convaincre !

Mais il en est des assemblées comme des nations : elles ne s'instruisent que par le malheur. Nous n'avons point assez souffert, nous ne sommes pas assez châtiés de notre servilité monarchique et de notre fanatisme gouvernemental, pour que nous aimions de sitôt la liberté et l'ordre. Tout en nous conspire encore, avec l'exploitation de l'homme par l'homme, le gouvernement de l'homme par l'homme.

Il faut à Louis Blanc un pouvoir fort pour faire ce qu'il appelle le *bien*, qui est l'application de son système, et pour dompter le *mal*, qui est tout ce qui s'oppose à ce système.

Il faut à M. Léon Faucher un pouvoir fort et impitoyable, afin de contenir les républicains et d'exterminer les socialistes, à la gloire de l'économie politique anglaise et de Malthus.

Il faut à MM. Thiers et Guizot un pouvoir quasi-absolu, qui leur permette d'exercer leurs grands talens d'équilibristes. Qu'est-ce qu'une nation de laquelle l'homme de génie serait forcé de s'exiler, faute d'y trouver des hommes à gouverner, une opposition parlementaire à combattre, et des intrigues à suivre avec tous les gouvernemens?

Il faut à MM. de Falloux et Montalembert

un pouvoir divin, devant lequel tout genou fléchisse, toute tête s'incline, toute conscience se prosterne, afin que les rois ne soient plus que les gendarmes du pape, vicaire de Dieu sur terre.

Il faut à M. Barrot un pouvoir double, législatif et exécutif, afin que la contradiction soit éternelle dans le parlement, et que la société n'ait d'autre fin, en cette vie et en l'autre, que d'assister aux représentations constitutionnelles.

O race vaniteuse et servile ! qui paies 1,800 millions par an les folies de tes gouvernans et ta propre honte; qui entretiens 500,000 soldats pour mitrailler tes enfans; qui votes des bastilles à tes maîtres, afin qu'ils te tiennent dans un siége perpétuel; qui convies les nations à l'indépendance, et qui les abandonnes à leurs tyrans; qui fais la guerre à tes voisins et à tes alliés, aujourd'hui pour la vengeance d'un prêtre, hier pour le plaisir d'une courtisane; qui n'as d'estime que pour tes flatteurs, de respect que pour tes parasites, d'amour que pour tes prostitués, de haine que pour tes travailleurs et tes pauvres; race autrefois de héros, maintenant race de tartuffes et de sycophantes : si tu es, comme tu dis, nécessaire à la liberté du monde, puisses-tu donc épuiser bientôt la coupe de tes iniquités; ou bien, si tu t'es pour jamais effacée de la carte des nations libres, servir, à force de misère, d'éternel exemple aux parjures et aux lâches !

XV. — Banque du Peuple.

La société, me disait mon ami Villegardelle, un an avant la révolution de février, est malade d'une maladie qui tuera les médecins. Avis aux entrepreneurs de réformes !

Jamais on ne fut si bon prophète que mon ami Villegardelle. Ledru-Rollin, le père du suffrage universel, est en exil; Louis Blanc, qui posa la question du travail garanti, en exil; Considérant, le successeur de Fourier, en exil; Cabet, le fondateur d'Icarie, jugé comme escroc, émigré, et moi, le théoricien du crédit gratuit, en prison. Je passe sous silence les quelque mille autres, qui sont morts, qui ont souffert, qui souffrent encore pour la République. Quand je cite Ledru-Rollin, Louis Blanc, Considérant, Cabet, ou moi-même, c'est comme si je citais les noms de tous nos compagnons d'infortune : quelques-uns pour tous. Souffrir, perdre, s'il faut, la vie, pour un médecin qui comprend les devoirs de son état, n'est rien lorsque le malade guérit. Mais guérira-t-il ? voilà la question. Il ne veut pas seulement prendre le remède. Dans l'incertitude du succès, j'aimerais autant courir la campagne, avec mon ami Villegardelle.

Je ne veux point entamer ici une discussion sur le crédit gratuit et sur les combinaisons économiques par lesquelles les fondateurs de la Banque du peuple pensaient donner l'essor à leur entreprise. J'ai publié sur cette matière

assez d'articles et de brochures pour que je puisse, en ce moment, faire grâce à mes lecteurs d'une dissertation sur le papier-monnaie. D'ailleurs, je me propose, en temps et lieu, d'y revenir. Nous n'avons pas, que mes lecteurs se le tiennent pour dit, renoncé à nos projets. Ceux qui ont prétendu que nous avions été charmés de trouver dans un arrêt de Cour d'assises un prétexte de liquider la Banque du peuple, ont parlé de nos intentions, qu'ils ne connaissent pas plus que nos moyens, dans la lâcheté de leur conscience. C'est partie remise, messieurs, fiez-vous-en à notre parole; et croyez qu'avec nous comme avec les bonnes femmes *ce qui est différé n'est pas perdu.*

Je veux seulement rendre compte de l'idée-mère, qui, en dehors de toute spéculation financière, avait présidé à la création de la Banque du peuple, destinée, dans l'opinion des fondateurs, à réformer le système des institutions de crédit, et, par suite, l'économie entière de la société.

La Banque du peuple a été fondée dans un triple but :

1º Appliquer les principes de constitution sociale expliqués ci-devant, et préluder à la réforme politique par un exemple de centralisation spontanée, indépendante et spéciale.

2º Attaquer le gouvernementalisme, qui n'est autre chose que l'exagération du communisme, en donnant l'essor à l'initiative populaire, et procurant de plus en plus la liberté individuelle par la mutualité.

3º Assurer le travail et le bien-être à tous les producteurs, en les organisant les uns à l'égard des autres comme principe et fin de la production, en autres termes, comme capitalistes et comme consommateurs.

Par le principe de sa formation, la Banque du peuple n'était donc point destinée à devenir une banque d'Etat. L'Etat, sans compter qu'il ne peut donner crédit, attendu qu'il n'a ni valeurs ni hypothèques, n'a pas qualité pour se faire banquier, pas plus que pour se faire industriel ou commerçant.

Ce n'était pas davantage une banque fonctionnant au profit d'une société d'actionnaires, offrant au peuple des conditions plus ou moins avantageuses de crédit, mais opérant dans son intérêt propre, comme la société des cuisiniers ou celle des tailleurs. Une société de la Banque du peuple, conçue d'après ce principe, n'eût été, comme toutes les associations ouvrières actuellement existantes, qu'une institution de monopole. C'était rentrer dans le privilége; et le privilége, si populaire qu'il se fasse, est toujours la négation de l'équilibre, une chose antisociale.

La Banque du peuple devait être la propriété de tous les citoyens qui en accepteraient les services; qui, dans ce but, la commanditeraient de leurs capitaux, s'ils jugeaient qu'une base métallique lui fût, pour quelque temps encore indispensable ; qui, dans tous les cas, lui promettaient la préférence de leurs escomptes et recevaient en paiement ses reconnaissances. D'après cela, la Banque du peuple fonctionnant au profit de ceux-là mêmes qui formaient sa clientèle, n'avait ni intérêts à percevoir pour ses avances, ni commission à prendre pour ses escomptes : elle n'avait à prélever qu'une rétribution minime pour salaires et frais. Le crédit était donc GRATUIT !..... Le principe réalisé, les conséquences se déroulaient à l'infini.

Comment nos économistes, nos financiers, nos capitalistes, nos grands propriétaires, nos gros industriels, tous ces hommes d'ordre, de philanthropie, d'amour du travail, du commerce, du bon marché et du progrès, n'avaient-ils jamais eu cette idée ? Pourquoi, lorsqu'un socialiste, dans l'intérêt de la production, de la circulation, de la consommation, dans l'intérêt des ouvriers, des commerçans, des agriculteurs, de tout le monde, l'eut mise en avant, la repoussèrent-ils tous ? Pourquoi veulent-ils que le paysan, qui pourrait, par ce système, emprunter à 1|2 p. 0|0 d'intérêt et à long terme, continue à payer 12 et 15 p. 0|0, grâce à la nécessité où il est de renouveler son emprunt tous les trois ou quatre ans ? Pourquoi, lorsque la société *en nom collectif* de la Banque du peuple, privée de son chef, fut forcée de se liquider, s'en réjouirent-ils ? Est-ce que la Banque du peuple leur faisait tort ? Demandait-elle quelque chose au capital et à la rente ? Attaquait-elle la propriété et le gouvernement ?... Je ne pousserai pas plus loin mes questions : je demande seulement à ces messieurs, que je ne suppose pas tout-à-fait liés par un pacte d'usure, pourquoi cette étonnante réprobation de leur part, pourquoi ?...

La Banque du peuple, donnant l'exemple de l'initiative populaire, aussi bien pour le gouvernement que pour l'économie publique, désormais identifiés en une même synthèse, devenait donc à la fois, pour le prolétariat, principe et instrument d'émancipation : elle créait la liberté politique et industrielle. Et comme toute philosophie, toute religion est l'expression métaphysique ou symbolique de l'économie sociale, la Banque du peuple, changeant la base matérielle de la société, préludait à la révolution philosophique et religieuse : c'est ainsi du moins que l'avaient conçue les fondateurs.

Au reste, pour faire ressortir la pensée révolutionnaire qui avait présidé à la fondation de la Banque du peuple, je ne saurais mieux faire, après en avoir rappelé le principe, que de le comparer avec la *formule* du Luxembourg, rapportée par Louis Blanc.

I.

Le point de départ de la Banque du peuple, le but qu'elle poursuivait, était donc la liberté.

C'est par un plus grand développemen de la liberté individuelle qu'elle aspirait à fonder la liberté collective, la société à la fois divergente et convergente, la vraie solidarité des intelligences.

Qu'est-ce d'abord que la liberté ?

La liberté est de deux sortes : simple, c'est celle du barbare, du civilisé même, tant qu'il ne reconnaît d'autre loi que celle du *Chacun chez soi, chacun pour soi* ; — composée, lorsqu'elle suppose, pour son existence, le concours de deux ou plusieurs libertés.

Au point de vue barbare, liberté est synonyme d'isolement ; celui-là est le plus libre dont l'action est la moins limitée par celle des autres ; l'existence d'un seul individu sur toute la face du globe donnerait ainsi l'idée de la plus haute liberté possible. — Au point de vue social, liberté et solidarité sont termes identiques : la liberté de chacun rencontrant dans la liberté d'autrui, non plus une limite, comme le dit la Déclaration des Droits de l'Homme et du Citoyen de 1793, mais un auxiliaire, l'homme le plus libre est celui qui a le plus de relations avec ses semblables.

Ces deux manières de concevoir la liberté s'excluant l'une l'autre, il en résulte que la liberté du sauvage ne peut pas être rationnellement et justement revendiquée par l'homme vivant en société : il faut choisir.

Deux nations sont séparées par un bras de mer, ou une chaîne de montagnes. Elles sont respectivement libres, tant qu'elles ne communiquent point entre elles, mais elles sont pauvres ; c'est de la liberté simple : elles seront plus libres et plus riches si elles échangent leurs produits ; c'est ce que j'appelle liberté composée. L'activité particulière de chacune de ces deux nations prenant d'autant plus d'extension qu'elles se fournissent mutuellement plus d'objets de consommation et de travail, leur liberté devient aussi plus grande : car la liberté, c'est l'action. Donc l'échange crée entre nations des rapports qui, tout en rendant leurs libertés solidaires, en augmentent l'étendue : la liberté croît, comme la force, par l'union, *Vis unita major*. Ce fait élémentaire nous révèle tout un système de développemens nouveaux pour la liberté, système dans lequel l'échange des produits n'est que le premier pas.

En effet : l'échange ne tarderait pas à devenir une cause d'assujétissement, de subalternisation, de gêne extrême pour les peuples, s'il devait s'effectuer toujours selon le mode primitif, en nature. Il faut un moyen qui, sans rien ôter à la solidarité créée par l'échange, par conséquent sans diminuer l'importance des échanges, l'augmente au contraire, et rende l'échange aussi facile, aussi libre que la production elle-même.

Ce moyen, c'est la monnaie. Par l'invention de la monnaie, *l'échange* est devenu COMMERCE, c'est-à-dire propriété et communauté, individualité et solidarité combinées ensemble, en un mot, liberté élevée à sa troisième puissance.

Ainsi donc l'homme qui travaille, c'est-à-dire qui se met en rapport d'échange avec la nature, est plus libre que celui qui la ravage, qui la vole, comme le barbare. — Deux travailleurs qui échangent leurs produits, sans autrement s'associer, sont plus libres que s'ils ne les échangeaient pas; — ils le deviendront davantage encore, si, au lieu de l'échange en nature, ils adoptent, d'accord avec un grand nombre d'autres producteurs, un signe commun de circulation, tel que la monnaie. Leur liberté croît à mesure, je ne dis pas qu'ils s'associent, mais qu'ils font une permutation de leurs services : c'est encore une fois ce que j'appelle tour à tour liberté simple et liberté composée.

Or, de même que l'échange, sans la monnaie, serait devenu une cause et un moyen de servitude; de même la monnaie, après avoir créé entre les individus et plus de liberté et plus d'action, les ramènerait bientôt à une féodalité financière et corporative, à une servitude organisée, cent fois plus insupportable que la misère antérieure, si, par un nouveau moyen, analogue à la monnaie métallique, on ne parvenait à remédier à cette tendance de subalternisation, et par conséquent à élever à un degré supérieur encore la liberté.

Tel est le problème que s'est proposé de résoudre la Banque du peuple.

C'est une vérité d'expérience que le *numéraire*, c'est-à-dire la valeur la plus idéalisée, la plus échangeable, la plus exacte; celle qui sert à toutes les transactions, qui fut un instrument de liberté économique à l'époque où le commerce se faisait par échange, redevient un instrument d'exploitation et de parasitisme, lorsqu'à la faveur de la division du travail l'industrie et le commerce ont acquis un haut degré de développement, et qu'ensuite, par une sorte de séparation des pouvoirs économiques, analogue à la séparation des pouvoirs politiques, les producteurs viennent à se classer en deux partis antagonistes, les entrepreneurs-capitalistes-propriétaires, et les ouvriers ou salariés.

Il s'agit donc de rendre à la liberté ceux que l'argent tient sous sa dépendance; d'affranchir, en un mot, les serfs du capital, comme l'argent lui-même avait affranchi les serfs de la glèbe.

Là est, quant à présent, l'œuvre capitale du socialisme.

Or, on ne saurait méconnaître qu'une telle innovation touche aux fondemens de l'économie sociale; que c'est là une question essentiellement organique, laquelle nécessite, par conséquent, l'intervention d'une autorité supérieure à celle de tous les gouvernemens établis, l'intervention de la Raison collective, qui n'est autre que la Liberté même.

Et de même que l'or et l'argent, malgré leur prix, n'ont pas eu à l'origine cours forcé, et que l'usage s'en est établi et généralisé dans le commerce, progressivement et du plein vouloir de toutes parties; de même le nouveau système de circulation, si tant est que l'on en découvre un autre, devra s'établir spontanément, par le libre concours des citoyens, en dehors de toute instigation et coercition du pouvoir.

Ce qui revient presque à dire : Pour que la liberté existe, il faut que la liberté soit libre. Inventez, spéculez, combinez tant qu'il vous plaira, pourvu que vous n'imposiez pas au peuple vos combinaisons. La liberté, toujours la liberté, rien que la liberté, et pas de gouvernementalisme : c'est tout le catéchisme révolutionnaire.

Ce qui distingue donc, *à priori*, le socialisme, tel qu'on le professait à la Banque du peuple, de celui des autres écoles; ce qui le classe à part, indépendamment de sa valeur spéculative et synthétique, c'est qu'il n'admet pour condition et moyen de réalisation que la liberté. Enté sur la tradition, d'accord avec la Constitution et les lois, pouvant s'accommoder de tous les usages, n'étant lui-même, à son point de départ, que l'application en grand d'un cas particulier de la circulation industrielle, il ne demande rien à l'État, il ne froisse aucun intérêt légitime, il ne menace aucune liberté.

Ce n'est pas ainsi, il faut bien le dire, que le socialisme s'entend ailleurs.

Louis Blanc attendait, pour agir, qu'il fût gouvernement, ou tout au moins ministre du progrès : il avait besoin, comme il l'écrit lui-même, d'une autorité dictatoriale pour faire le bien.

Considérant et ses amis sollicitent depuis vingt ans un crédit de quatre millions et une lieue carrée de terrain pour organiser la commune-modèle : ils se refusent à opérer sur le monde actuel, ils n'en peuvent rien tirer, ils font de lui table rase. En sorte que, si la commune-modèle réussissait, il faudrait que le genre humain tout entier fît son déménagement : ce qui serait, il faut l'avouer, une révolution sans exemple dans les fastes de l'humanité, à qui cependant n'ont pas manqué les innovations et les métamorphoses. Que dis-je? quatre millions et une lieue carrée de terrain ne suffisent point encore pour la fondation du phalanstère : il faut choisir, trier, dans la jeune génération, une colonie de quatre à cinq cents enfants, qui n'aient reçu de la société civilisée aucune empreinte funeste. Le fouriérisme a besoin, pour s'expérimenter, d'âmes vierges qu'il lui soit loisible de pétrir à sa guise; quant aux vieux adeptes, dépravés par la civilisation, ils n'ont pas assez de foi en eux-mêmes, ils n'oseraient se prendre pour composer leur personnel d'essai.

Enfin le communisme a tout-à-fait désespéré du pays. Comme si le socialisme, né en France;

ne devait pas avant tout s'appliquer à la France, l'auteur d'Icarie a fait scission avec l'ancien monde; il est allé planter sa tente auprès des Peaux-Rouges, sur les bords du Mississipi.

Cette ignorance du but et cette contradiction des moyens, qui se retrouvent chez la plupart des utopistes, est le signe non équivoque de l'impraticabilité des théories comme de l'impuissance des réformateurs. Quoi! vous voulez rendre les hommes plus libres, plus sages, plus beaux et plus forts, et vous leur demandez, pour condition préalable du bonheur que vous promettez, de vous abandonner leur corps, leur âme, leur intelligence, leurs traditions, leurs biens, de faire entre vos mains abjuration complète de leur être! Qui êtes-vous donc pour substituer votre sagesse d'un quart d'heure à la raison éternelle, universelle? Tout ce qui s'est produit d'utile dans l'économie des nations, de vrai dans leurs croyances, de juste dans leurs institutions, de beau et de grand dans leurs monumens, est venu par la liberté et par la déduction logique des faits antérieurs. Quant au pouvoir lui-même, il n'existe que pour protéger le droit acquis et maintenir la paix : lui attribuer une plus grande part d'action, c'est le faire de protecteur oppresseur, de juge de paix sergent de pionniers. En toute autre chose que la police, les règlemens de l'Etat sont des entraves; son travail est concussion; ses encouragemens, priviléges; son influence, corruption. Cette thèse exigerait des volumes : l'histoire des malversations des gouvernemens en politique, religion, industrie, travaux publics, finances, impôts, etc., etc., etc., serait en ce moment l'ouvrage c plus utile à la démocratie.

Avez-vous donc conçu une idée heureuse? Possédez-vous quelque importante découverte? Hâtez-vous d'en faire part à vos concitoyens; puis mettez vous-même la main à l'œuvre, entreprenez, agissez, et ne sollicitez ni n'attaquez le Gouvernement. C'est folie et injustice de battre les murailles de l'Autorité de votre bélier démocratique et social; tournez-le plutôt contre l'inertie des masses, contre le préjugé gouvernemental qui arrête tout élan populaire; et laissez tomber, par son inutilité même, le despotisme. Suscitez cette action collective, sans laquelle la condition du peuple sera éternellement malheureuse, et ses efforts impuissans. Au lieu de pourchasser le pouvoir, priez-le seulement de ne se plus mêler de rien; et apprenez au peuple à faire par lui-même, sans le secours du pouvoir, de la richesse et de l'ordre.

Voilà, en mon âme et conscience, comment j'ai toujours entendu le socialisme. Voilà ce qui m'a surtout éloigné des autres écoles, ce que je voulais avant février, ce que, mes amis et moi, nous avons essayé de réaliser après. Hormis ma proposition du 31 juillet, dont l'unique but était d'inviter l'Etat à donner la no-

toriété nécessaire aux nouveaux principes de l'économie sociale, par l'établissement d'une taxe mutuelle, je n'ai jamais proposé à l'Etat de faire quoi que ce fût; je n'ai porté à la tribune aucune espèce de projet. Tant que j'ai eu l'honneur de représenter le peuple, j'ai laissé dormir mon initiative parlementaire : mon silence a été l'acte le plus utile et le plus intelligent de ma carrière politique. Mes votes ont été presque toujours négatifs. Il s'agissait, la plupart du temps, d'empêcher les utopies ou le mauvais vouloir de la majorité de se produire; j'aurais voté avec la même résolution contre les utopies de la minorité.

La Banque du peuple fut, de la part des citoyens qui se ralliaient alors aux idées émises par le *Peuple*, l'effet de cet esprit d'entreprise, si naturel à notre pays, mais que notre manie de gouvernement tend à rendre toujours plus rare. Après le vote de la Constitution et l'élection de Louis Bonaparte, la nécessité d'agir nous parut impérieuse. Le gouvernement modéré du général Cavaignac, celui plus réactionnaire de Louis Bonaparte, ne laissaient guère d'espoir aux écoles; et quant à la Montagne, ses différens programmes sont là pour prouver qu'en dehors de l'action populaire, elle eût été comme le parti conservateur, complètement stérile. Il y avait charlatanisme et lâcheté, selon nous, à parler éternellement socialisme, sans rien entreprendre de socialiste.

Autant la nécessité était pressante, autant l'occasion se présentait d'ailleurs favorable. Bien que la ferveur ne fût plus la même qu'à l'époque des manifestations du Luxembourg, les esprits, devenus plus raisonneurs, étaient plus éclairés. Le socialisme tout entier avait dû accepter le principe du *Crédit gratuit* : l'idée avait si bien pris, qu'on en publiait déjà des contre-façons. Les uns, affectant de confondre la Banque du peuple avec la banque Mazel, allaient jusqu'à me reprocher d'avoir volé l'idée de cet économiste; d'autres, remuant leur fonds de magasin, y avaient découvert une prétendue théorie du crédit gratuit, d'après laquelle on me prouvait que je n'entendais rien à l'affaire, et que le véritable crédit gratuit n'était pas gratuit du tout. Misère des partis et des sectes! Le jour où, par l'application d'un fait vulgaire, on crut la société de la Banque du peuple à la veille de devenir une puissance, le directeur fut accusé, traité de voleur et de plagiaire, par ceux-là mêmes qui depuis huit ans combattaient la formule négative du crédit gratuit, dans la définition si connue de la propriété.

Tout nous pressait donc d'agir, la dignité du parti, l'occasion favorable, l'impatience des ouvriers. Le peuple commençait à comprendre que la circulation des valeurs, qu'il ne faut pas confondre avec le transport des marchandises, comme l'a fait Mazel, pouvait et devait s'opérer sans rétribution; que cette opération se faisant sans frais, toutes les affaires de commerce se réglaient, *ipso facto*, au comptant; qu'ainsi l'escompte, la commandite, le prêt à intérêt, l'amortissement, les baux à ferme et à loyer, les placemens à rente viagère ou perpétuelle, etc., devenaient des formules de crédit dorénavant sans objet, des institutions hors de service.

Et maintenant cette entreprise, dont je viens de faire connaître le principe anti-gouvernemental, la portée économique, l'esprit de haute initiative et de profond libéralisme, était-elle donc, sous le rapport de l'exécution, si difficile? J'affirme, après ce que trois mois, je ne puis pas dire de mise en train, mais de préparatifs, nous ont révélé, que rien n'est plus simple.

La *circulation des valeurs* étant prise pour point de départ de la réforme économique, au rebours de la Banque Mazel, dont le principe est la *circulation des produits*, c'est-à-dire l'échange, toute la question était de créer un centre circulatoire où les valeurs ordinaires du commerce, à titre particulier, échéance déterminée, souscription individuelle, vinssent s'échanger, sous les conditions de sûreté et de garantie ordinaire, contre des titres généraux revêtus du caractère social, lesquels, passant de main en main, comme des effets endossés, produiraient, sans écritures, l'effet d'un virement de parties entre tous les cliens, si nombreux qu'ils fussent, de la Banque.

Théoriquement, les opérations pouvaient commencer dès qu'il y aurait DEUX adhérens à la Banque; plus, ensuite, le nombre des adhérens s'élèverait, plus prompts, plus décisifs devaient être les effets de l'institution.

L'un des principaux était, à mesure que les adhésions arriveraient à la Banque, de retirer peu à peu de la circulation, le numéraire, devenu inutile; par conséquent de restituer aux producteurs un capital actuellement employé en pure perte. Du même coup, le problème si important de la balance du commerce était résolu : avec le parasitisme de l'argent tombait le parasitisme de la douane.

Telle est, en peu de mots, l'idée économique, — plus simple que celle de la monnaie, — qui devait faire la base des opérations de la Banque du peuple, et qui a eu l'avantage de se voir méconnue et dédaignée par les socialistes, sifflée par les économistes, déclarée inintelligible par les démocrates, factieuse par les doctrinaires, et sacrilège par les jésuites. Qu'un homme s'en vienne dire : Je possède un moteur qui fonctionne sans air, sans eau, sans vapeur, sans combustible; dont la construction, frais de matière première compris, ne coûte pas cent sous par force de cheval, et dont la la dépense d'entretien est zéro; un moteur qui rend inutiles toutes vos machines, vos chantiers de construction, vos bêtes de trait et de labour; qui supprime d'emblée les trois quarts

de la main-d'œuvre, et économise six milliards sur les frais de la production; — un pareil homme sera traité comme ennemi public, et poursuivi comme un monstre par tout le monde. Les pauvres se plaindront qu'il leur ôte le travail; les riches qu'il leur ravit le revenu; les aigrefins politiques demanderont comment, en supprimant six milliards de main-d'œuvre, il est possible d'augmenter la fortune publique de six milliards; les prêtres et les dévots accuseront cet homme de matérialisme; les radicaux et les doctrinaires lui reprocheront de négliger les intérêts politiques, les socialistes de reconstruire sournoisement le régime propriétaire. On verra les brochures tomber comme grêle, les journaux fulminer, et l'académie des sciences morales, dans un ordre du jour motivé, crier anathème au malencontreux inventeur.

La Banque du peuple était, comme la proposition d'une retenue sur tous les revenus et salaires, une application particulière du principe de MUTUALITÉ, base de l'économie sociale. J'ai déjà fait remarquer qu'en vertu de ce principe, les phénomènes de l'économie sociale sont inverses de ceux de l'économie domestique, si mal à propos appelée *économie politique*. Ajoutons que l'erreur commune des partis, des communistes aussi bien que des conservateurs, vient de ce que les uns et les autres s'obstinent à traiter les affaires de la société et de l'État d'après la routine de l'intérêt individuel et les formes de transaction de citoyen à citoyen. C'est ainsi que le système de Louis Blanc, qui a soulevé en même temps un si grand enthousiasme et une réprobation si énergique, n'est pas autre chose que le gouvernementalisme de M. Thiers, étendu à la production agricole et industrielle, que l'État avait, jusqu'à ce jour, respectée. Les idées économiques de ces deux écrivains sont absolument les mêmes, sauf la généralité d'application : c'est toujours l'économie domestique servant de règle à l'État, la gestion du père de famille prise pour type de gouvernement. Chez l'un comme chez l'autre, l'État vend, achète, prête, emprunte, paie des intérêts et perçoit des revenus, fait des bénéfices, salarie des commis, des directeurs, des employés, épargne, thésaurise, amortit, commandite, etc., exactement comme un propriétaire ou une société anonyme. En un mot, les us et coutumes de la famille, de la propriété individuelle, de l'industrie privée, du commerce privé, appliqués à l'État : voilà la cause de tous les embarras, de tous les enraiemens de la société; voilà pourquoi les socialistes n'ont été jusqu'à présent que des Malthusiens déguisés, comme les radicaux, avec leur politique, ne sont qu'une contrefaçon de l'absolutisme.

C'est, au surplus, ce qui va ressortir, avec la dernière évidence, de l'examen de la *Formule du Luxembourg*, que Louis Blanc devait proposer à l'adoption du Gouvernement provisoire. On verra que l'auteur de l'*Organisation du Travail* ne méritait, pour sa théorie, ni tant d'amour ni tant de haine : c'était un écrivain disert qui, à l'imitation de tous ceux qui se sont occupés de ces matières, appliquant à la société ce qui ne peut être vrai que du particulier, arrivait d'autant plus sûrement à l'absurde qu'il déduisait plus logiquement les conséquences de son hypothèse.

II.

PROJET DE DÉCRET.

(*Extrait du* Nouveau-Monde, 15 *septembre* 1849.)

Art. 1er.—Il serait créé un ministère du progrès, dont la mission serait d'accomplir la révolution sociale, et d'amener graduellement, pacifiquement, sans secousse, l'abolition du prolétariat.

Observations. — Le gouvernement est sans compétence pour accomplir une révolution sociale. L'espoir d'amener *pacifiquement*, par cette voie, l'abolition du prolétariat est une utopie, et le ministère du progrès une sinécure.

Art. 2.—Pour cela, le ministère du progrès serait chargé : 1° de racheter, au moyen de rentes sur l'Etat, les chemins de fer et les mines ;

La société n'achète rien, ne stipule ni ne paie de rentes. La création d'une dette publique est une erreur d'économie sociale, suggérée par les habitudes de l'économie domestique, et qui a pour corollaire invariable la banqueroute.

2° De transformer la Banque de France en Banque d'Etat ;

L'Etat ne fait pas la Banque. La théorie de Law est encore une erreur d'économie sociale, renouvelée de l'économie domestique.

3° De centraliser, au grand avantage de tous et au profit de l'Etat, les assurances ;

L'Etat n'est point assureur.—L'assurance, au point de vue de la société, est une opération essentiellement mutualiste, qui exclut toute idée de bénéfice.

4° D'établir, sous la direction de fonctionnaires responsables, de vastes entrepôts, où producteurs et manufacturiers seraient admis à déposer leurs marchandises et leurs denrées, lesquelles seraient représentées par des récépissés ayant une valeur négociable, et pouvant faire office de papier-monnaie parfaitement garanti, puisqu'il aurait pour gage une marchandise déterminée et expertisée ;

L'Etat ne fait point le commerce d'entrepôt. Les marchandises doivent se rendre, en droiture, du lieu de production à celui de consommation, sans stationner en route dans des gares et des magasins. — Les récépissés de marchandises conduites à l'entrepôt sont un papier-monnaie très imparfaitement garanti, attendu qu'il ne suffit pas, pour constituer une valeur, que la marchandise soit *expertisée*, il faut qu'elle soit VENDUE ET LIVRÉE.

Art. 3.—Des bénéfices que les chemins de fer, les mines, les assurances, la banque, rapportent aujourd'hui à la spéculation privée, et qui dans le nouveau système retourneraient à l'Etat, joints à ceux qui résulteraient des droits d'entre-

pôt, le ministère du progrès composerait son budget spécial, le budget des Travailleurs.

L'Etat ne fait pas de bénéfices. Le produit *net*, dans la société, ne se distingue pas du produit *brut*.—Dire que les bénéfices de la spéculation privée reviendraient, par la voie de l'Etat et du ministère du progrès, aux travailleurs, c'est dire qu'ils reviendraient à la spéculation privée, ce qui, dans l'hypothèse, est une contradiction.

Art. 4. — L'intérêt et l'amortissement des sommes dues, par suite des opérations précédentes, seraient prélevés sur le budget des Travailleurs ; le reste serait employé : 1° à commanditer les associations ouvrières ; 2° à fonder des colonies agricoles.

L'Etat ne contractant point de dettes, n'a point à solder d'intérêts et d'amortissement. Et comme il n'a pas non plus de revenu, il ne commandite point d'associations, ne fonde pas de colonies. — La solution du problème ne consiste pas à déposséder les exploitants actuels, pour leur substituer d'autres exploitants, associés ou non : mais à faire que les producteurs obtiennent le crédit au taux le plus bas possible, qui est zéro ; que les consommateurs achètent les produits au plus bas prix possible, qui est le prix de revient ; que le travailleur reçoive un salaire égal à son service, ni moins, ni plus ; que le commerce trouve dans le pays même un débouché toujours suffisant, ce qui veut dire toujours égal à la production, si haut qu'elle monte. A ces conditions, il n'y a plus ni exploiteurs ni exploités. L'organisation par l'Etat est un non-sens.

Art. 5. — Pour être appelées à jouir de la commandite de l'Etat, les associations ouvrières devraient être instituées d'après le principe d'une fraternelle solidarité, de manière à pouvoir acquérir, en se développant, un capital collectif, inaliénable et toujours grossissant : seul moyen d'arriver à tuer l'usure, grande ou petite, et de faire que le capital ne fût plus un instrument de tyrannie, la possession des instruments de travail un privilège, le crédit une marchandise, le bien-être une exception, l'oisiveté un droit.

La solidarité, si elle se base sur autre chose que la mutualité, est la négation de la liberté individuelle : c'est le communisme, le gouvernement de l'homme par l'homme. Si elle a pour fondement la mutualité, elle n'a que faire de la commandite de l'Etat ; elle n'a pas même besoin d'association. L'association, telle que vous l'entendez, telle que vous la définissez d'après le code civil et le code de commerce, est encore une idée renouvelée de l'économie patriarcale, et qui, loin de tendre à se multiplier, tend au contraire à disparaître : c'est une utopie. Quant à l'usure et au crédit, comment pouvez-vous vous flatter de tuer la première, alors que vous stipulez des intérêts et des bénéfices ? et comment pouvez-vous dire que le second cessera d'être une marchandise, quand vous établissez un droit d'entrepôt ?

Art. 6. — En conséquence toute association ouvrière, voulant jouir de la commandite de l'Etat, serait tenue d'accepter, comme bases constitutives de son existence, les dispositions qui suivent :

Il n'appartient point à l'État de régler les conditions d'association des travailleurs. C'est détruire la liberté corporative, en même temps que la liberté individuelle; c'est reproduire à la fois, sous une autre forme, et les entraves féodales à la liberté du commerce et de l'industrie, et les lois monarchiques contre les réunions et associations de citoyens. Au reste voyons vos statuts :

Après le prélèvement du prix des salaires, de l'intérêt du capital, des frais d'entretien et de matériel, le *bénéfice* sera ainsi réparti :

Un quart pour l'amortissement du capital appartient au propriétaire avec lequel l'État aurait traité;

Un quart pour l'établissement d'un fonds de secours destiné aux vieillards, aux malades, aux blessés, etc.;

Un quart à partager entre les travailleurs à titre de bénéfice, comme il sera dit plus tard;

Un quart enfin pour la formation d'un fonds de réserve dont la destination sera indiquée plus bas.

Ainsi sera constituée l'association dans un atelier.

Vous parlez sans cesse de salaires, d'intérêts, d'amortissement, de bénéfices, toutes choses qui, avec le prix de la matière première, constituent le prix de vente. Mais quelle est la mesure du salaire? qu'est-ce qu'une journée de travail? Quel sera ensuite le prix du prêt? Quelle part faut-il faire au bénéfice? Le prix de la chose doit-il se mesurer sur les besoins du travailleur, ou les besoins du travailleur se régler sur le prix de la chose? Qu'est-ce que la VALEUR, enfin? Voilà ce qu'il faudrait savoir, avant de parler de rétribution et de partage; voilà l'ours qu'il faut tuer, avant d'en vendre la peau. Sans cela, vous bâtissez en l'air; et les *bases constitutives* de vos associations ne sont pas autre chose, d'après vous-même, que des hypothèses. Suivons.

Resterait à étendre l'association entre tous les ateliers d'une même industrie, afin de les rendre solidaires l'un de l'autre.

Deux conditions y suffiraient :

D'abord on déterminerait le prix de revient: on fixerait, eu égard à la situation du monde industriel, le chiffre du bénéfice licite au-dessus du prix de revient, de manière à arriver à un prix uniforme et à empêcher toute concurrence entre les ateliers d'une même industrie.

Ensuite on établirait dans tous les ateliers d'une même industrie un salaire non pas égal, mais proportionnel, les conditions de la vie matérielle n'étant point identiques sur tous les points de la France.

Toujours la solidarité communiste, à la place de la solidarité mutuelliste; toujours le gouvernement de l'homme par l'homme, toujours la servitude.

On déterminerait le prix de revient! —C'est à peu près comme si vous disiez : on trouvera le mouvement perpétuel, on fera la quadrature du cercle. Le prix de revient se compose, en dernière analyse, de salaires : or, qu'est-ce que le salaire? qu'est-ce que la journée de travail? le salaire se mesure-t-il sur les besoins du travailleur, ou sur le prix que le consommateur peut donner de la marchandise? qu'est-ce que le prix? qu'est-ce que la valeur? Il faut toujours en revenir là.

On fixerait le chiffre du bénéfice licite. —C'est comme si vous disiez encore : on fixera le chiffre du vol licite. Il en est du bénéfice comme de l'intérêt, comme du prix, comme de la valeur : il se détermine, soit par la concurrence des producteurs, soit par le besoin du consommateur; il n'a pas de mesure légale. Il faut le rejeter tout entier ou l'admettre dans toute sa possibilité, avec toutes ses oscillations.

De manière à arriver à un prix uniforme et à empêcher toute concurrence. —Monopole, coalition, immobilisme. Le prix, comme la valeur, est chose essentiellement mobile, par conséquent essentiellement variable, et qui dans ses variations ne se règle que par la concurrence, c'est-à-dire par la faculté que le consommateur trouve en lui-même ou en autrui de se passer des services de celui qui les surfait. Otez la concurrence, les choses n'ont plus de prix; la valeur n'est qu'un mot; l'échange est arbitraire; la circulation a perdu son balancier; la société, privée de force motrice, s'arrête comme une pendule dont le ressort est détendu.

On établirait dans les ateliers de la même industrie un salaire proportionnel. —La même question revient toujours. Qu'est-ce qui fait le prix? qu'est-ce qui constitue la valeur? quelle est, pour Paris et pour chaque commune, la limite ou proportion du salaire?... La solution de ces problèmes suppose toute une science, la plus difficile, la plus hérissée de contradictions : c'est se moquer de ses lecteurs que de leur dire, pour tout renseignement : *on déterminera, on établira, on fixera.*

La solidarité ainsi établie entre tous les ateliers d'une même industrie, il y aurait enfin à réaliser la souveraine condition de l'ordre, celle qui devra rendre à jamais les haines, les guerres, les RÉVOLUTIONS, impossibles; il y aurait à fonder la solidarité entre toutes les industries diverses, entre tous les membres de la société.

On retrouve ici l'homme du 17 mars. Louis Blanc, comme tous les hommes de gouvernement, est ennemi des révolutions. C'est pour empêcher les révolutions qu'il crée une solidarité de marbre et d'airain, d'abord entre tous les ouvriers d'un même atelier, puis entre tous les ateliers d'une même industrie, puis entre toutes les industries. Le monde ainsi solidifié, on peut le défier de faire un mouvement. La Banque du peuple, au contraire, veut régulariser la révolution, l'établir en permanence, en faire l'état légal, constitutionnel et juridique de la société. Nous sommes systématiquement révolutionnaires; Louis Blanc est systématiquement contre-révolutionnaire.

Deux conditions pour cela sont indispensables :

Faire la somme totale des bénéfices de chaque industrie, et, cette somme totale, la partager avec tous les travailleurs.

La *somme totale des bénéfices de chaque industrie* est une idée qui implique contradiction. Dans la société morcelée et en concurrence anarchique, le bénéfice de l'un se compose du déficit de l'autre ; le profit indique un rapport de rivalité et d'antagonisme propre à l'économie domestique. Mais là où tous les travailleurs dans une même industrie, où toutes les industries dans l'État, sont associés et solidaires, il n'y a plus lieu à bénéfice. Car, si le bénéfice licite est égal pour tous, il est nul : il y a identité entre le prix de vente et le prix de revient, entre le produit *net* et le produit *brut*. Le partage des bénéfices entre tous les travailleurs de chaque industrie est aussi absurde que l'idée de donner à tout le monde 25,000 livres de rente.

Ensuite, des divers fonds de réserve dont nous parlions tout à l'heure, former un fonds de mutuelle assistance entre toutes les industries, de telle sorte que celle qui, une année, se trouverait en souffrance, fût secourue par celle qui aurait prospéré. Un grand capital serait ainsi formé, lequel n'appartiendrait à personne en particulier, mais appartiendrait à tous collectivement.

La répartition de ce capital de la société entière serait confiée à un conseil d'administration placé au sommet de tous les ateliers. Dans ses mains seraient réunies les rênes de toutes les industries, comme dans la main d'un ingénieur nommé par l'État serait remise la direction de chaque industrie particulière.

Contradictions sur contradictions ! Après nous avoir entretenu de *bénéfices*, Louis Blanc nous parle de *fonds de réserve* : encore une idée empruntée à l'économie domestique, mais qui s'évanouit dans l'économie sociale.

Le fonds de réserve est cette partie de l'avoir du producteur qui n'est ni produit, ni instrument de production, ni richesse mobilière ou immobilière, mais capital libre ou réalisé, c'est-à-dire argent. Or, l'argent n'est pas une richesse pour la société : c'est tout simplement un moyen de circulation, qui pourrait très avantageusement être remplacé par du papier, par une substance de valeur nulle. Il suit de là que, dans la société, l'argent ne peut devenir *fonds de réserve*; que dis-je ? il n'y a pas de fonds de réserve pour une société. Tout est machine ou marchandise, instrument de production ou objet de consommation. Une réserve sociale! bon Dieu! c'est un reste dans une équation.

Quant au conseil d'administration, chargé de *faire la répartition du fonds de réserve de la société*, c'est la plus réjouissante plaisanterie qui soit jamais venue à la tête d'un utopiste. La réserve de la société se compose de tous les produits fabriqués d'avance par chaque industrie, et qui attendent en magasins le consommateur. La distribution de ce fonds de réserve n'est pas autre chose que la circulation, l'*échange des produits contre les produits*. — Il est des époques où l'espèce humaine, hébétée, ne peut être ramenée au sens commun que par les plus grosses platitudes. Nous sommes à l'une de ces époques-là.

L'État arriverait à la réalisation de ce plan par des mesures successives. Il ne s'agit de violenter personne. L'État donnerait son modèle : à côté vivraient les associations privées, le système économique actuel. Mais telle est la force

d'élasticité que nous croyons au nôtre, qu'en peu de temps, c'est notre ferme croyance, il se serait étendu sur toute la société, attirant dans son sein les systèmes rivaux par l'irrésistible attrait de sa puissance. Ce serait la pierre jetée dans l'eau, et traçant des cercles qui naissent l'un de l'autre en s'agrandissant toujours.

Art. 7. Les colonies agricoles seraient fondées dans le même but, d'après les mêmes principes, et sur les mêmes bases.

Après avoir ainsi exposé son plan, Louis Blanc engage les associations ouvrières à se concerter, à nouer entre elles *ce précieux lien de solidarité, qui les soutiendra*, dit-il, *contre le milieu environnant ;* à créer, en un mot, par leur organisation spontanée, le Ministère du progrès. C'est finir par où il aurait fallu commencer : il est curieux de voir le théoricien de l'organisation par l'État faire appel à l'initiative populaire. Malheureusement, si le conseil est bon, les moyens indiqués sont détestables : je n'en veux d'autre preuve que ce Ministère du progrès qui revient encore au bout des exhortations de Louis Blanc. Hors de l'Église, point de salut ; hors du Gouvernement, point de liberté : le réformateur du Luxembourg ne sort pas de là !...

Je n'ai jamais douté, pour mon compte, de la bonne foi de Louis Blanc, de la ferme croyance qu'il a en son *système*, et de sa volonté arrêtée de le réaliser, si le Ministère du progrès lui en eût donné les moyens. C'est par cet esprit affirmatif, par ce génie hardi et entreprenant, beaucoup plus que par les qualités de son style et la profondeur de ses études, que Louis Blanc est à mes yeux un écrivain respectable, et qui mérite qu'on le réfute. Aujourd'hui que l'espoir d'une initiative par en haut est perdue pour sa théorie, il engage les travailleurs, de toute la force de son éloquence, à la réaliser par leur propre initiative, ce qui est déjà une contradiction à son système, ainsi que la pratique le lui démontrera. Ce n'est pas tout : après avoir reproduit et développé, au point de vue communiste, la théorie de Law du crédit par l'État, Louis Blanc, dans le premier numéro du *Nouveau Monde*, s'est rangé au principe du *crédit gratuit*, sans songer que le crédit gratuit est la négation même du crédit par l'État, comme du *bénéfice*, de l'*intérêt*, de l'*amortissement*, du *produit net*, du *salaire uniforme*, de la *réserve sociale*, de la *solidarité sans concurrence*, du *communisme*, du *gouvernementalisme*, de tout ce qui, en un mot, constitue l'*organisation du travail* et l'*association*, d'après Louis Blanc.

La Banque du peuple a été fondée en opposition des théories du Luxembourg, aussi bien que des théories absolutistes et malthusiennes : il est étrange qu'on veuille en faire aujourd'hui un moyen de féodalité communautaire, et de gouvernementalisme mercantile. Créez le crédit gratuit, le crédit qui assure à la fois, à chaque producteur, sans aucune condition d'association solidaire, l'instrument de travail et le débouché : et la communauté, le gouvernement de l'homme par l'homme, sous toutes les formes et à tous les degrés, devient à jamais impossible.

La question économique était simplifiée par la Banque du peuple d'une manière frappante. Plus de communisme, de saint-simonisme, de fouriérisme, de néo-christianisme, de mysticisme. Il s'agissait uniquement de savoir, abstraction faite des conséquences, si la circulation des valeurs pouvait s'opérer gratuitement ou non; si cette circulation était licite ou illicite; si le capital avait le droit de réclamer contre la concurrence de la mutualité; si les travailleurs, quelle que fût la divergence des théories d'organisation qu'on leur présentait, accepteraient une combinaison de crédit qui, du premier coup, les affranchissait d'un prélèvement de 6 milliards, ou s'ils la repousseraient. Ici, les déclamations réactionnaires sur la famille et la propriété n'avaient plus de prise; les projets d'association, de phalanstère, de colonisation, ne paraissaient qu'en sous-œuvre · toute la question était réduite au bon marché, à la gratuité des capitaux. Le paysan comprenait alors qu'autre chose est d'abolir l'usure, et de réduire progressivement, par une concurrence établie entre le capital circulant et le capital immobilier, le prix du fermage; et autre chose de déposséder les entrepreneurs et propriétaires, sans utilité publique et sans indemnité. Le problème recevait ainsi une solution pacifique et légale : la Révolution passait sans blesser ni alarmer personne.

Les trois mois de janvier, février et mars 1849, pendant lesquels le principe du crédit gratuit a été, sinon appliqué et développé, du moins formulé, concrété, et jeté dans la conscience publique par la Banque du peuple, ont été le plus beau temps de ma vie : je les regarderai toujours, quoi que le ciel ordonne de moi, comme ma plus glorieuse campagne. Avec la Banque du peuple pour centre d'opérations, une armée industrielle s'organisait, innombrable, sur le terrain paisible des affaires, hors de la sphère des intrigues et des agitations politiques. C'était vraiment le nouveau monde, la société de promission, qui, se greffant sur l'ancienne, la transformait peu à peu, à l'aide du principe jusqu'alors obscur qu'elle lui empruntait. Malgré la sourde hostilité des écoles rivales, malgré l'indifférence du parti montagnard, dont l'attention était absorbée par la politique, le chiffre des adhésions à la Banque du peuple s'était élevé, en six semaines, à près de vingt mille, représentant une population d'au moins soixante mille personnes. Et les journaux de l'Economie politique anglaise, parce qu'ils jugent d'une opération de commerce par le nombre des commanditaires, non par l'étendue de la clientèle et du débouché, ont osé faire gorges chaudes d'un ajournement que la retraite forcée du directeur rendait nécessaire !

Se figure-t-on ce que pouvaient vingt mille producteurs, qui, sous toutes réserves pour chaque adhérent de sa liberté d'action et de sa responsabilité personnelle, centralisaient la circulation de toutes les valeurs produites par eux ou consommées?

La Banque du peuple ne coûtait rien aux citoyens, rien à l'Etat. Elle pouvait, un jour, rendre à celui-ci un revenu de 200 millions, tandis qu'elle garantissait aux autres un débouché toujours ouvert, un travail sans fin. Il faudra bien, un peu plus tôt, un peu plus tard, appeler au secours de l'Etat obéré, du Pays désolé, cette féconde institution, à laquelle je défie les routiniers du commerce et de la finance de se soustraire. Mais auparavant nous aurons dépensé des centaines de millions en assistance, armemens, frais de transportation, de colonisation, de répression, d'incarcération; nous aurons essayé de toutes les chimères économiques les plus ridicules, les plus vexatoires, les plus ruineuses, bons hypothécaires, circulation fictive, emprunts à grosse usure, impôts de toute espèce, progressif, somptuaire, sur le revenu, l'hérédité, etc., pour finir par la banqueroute.

Ainsi va l'Humanité, quand elle est livrée à ses instincts providentiels et administrée par ses routiers et ses hableurs. Il faut que notre malheureux pays souffre, souffre encore, souffre toujours, pour la gloire d'une poignée de pédans ignares, et la satisfaction des jésuites. Ceux qui l'épuisent ainsi et qui l'assassinent, on les appelle conservateurs : et nous, qui, pour le préserver des plus horribles catastrophes, ne lui demandions qu'un peu de tolérance, nous sommes les ennemis de la famille et de la propriété! Ironie!

XVI. — 10 décembre : Louis Bonaparte.

Il ne faut pas vouloir tout expliquer en histoire : ce serait une prétention aussi pleine de périls que dépourvue de philosophie. La sagesse a ses limites, disait l'apôtre, au-delà desquelles le raisonnement et la raison ne sont plus que vanité et affliction d'esprit. Toutefois il est des faits qui, au premier coup d'œil, offrent l'apparence d'accidens inexplicables, à mettre seulement sur le compte de la fortune, mais dont, avec une recherche persévérante, on finit par trouver la raison. L'élection du 10 décembre est de ce nombre.

J'ai cherché, pendant plus de six mois, le sens de l'élection de Louis Bonaparte à la présidence de la République, de cette élection qui a si fort réjoui les uns, qui a tant scandalisé les autres, et dont tout le monde s'est à bon droit émerveillé. Louis Bonaparte présidant la République! c'était bien là le fait providentiel, contre lequel se raidit une raison tant soit peu rigoureuse, parce qu'elle n'y trouve ni motif ni prétexte. Tous les événemens accomplis depuis février tombaient sous mon appréciation : celui-là seul y échappait. Ce n'était plus de l'histoire réelle, rationnelle : c'était une création de l'arbitraire électoral, une légende, un mythe, dont le *Moniteur* rapportait le commencement, le milieu et la fin, mais dont il m'était défendu d'assigner la cause intelligible, de faire la déduction logique, en un mot d'expliquer le sens. Les décrets de la Providence ne se discutent pas : on ne raisonne point avec Dieu.

Il ne m'a pas moins fallu, pour trouver le mot de cette énigme, que le témoignage de Louis Bonaparte lui-même... L'homme est le *Moi* de la Providence comme de la Nature. Il est rare qu'il ne se connaisse pas lui-même : et Louis Bonaparte, expliquant de sa haute fortune ce que personne, sans lui, n'en aurait su comprendre, est le plus frappant exemple de cette identité du *sujet* et de l'*objet* qui fait le fond de la métaphysique moderne.

Pour apprécier toute la profondeur du jugement porté par Louis Bonaparte sur lui-même, prouvons d'abord que, suivant les règles de la prudence humaine, les électeurs avaient toutes les raisons imaginables de repousser ce candidat, qui ne signifiait pour chacun d'eux que l'inconnu. L'inconnu : quelle raison électorale !

Soit que l'on considérât la personne du candidat, soit que l'on se plaçât au point de vue des partis qui divisaient la République, il me semblait impossible d'arriver à une explication. Sans doute, le scrutin du 10 décembre m'avait appris ce dont la France ne voulait pas : cinq millions et demi de voix données à un exilé sans titres, sans antécédens illustres, sans parti, contre moins de deux millions inégalement distribués entre Cavaignac, Ledru-Rollin, Raspail, Changarnier, Lamartine, le faisaient assez connaître. Mais ce que voulait la France, le vœu, l'idée, politique ou sociale, qu'elle poursuivait en choisissant, pour la représenter au pouvoir exécutif, Louis-Napoléon Bonaparte, jadis condamné par la cour des pairs et enfermé au château de Ham comme coupable d'attentat envers le gouvernement : voilà ce que je ne pouvais comprendre, ce qui me faisait traiter à la fois d'absurdes et les électeurs du 10 décembre qui tant se démenèrent, et l'invisible main qui les conduisit.

Rien de plus grave que les situations illogiques. Tous nos malentendus, à partir du 10 décembre, sont venus de ce que Louis Bonaparte est resté pour tout le monde un personnage incompris; de ce que lui-même, malgré l'intuition qu'il a de son rôle, n'a pas su encore expliquer philosophiquement ce qu'il représente, ce qu'il est. Je déclare, pour ce qui me regarde, que l'opposition que je lui ai faite avant et depuis son élection, n'a pas eu d'autre cause que cette ignorance involontaire où je suis demeuré si longtemps. Ce que je ne devine pas est ce que je hais le plus au monde : j'aurais tué le Sphynx, comme Œdipe, ou je me serais fait dévorer. — Que m'avait fait Louis Bonaparte? nulle offense. Au contraire, il m'avait prévenu, et si je ne considère que nos relations d'une heure, en fait de politesse je suis son redevable. Et pourtant, à peine fut-il question de cette candidature, que, cherchant le mot de l'énigme et ne le trouvant pas, je sentis que cet homme, malgré la gloire de son nom, me devenait antipathique, m'était hostile. En tout autre temps, j'aurais plaint ce jeune homme, revenant, après trente années d'exil, dans une patrie inconnue, et faisant au peuple, sur l'hypothèque de son élection, des promesses de bonne foi sans doute, mais aussi chimériques que celles du Luxembourg et de l'Hôtel-de-Ville. Mais après février, après juin, après le 4 novembre, Louis Bonaparte tombant au milieu de cette ronde de damnés que faisaient, autour de la présidence, légitimistes, orléanistes, républicains classiques, radicaux et socialistes! cela me parut tellement merveilleux, incompréhensible, que je ne pus y voir, ainsi que M. Thiers, qu'une honte de plus pour mon pays.

Laissons l'homme de côté : il ne s'agit point ici du fils d'Hortense, mais du pays qui l'a pris pour signe. Quoi! disais-je, voilà celui que la France, cette soi-disant reine des peuples, conduite par ses prêtres, par ses romanciers et ses roués, s'en est allée choisir pour chef, sur la foi de son nom, comme un chaland qui prend une marchandise sur l'étiquette du sac! Par respect pour ce titre de républicains, que nous avons indignement usurpé; par égard pour nos représentans, chargés par nous de faire une Constitution républicaine, nous devions, ce semble, choisir pour Président de la République un républicain. Et si les grandes individualités manquaient, les notabilités significatives ne faisaient pas défaut. Cavaignac était la république modérée : n'avait-il pas tout fait pour elle? Ledru-Rollin, la république rouge; Bugeaud, Changarnier, la république militaire. Nous connaissions ces gens-là : une fois à la présidence, ils ne nous pouvaient donner d'inquiétudes. Et voilà que, sans motif plausible, sans respect de notre dignité, uniquement pour bafouer ceux qui avaient fondé et servi la République, nous donnions la palme à une candidature dynastique, fantastique, mystique!...

Plus je cherchais, plus je désespérais.

Le pouvoir présidentiel, d'après la Constitution, doit durer quatre ans; le président sortant ne peut être réélu qu'au bout de quatre autres années. Cette disposition, qui ne laisse aucune place aux appétences monarchiques, commandait de choisir un citoyen dont toute l'ambition fût d'avoir été pendant quatre ans, avec dévouement et patriotisme, le premier parmi ses concitoyens, et d'avoir inscrit avec honneur son nom aux annales de notre histoire. Mais nous, comme pour braver la fortune, nous choisissions un homme de race, un prétendant, disait-on, un prince! Déjà même on assurait que l'on n'attendrait pas l'expiration des quatre années pour réviser la Constitution, et proroger les pouvoirs de Louis Bonaparte. Par là, on rapprochait l'autorité présidentielle de l'autorité royale, on ménageait la transition, on préparait la voie à une restauration. Le tout, ajoutait-on, par amour de la légalité et respect de la Constitution. — O doctrinaires! plus couards que jésuites! déchirez-la donc tout de suite cette Constitution! N'êtes-vous pas les plus forts? L'appel au peuple contre la Constitution ne vaut-il pas aujourd'hui ce qu'il vaudra dans quatre ans? Si vous croyez qu'une nation puisse valablement renoncer à ses droits imprescriptibles, rétablir une royauté corruptrice, et supprimer le suffrage universel, votre ajournement de quatre années est une lâcheté sans profit. Contre un pacte subreptice, l'insurrection est le premier des droits et le plus saint des devoirs. Souvenez-vous seulement que ce que vous aurez fait contre la République, nous le ferons contre la monarchie! Osez donner l'exemple.

Ainsi je m'exhalais contre un péril imaginaire, qui me semblait la conséquence logique de l'élection de Louis Bonaparte. Et je me croyais d'autant plus fondé dans mes plaintes, qu'il m'avait paru voir l'annonce de tels projets dans les circulaires du candidat.

Puisqu'il s'agissait d'une magistrature élective, temporaire, responsable, c'était l'éclat des services, la grandeur des talens, le caractère, qu'il fallait avant toutes choses considérer dans le Président. En république, le magistrat doit offrir le type de la vertu républicaine, comme il est le reflet, sous la monarchie, de la dignité royale. Or, quel titre, quelle raison Louis Bonaparte avait-il donné de sa candidature? une parenté, une prétention héréditaire. Lui-même l'avait dit : Ce qui me fait solliciter vos suffrages, citoyens, c'est que je m'appelle Bonaparte! *Nominor quia leo*. Déjà même, avant l'élection du 10 décembre, cet argument avait paru si décisif, si péremptoire, qu'il avait suffi pour déterminer, outre l'élection de Louis Bonaparte à la représentation nationale, celles de Napoléon Bonaparte, Pierre Bonaparte, Lucien Bonaparte, Murat, fils de Caroline Bonaparte, tous princes du sang. Ajoutons Jérôme Bonaparte, gouverneur des Invalides, à 40,000 francs d'appointemens; plus Antoine Bonaparte, qui vient encore d'être élu représentant par le département de l'Yonne. Il n'y a que Charles Bonaparte, le Romain, l'ami de Mazzini, dont nous n'avons pas voulu. Et nous serions la race révolutionnaire, le peuple initiateur, le Christ des nations! Qui donc a dit cela?... Cette idée me mettait en fureur.

Si de la considération de l'élu je passais à celle des électeurs, je ne trouvais pas davantage de raison à leur choix. Ni les rouges, ni les blancs, ni les bleus, ni les tricolores, n'avaient de motifs de pousser avec tant d'acharnement à la chose. L'intérêt de parti, la fidélité au principe, le soin de l'avenir, commandaient à tous d'agir directement contre Louis Bonaparte. Au lieu de cela tous, à force de se détester, semblaient s'être ligués pour lui!

Comme, à cette occasion, j'ai eu à supporter plus d'une avanie, je rapporterai ce qui se passa dans le parti démocratique. Par ceux-là, ami lecteur, jugez des autres.

Après le vote de la Constitution, la polémique, déjà engagée entre le *Peuple* et les organes de la Montagne sur les questions sociales, prit un nouveau degré d'animosité au sujet de l'élection du Président. Toutes mes appréhensions se confirmaient.

Le socialisme, par cela même qu'il est une protestation contre le capital, est une protestation contre le pouvoir. Or, la Montagne entendait réaliser le socialisme par le pouvoir, et, qui pis est, se servir du socialisme pour arriver au pouvoir!... C'était déjà une question fort grave, pour le parti socialiste, de savoir s'il se renfermerait dans une abstension systématique, ou si, pour se compter lui-même et connaître ses forces, il adopterait une façon de candidat, en deux mots, s'il ferait acte gouvernemental ou non. La Montagne, de sa seule autorité, avait tranché la question, en déclarant que Ledru-Rollin, contre lequel nous n'avions d'ailleurs rien à objecter, serait le candidat de la République démocratique et sociale.

Le *Peuple* opposa d'abord à cette décision, qu'il considérait de tous points comme contraire au socialisme, l'opinion bien connue de la Montagne elle-même sur la présidence. Il fit entendre qu'il serait peu honorable au parti, après avoir repoussé avec tant d'énergie le principe de la séparation des pouvoirs, de paraître sacrifier le dogme démocratique à l'appât d'une élection; qu'il me semblerait qu'on redoutât l'institution présidentielle beaucoup moins pour elle-même que pour le personnage qui pouvait en être revêtu, etc. — Nos amis crurent lever la difficulté en faisant prendre au candidat l'engagement, sur l'honneur, s'il était élu, d'employer son autorité à faire réviser immédiatement la Constitution, reconnaître le droit au travail, et abolir la présidence : précaution qui à nos yeux avait le triple défaut d'être inconstitutionnelle, impraticable et souverainement puérile.

Le *Peuple* alors essaya de rappeler les esprits à la pratique. Il fit observer que, puisque l'on persistait à voter, il convenait d'être au moins convaincu d'une chose, savoir : que le candidat de la démocratie sociale n'avait aucune chance; que dès lors les voix qui lui seraient données, ne pouvant servir qu'à élever le chiffre de la majorité absolue, diminueraient d'autant les probabilités en faveur de Louis Bonaparte, et augmenteraient dans la même proportion les chances de Cavaignac; qu'ainsi voter pour Raspail ou Ledru-Rollin, c'était en réalité voter pour le vainqueur de Juin, l'homme qu'à cette époque on haïssait le plus. Lequel de ces deux candidats, Cavaignac ou Louis Bonaparte, la démocratie socialiste devait-elle redouter davantage de voir élever à la présidence? Voilà, disait le *Peuple*, comment devait être posée la question.

Cette observation, toute d'arithmétique, parut une défection. Le *Peuple* fus mis au ban de la démocratie. On invoqua, en désespoir de cause, la nécessité de l'union, le besoin de discipline : c'est avec cela que les emportés finissent par avoir raison des timides. Le *Peuple* répliqua qu'il n'y avait d'union possible que sur le terrain des principes : la candidature de Raspail fut maintenue en face de celle de Ledru-Rollin.

Pauvres Montagnards, pauvres myopes! vous vouliez du pouvoir, vous alliez en avoir, mais ce serait pour la dernière fois! Enfin, l'élection de Louis Bonaparte vint ramener la concorde parmi les patriotes. En haine de la démocratie, vaincue par elle-même en mars, avril, mai, juin; en dédain de la république modérée; en oubli des services de Cavaignac, le pouvoir fut décerné à Louis-Napoléon. A la possibilité d'un fructidor la nation répondait par la possibilité d'un brumaire : encore une fois, était-ce là une raison d'Etat? était-ce, pour une grande nation, maîtresse d'elle-même, une considération à la hauteur d'un si grand intérêt?

On demandera peut-être, puisque le candidat de la démocratie socialiste n'avait pas de chances, ce que le parti pouvait gagner, selon le *Peuple*, soit à ne voter pas, soit à se rallier au parti que représentait Cavaignac? quelles raisons, enfin, nous avions de nous opposer à l'avénement de Louis Bonaparte?

En ne votant pas, la démocratie socialiste frappait le monde par un acte éclatant de scepticisme politique; elle abjurait son gouvernementalisme; elle se grossissait de toutes les abstentions, et quadruplait ainsi sa force numérique. De plus, elle fixait d'avance le point sur lequel devait porter, en 1852, la révision de la Constitution, et déterminait ainsi le caractère de la future opposition constitutionnelle. Enfin, si l'exemple des démocrates n'était pas suivi, du moins ils ne subissaient pas la honte d'une outrageante défaite.

En votant pour Cavaignac, la démocratie socialiste obéissait au principe de fusion qui forme son essence; elle déteignait sur la république modérée; elle commençait à se l'assimiler; elle marquait le but où tendaient, par la force de leur commun idéal, toutes les fractions républicaines; elle s'imposait au pays comme le gouvernement de l'avenir, et avançait de plusieurs années son triomphe.

Ces raisons, qui nous paraissaient alors sans réplique, ont été écartées par l'inspiration populaire du 10 décembre. Quelle intelligence eût pu deviner alors ce que recélait la pensée générale?

Mais, ajoutera-t-on, parce que le parti démocratique et socialiste manqua, dans cette occasion de perspicacité, était-ce une raison pour vous de le diviser encore? A quoi bon cette candidature de Raspail?

La candidature de Raspail était motivée précisément par celle de Ledru-Rollin. Un parti qui, à l'unanimité de ses membres, ment à son principe, est un parti perdu. En votant pour Cavaignac, la démocratie aurait fait simplement acte d'obéissance à la Constitution; elle n'y adhérait point, elle réservait son principe et maintenait intactes ses doctrines. Tandis qu'en votant pour Ledru-Rollin, elle se prononçait pour la théorie gouvernementale; elle n'était plus socialiste et devenait doctrinaire. Il fallait, pour l'honneur de son opposition à venir, qu'une protestation surgît de son sein : sans cela elle n'avait plus, après le 10 décembre, qu'à se taire ou à conspirer.

Toutes ces raisons, je le reconnais aujourd'hui, pouvaient bien avoir alors quelque valeur : elles étaient loin de la haute sagesse qui, en poussant les masses à l'élection, leur commandait tout bas de voter pour Louis Bonaparte. Mais tout se réunissait alors pour dérouter notre jugement.

Pouvions-nous donc, dans cet inconcevable entraînement des esprits au souvenir d'un despote, voir autre chose qu'une haine aveugle de la révolution démocratique et sociale, une ignoble protestation contre les 45 centimes? Or, ainsi qu'on nous l'a si souvent reproché à nous autres socialistes, ce n'est pas tout de nier, il faut affirmer : qu'est-ce donc que prétendait affirmer le pays en nommant Louis Bonaparte? A quelle inspiration obéissait-il? Quel principe entendait-il poser? Etait-ce une idée de réaction? Cavaignac pouvait, tout aussi bien que le neveu de l'Empereur, servir les réacteurs; il l'a prouvé en juin. Il avait de plus le mérite de ne faire ombrage ni aux Bourbons aînés, ni aux Bourbons cadets. C'était un simple président de république : on n'avait pas à redouter en lui le prétendant. Qu'est-ce qui avait pu décider le parti légitimiste, qu'est-ce qui avait déterminé le parti orléaniste, en faveur d'un Bonaparte? Comment les chefs de ces deux partis, des hommes si habiles, ne voyaient-ils pas que si Louis Bonaparte s'attachait à la République, et prenait en main la défense de la Constitution, tôt ou tard il se rallierait les républicains, et ferait contre les dynasties déchues, tout ce qu'aurait pu faire Cavaignac, et mieux encore que Cavaignac? Que si au contraire il suivait sa première inclination, s'il revenait à ses idées impériales, on avait en lui, pour quatre ans, un compétiteur de plus? Quatre ans, lorsqu'il s'agit d'une couronne, c'est tout. Les légitimistes, les orléanistes, et toute la réaction, avaient donc raisonné aussi faux que les démocrates; ils avaient trahi leurs principes, et manqué à toutes les lois de la prudence, en se ralliant à cette candidature qui excluait l'espoir de leurs dynasties. Seul, avec les républicains de la gauche qui votaient pour Cavaignac, avec le petit nombre de socialistes ralliés au nom de Raspail, le *Peuple* était dans la bonne voie, dans la voie de la logique et de la fidélité à la République. C'est pour cela que j'ai combattu de toutes mes forces la candidature de Louis-Napoléon : je croyais faire opposition à l'Empire, tandis que, malheureux ! je faisais obstacle à la Révolution. Je voulais embarrer le charriot d'Ézéchiel, forcer la main à Celui qui règne dans les cieux et qui gouverne les républiques, comme dit Bossuet ; et c'était envers l'Humanité que je me rendais sacrilége ! J'en suis puni ; *Meâ culpâ !*

Franchement, je n'eusse pas demandé mieux, avant le 10 décembre, que de me rallier à la candidature de Louis Bonaparte, et après le 10 décembre, que d'appuyer son gouvernement, s'il avait su me dire par quelle cause, au nom de quel principe, en vertu de quelle nécessité, historique, politique ou sociale, il avait été fait Président de la République, plutôt que Cavaignac, plutôt que Ledru-Rollin. Mais les gouvernans laissent tout à deviner aux gouvernés ; et plus j'y pensais, plus, malgré ma bonne volonté, je devenais perplexe. Absorbé dans mes réflexions, je crus un jour avoir trouvé la solution que je cherchais dans ces paroles prophétiques de Mirabeau, rappelées par Chateaubriant dans une circonstance qui n'était pas sans analogie avec le 10 décembre 1848, je veux parler du sacre de l'empereur, 5 décembre 1804 : « Nous donnons un nouvel » exemple de cette aveugle et mobile inconsi-» dération qui nous a conduits d'âge en âge » à toutes les crises qui nous ont successive-» ment affligés. Il semble que nos yeux ne » puissent être dessillés, et que nous ayons » résolu d'être, jusqu'à la consommation des » siècles, des enfans quelquefois mutins et tou-» jours querelleurs. »

Le papillonne ! aurait dit Fourier. Est-ce là une cause ? est-ce un principe ? est-ce une nécessité ? Ô Providence ! tu as vaincu ; tes voies sont impénétrables !

Enfin, Louis Bonaparte a parlé : il s'est révélé lui-même ; mais le monde ne l'a pas encore compris.

LA FRANCE, a-t-il dit, je ne sais plus à quel propos, je ne sais plus quand, je ne sais plus OÙ, LA FRANCE M'A ÉLU PARCE QUE JE NE SUIS D'AUCUN PARTI !... Traduisez : *La France m'a élu parce qu'elle ne veut plus de gouvernement.*

Oui, la France a nommé Louis Bonaparte Président de la République, parce qu'elle est fatiguée des partis, parce que tous les partis sont morts, parce qu'avec les partis le pouvoir lui-même est mort, et qu'il n'y a plus qu'à l'enterrer. Car, ainsi que nous l'avons vu dans tout le cours de ce récit, le pouvoir et les partis sont l'un à l'autre effet et cause : ôtez ceux-ci,

vous détruisez celui-là, et réciproquement.

L'élection de Louis Bonaparte a été le dernier soupir de la France gouvernementale. On dit que les dernières paroles du grand empereur, à son lit de mort, furent : *Tête !...* *Armée !...* Les dernières paroles de notre société politique, au scrutin du 10 décembre, ont été ces quatre noms : *Napoléon, Robespierre, Louis XIV, Grégoire VII !*

Adieu, pape !

Adieu, roi !

Adieu, dictateur !

Adieu, empereur !

Désormais il n'y aura plus d'autorité, ni temporelle ni spirituelle, ni révolutionnaire ni légitime, sur mes enfans. Va, Bonaparte, remplis ta tâche avec intelligence, et, s'il se peut, avec plus d'honneur encore que Louis-Philippe. Tu seras le dernier des gouvernans de la France !

XVII. — 1849, 29 janvier : Réaction Barrot-Falloux. Destruction du Gouvernement.

Avec la présidence de Louis Bonaparte, commencent les funérailles du pouvoir. Cette transition suprême était indispensable pour préparer l'avénement de la République démocratique et sociale. La situation qui a précédé, les faits qui ont suivi le 10 décembre, et qui continuent de se dérouler avec une logique inexorable, vont nous le démontrer.

La France, en faisant la royauté de 1830, et fondant, avec réflexion et liberté, après une lutte de quarante ans, le régime constitutionnel, le gouvernement des Thiers, des Guizot, des Talleyrand, avait posé le principe d'une révolution nouvelle. Comme le ver, qui a l'instinct de sa prochaine métamorphose, elle avait filé son linceul. En se donnant, après une crise de neuf mois, un président, ombre de roi, elle a dit son *Consummatum est*, et publié, avant de s'ensevelir, l'acte de ses dernières volontés.

La corruption du pouvoir avait été l'œuvre de la monarchie constitutionnelle : la mission de la présidence sera de mener le deuil du pouvoir. Louis Bonaparte n'est, comme eût été Cavaignac, comme eût été Ledru-Rollin, qu'un exécuteur testamentaire. Louis-Philippe a versé le poison à la vieille société : Louis Bonaparte la conduit au cimetière. Tout à l'heure je ferai passer devant vous cette procession lugubre.

La France, regardez-la de près, elle est épuisée, finie. La vie s'est retirée d'elle : à la place du cœur, c'est le froid métallique des intérêts ; au siége de la pensée, c'est un déchaînement d'opinions qui toutes se contredisent et se tiennent en échec. On dirait déjà la fermentation vermineuse du cadavre. Que parlez-vous de liberté, d'honneur, de patrie ? La France est morte : Rome, l'Italie, la Hongrie, la Pologne, le Rhin, agenouillés sur son cercueil, récitent son *De profundis !* Tout ce qui fit autrefois la force et la grandeur de la nation française, monarchie et république, Eglise et parlement, bourgeoisie et noblesse, gloire militaire, sciences, lettres, beaux-arts, tout est mort; tout a été fauché comme une vendange, et jeté dans la cuve révolutionnaire. Gardez-vous d'arrêter le travail de décomposition; n'allez pas mêler avec la boue et le marc la liqueur vivante et vermeille. Ce serait tuer une seconde fois Lazare dans sa tombe.

Depuis près de vingt ans que nous avons commencé de mourir, que de fois nous avons cru toucher au terme de notre métamorphose! Pas un accident qui n'ait été pris par nous pour le signal de la résurrection, pas le plus petit bruit qui n'ait sonné à nos oreilles comme la trompette du jugement. Cependant les années se suivent, et le grand jour n'arrive pas. C'est comme au moyen âge, la mystification des millénaires. Pologne, Belgique, Suisse, Ancône, quadruple alliance, droit de visite, sociétés secrètes, machines infernales, coalitions parlementaires; puis Beyrouth, Cracovie, Pritchard, les mariages espagnols, l'emprunt russe; puis la disette, la réforme électorale, le Sunderbund, et, par dessus tout, la corruption!... Enfin, Révolution de février, spectacle en douze tableaux, suffrage universel, réaction, et puis encore, et puis toujours, corruption! Que d'occasions de nous faire voir, si un reste de cœur nous battait! que de motifs d'agir, si nous étions un peuple! Parfois, nous avons essayé de nous lever... le froid de la mort nous a recloués dans notre cercueil. Nous avons jeté nos dernières flammes entre les pots et les verres : les toasts des dynastiques, des démocrates, des socialistes, sont toute notre part dans l'histoire de France, depuis juillet 1847 jusqu'à septembre 1849.

Nous ne cessons d'accuser, et moi le premier, injuste! le gouvernement de Louis Bonaparte. Ainsi nous accusions Louis-Philippe. Le gouvernement du 10 décembre? il n'existe que pour mettre le scellé sur la chambre mortuaire, vous dis-je : laissez-le remplir sa fonction de croque-mort. Après la tâche horrible et sans seconde de la royauté de juillet, le devoir de la présidence est de vous déposer dans votre charnier. Louis-Philippe fut, par le pouvoir, le dévastateur de la société; Louis Bonaparte sera le démolisseur de ce qu'avait laissé Louis-Philippe, le pouvoir. Les circonstances qui ont accompagné son élection, la place qu'il occupe dans la série révolutionnaire, la politique que lui ont imposée ses parrains, l'usage qu'il a été conduit à faire de son autorité, la perspective ouverte devant lui : tout le pousse, tout le précipite. C'est la Révolution elle-même qui a fait la leçon à Louis Bonaparte. N'a-t-il pas, comme Louis-Philippe, marié ensemble, afin de les déshonorer l'un par l'autre, le jésuite et le doctrinaire? n'a-t-il pas dit, dans son discours d'installation, qu'il con-

tinuerait la politique de Cavaignac, le fils d'un régicide?... En vérité, je vous le dis : le rôle du Président de la République était écrit au livre des destinées; ce rôle, c'est de démoraliser le pouvoir, comme Carrier démoralisait le supplice.

Cette situation comprise, la marche que le socialisme avait à suivre était toute tracée. Il n'avait qu'à pousser à la démolition du pouvoir, en agissant, pour ainsi dire, de concert avec le pouvoir, et favorisant, par une opposition calculée, l'œuvre de Louis Bonaparte. Par cette tactique, la Providence divine et la Providence humaine se retrouvant d'accord, rien ne nous résisterait. Les considérations qui, avant le 10 décembre, avaient fait redouter au socialisme l'alliance de la Montagne, ne subsistaient plus : cette alliance devenait tout profit, tout bénéfice. Louis Bonaparte élu à une majorité écrasante, la réaction rendue par lui si redoutable, l'espérance de ressaisir le pouvoir disparaissait pour longtemps aux yeux des Montagnards, engagés par leur programme, et forcés de marcher où il nous plairait les conduire.

Deux choses étaient à faire : en premier lieu, absorber la question politique dans la question sociale, en attaquant simultanément et de front le principe capitaliste et le principe d'autorité; secondement, faire produire, à celui-ci toutes les conséquences de sa dernière formule, en autres termes, aider la présidence, autant qu'il serait en nous, dans son œuvre de suicide.

Par là, la vieille société était arrachée de ses fondemens; le jacobinisme devenait pur socialisme; la démocratie se faisait plus libérale, plus philosophique, plus réelle; le socialisme lui-même sortait de son enveloppe mythologique, et se posait, comme sur deux colonnes, sur la double négation de l'usure et du pouvoir. Partant de là, le système social se dégageait de la fumée des utopies; la société prenait conscience d'elle-même, et la liberté se développait sans contradiction, sous l'aile du génie populaire.

En même temps le pouvoir accomplissait paisiblement sa destinée. La Liberté, qui autrefois l'avait produit, étendait sur lui le suaire : le triomphe du socialisme était de le faire mourir, comme dit naïvement le peuple, de sa belle mort.

Mais, à côté du capital et du pouvoir, il était une troisième puissance qui, depuis soixante ans, paraissait endormie, et dont l'agonie menaçait d'être bien autrement redoutable : c'était l'Eglise.

Le *capital*, dont l'analogue, dans l'ordre de la politique, est *Gouvernement*, a pour synonyme, dans l'ordre de la religion, le *Catholicisme*. L'idée économique du capital, l'idée politique du gouvernement ou de l'autorité, l'idée théologique de l'Eglise, sont trois idées identiques et réciproquement convertibles : attaquer l'une c'est attaquer l'autre, ainsi que le savent parfaitement aujourd'hui tous les philosophes. Ce que le capital fait sur le travail, et l'Etat sur la liberté, l'Eglise l'opère à son tour sur l'intelligence. Cette trinité de l'absolutisme est fatale, dans la pratique comme dans la philosophie. Pour opprimer efficacement le peuple, il faut l'enchaîner à la fois dans son corps, dans sa volonté, dans sa raison. Si donc le socialisme voulait se manifester d'une manière complète, positive, dégagée de tout mysticisme, il n'avait qu'une chose à faire, c'était de lancer dans la circulation intellectuelle l'idée de cette trilogie. L'occasion se présentait on ne peut plus favorable.

Les chefs du catholicisme, comme s'ils eussent été d'accord avec nous, étaient venus d'eux-mêmes se placer sous le coup de la dialectique révolutionnaire. Ils avaient pris parti pour la Sainte-Alliance contre les nationalités, pour les gouvernemens contre les *sujets*, pour le capital contre le travail. A Rome, la lutte était ouverte entre la théocratie et la révolution; et, comme pour rendre plus éclatante la démonstration socialiste, le gouvernement de Louis Bonaparte embrassait hautement, au nom des intérêts catholiques, la cause du pape. Nous n'avions plus qu'à signaler cette triple forme de l'esclavage social, cette conspiration de l'autel, du trône et du coffre-fort, pour qu'elle fût aussitôt comprise. Pendant que la réaction dénonçait notre athéisme, ce qui nous inquiétait assurément fort peu, nous racontions chaque matin quelque épisode de la ligue sainte, et, sans déclamation, sans argument, le peuple était démonarchisé et décatholicisé.

Tel fut, à partir du 10 décembre, le plan de bataille indiqué par le *Peuple* et suivi généralement par les journaux de la démocratie sociale; et, j'ose le dire, si ce plan n'a pas encore obtenu tout le succès qu'on est en droit d'en attendre, il a produit déjà des résultats impérissables : le reste est une question de temps.

Le capital ne ressaisira jamais sa prépondérance; son secret est dévoilé. Qu'il célèbre sa dernière orgie : demain il faut qu'il se brûle, sur ses trésors, comme Sardanapale.

Le pouvoir est perdu en France, condamné qu'il est à faire chaque jour, pour sa propre défense, ce que le socialisme pourrait inventer de plus terrible pour sa destruction.

Le catholicisme n'a pas attendu qu'on lui ôtât le masque : le squelette s'est découvert sous son linceul. Le monde chrétien crie vengeance contre l'Eglise et contre le pape. L'expédition d'Oudinot a donné à la papauté le coup de grâce : les doctrinaires, qui ne songeaient qu'à détruire le jacobinisme en l'attaquant dans un de ses foyers, poussés par les jésuites, ont fait eux-mêmes la besogne du socialisme. En Pie IX s'est écroulé le trône de saint Pierre. Or, la papauté démolie, le catho-

licisme est sans vertu : *Morte la bête, mort le venin*.

Quand la rage des partis, quand les hommes de Dieu, ignorans des affaires de la philosophie, font si bien les choses, c'est une haute imprudence, c'est presque un crime de les chicaner dans leur travail. Nous n'avions qu'à expliquer le sens des faits, à mesure que l'aveuglement de nos ennemis les mettait en lumière; relever la logique, j'ai presque dit la loyauté avec laquelle le gouvernement de Louis Bonaparte s'arrachait les entrailles; approuver, louer même les démonstrations éloquentes du ministère Barrot-Falloux-Faucher, ou, ce qui revenait absolument au même, les dénoncer de telle sorte que ces amis y trouvassent sans cesse de nouveaux motifs de persistance.

Dès avant février, j'avais prévu ce qui arrivait. Personne ne fut jamais mieux préparé pour une lutte de sang-froid. Mais telle est l'ardeur des discussions politiques, que le plus sage y est toujours emporté par la passion. Quand il me suffisait, pour vaincre, de la seule raison, je me jetai avec une sorte de fureur dans l'arène. Les injustes attaques dont j'avais été l'objet de la part de quelques hommes du parti de la Montagne m'avaient blessé; l'élection de Louis Bonaparte, injurieuse, suivant moi, pour le parti républicain, me pesait. J'étais comme le peuple, quand l'aiguillon de la tyrannie le touche, et qu'il se soulève en mugissant contre ses maîtres. La vérité et la justice de notre cause, au lieu de calmer mon zèle, ne servaient qu'à l'attiser : tant il est vrai que les hommes qui font le plus d'usage de leur entendement sont souvent les plus indomptables dans leurs passions. Je me suis abîmé d'études, j'ai abruti mon âme à force de méditations; je n'ai réussi qu'à enflammer davantage mon irascibilité. A peine relevé d'une maladie grave, je déclarai la guerre au Président de la République. J'allais livrer bataille au lion : je n'étais pas même un moucheron.

Je l'avoue, à présent qu'il m'est permis de mieux juger les faits : cette agression immodérée de ma part envers le chef de l'Etat était injuste.

Dès le premier jour de son entrée en fonctions, le gouvernement présidentiel, fidèle à l'ordre qui lui avait été donné d'en-haut, préludait à l'extinction du principe d'autorité, en soulevant le conflit entre les pouvoirs. Pouvais-je mieux attendre que les sommations de M. Odilon Barrot à l'Assemblée Constituante, et la fameuse proposition Rateau? Comment ce qui venait confirmer mes prévisions me fit-il perdre le calme? A quoi bon des invectives envers un homme qui, instrument de la fatalité, méritait après tout, pour sa diligence, des applaudissemens?

Je savais à merveille que le gouvernement est de sa nature contre-révolutionnaire : ou il résiste, ou il opprime, ou il corrompt, ou il sévit. Le gouvernement ne sait, ne peut, ne voudra jamais autre chose. Mettez un saint Vincent de Paul au pouvoir : il y sera Guizot ou Talleyrand. Sans remonter au-delà de Février, le Gouvernement provisoire, la Commission Exécutive, le général Cavaignac, tous les républicains, tous les socialistes qui avaient passé aux affaires, n'avaient-ils pas fait, qui de la dictature, qui de la réaction? Comment Louis Bonaparte n'eût-il point marché sur leurs traces? Etait-ce sa faute à lui? Ses intentions n'étaient-elles pas pures? Ses idées connues n'étaient-elles pas une protestation contre sa politique? Pourquoi donc cette fureur d'accusation, qui n'allait à rien de moins qu'à incriminer le destin? La responsabilité que je faisais peser sur Louis Bonaparte était à contre-sens; et, à force de l'accuser de réaction, j'étais moi-même, en voulant l'empêcher, réactionnaire.

Je n'ignorais pas davantage, et qui jamais le sut mieux que moi? que si le Président de la République, aux termes exprès de vingt articles de la Constitution, n'était que l'agent et le subordonné de l'Assemblée, en vertu du principe de la séparation des pouvoirs, il était son égal et fatalement son antagoniste. Il était donc impossible qu'il n'y eût pas dans le gouvernement conflit d'attributions, rivalité de prérogatives, tiraillemens réciproques, accusations mutuelles, par conséquent, dissolution imminente de l'autorité. La proposition Rateau, ou toute autre semblable, devait jaillir du dualisme constitutionnel aussi infailliblement que l'étincelle jaillit du choc du caillou contre l'acier. Ajoutez que Louis Bonaparte, philosophe médiocre, ce dont assurément je ne lui fais pas un crime, avait pour conseillers des jésuites et des doctrinaires, les pires logiciens, les plus détestables politiques qu'il y ait au monde; que de plus il se trouvait par l'injustice de sa position personnellement responsable d'une politique dont il n'avait à signer que les actes; responsable des conflits constitutionnels, dont on le faisait le boute-en-train; responsable de la sottise et des mauvaises passions des conseillers, que la coalition de ses électeurs lui imposait!

Quand je songe à la misère de ce chef d'Etat, je suis tenté de pleurer sur lui, et je bénis ma prison. Jamais homme fut-il plus affreusement sacrifié? Le vulgaire s'est émerveillé de cette élévation inouïe : je n'y vois que le châtiment posthume d'une ambition au tombeau, que la justice sociale poursuit encore, mais que le peuple, de courte mémoire, a déjà oubliée. Comme si le neveu devait porter les iniquités de l'oncle, Louis Bonaparte, j'en ai peur, ne sera qu'un martyr de plus du fanatisme gouvernemental : il suivra dans leur chute les monarques ses devanciers, ou bien il ira rejoindre dans leur infortune les démocrates qui lui frayèrent la route, Louis Blanc

et Ledru-Rollin, Blanqui et Barbès. Car, ni plus ni moins qu'eux, tous, il représente le principe d'autorité; et, soit que par son initiative il veuille précipiter, soit qu'il essaie de refouler la révolution, il succombera à la tâche, il périra. Triste victime! quand tout en me réjouissant de tes efforts, j'aurais dû te plaindre, t'excuser, te défendre peut-être, je n'ai eu pour toi qu'injure et sarcasme, j'ai été méchant!

Si j'avais la moindre foi aux vocations surnaturelles, je dirais que de deux choses l'une : Louis Bonaparte a été appelé à la présidence de la République pour racheter le peuple français de l'esclavage du pouvoir; restaure et consolide par l'Empereur, ou bien pour expier le despotisme de l'Empereur. Deux voies, en effet, sont ouvertes à Louis Bonaparte : l'une qui, par l'initiative populaire et la solidarité organique des intérêts, mène droit à l'égalité et à la paix, c'est celle indiquée par l'analyse socialiste et l'histoire révolutionnaire; l'autre qui, par le pouvoir, le conduira infailliblement aux catastrophes, c'est la voie de l'usurpation, déguisée ou à force ouverte, et dans laquelle l'élu du 10 décembre se trouve visiblement engagé. Faut-il que nous voyions encore celui-là sauter comme les autres, et tout retour lui est-il fermé?... Demandez-le à lui-même : quant à moi, je ne saurais plus rien vous dire. Je suis un trop grand ennemi pour que je me hasarde à donner des conseils; il me suffit que je vous fasse voir dans le passé l'avenir de notre pays réfléchi comme en une glace. Qui vivra verra!...

Il y avait donc, avant le 10 décembre, mille contre un à parier que le président de la République, quel qu'il fût, se placerait sur le terrain gouvernemental, par conséquent sur le terrain réactionnaire. Dès le 23, Louis Bonaparte, en prêtant serment à la constitution, réalisait cette prévision sinistre. Il suivrait, disait-il, la politique de Cavaignac; et, en signe d'alliance, il donnait la main à son rival. Quelle révélation pour le général, quand de la bouche même de Louis Bonaparte, il s'entendit dire que les actes de son gouvernement n'avaient été qu'une préparation à l'absolutisme! Combien il dut regretter sa funeste complaisance pour ces *honnêtes* et *modérés* qui l'avaient si indignement trahi! Et qu'il dut gémir de n'avoir pas accordé cette amnistie qu'il réservait sans doute en signe de réconciliation, pour le jour de son avènement! *Fais ce que dois, advienne que pourra!* Cette maxime féodale était digne d'un républicain.

Les sujets d'opposition arrivèrent vite, et le suicide du gouvernement commença. La proposition Rateau, faisant suite à la sommation du président du conseil, dénonça les hostilités. L'incompatibilité d'humeur entre les pouvoirs n'attendait pas au trentième jour pour se dévoiler; du même coup se manifesta plus ardente la haine mutuelle, instinctive, du peuple pour le gouvernement, du gouvernement pour le peuple. La journée du 29 janvier, dans laquelle on vit le gouvernement et la démocratie s'accuser l'un l'autre de conspiration et descendre dans la rue, prêts à se livrer bataille, ne fut probablement qu'une panique, effet de leur méfiance réciproque ; ce qu'il y eut de plus clair en cette aventure, fut qu'entre la démocratie et le Président, de même qu'autrefois entre l'opposition et Louis-Philippe, la guerre s'agitait.

Le *Peuple* se signala entre tous dans la lutte. Nos premiers-Paris ressemblaient à des réquisitoires. Un ministre, M. Léon Faucher, revenant à son premier métier, avait la complaisance de nous donner la réplique : ses insertions au *Moniteur*, commentées par la presse républicaine, produisaient un effet monstre de colère et de pitié. Cet être bilieux, que le ciel a fait plus laid que sa caricature, et qui a la singulière manie de vouloir être pire que sa réputation, faisait plus à lui seul, contre le pouvoir qu'il représentait, que toutes les diatribes démocratiques et sociales. Si la patience avait pu tenir à la Montagne, et M. Léon Faucher au ministère trois mois de plus, les gamins de Paris auraient reconduit au fort de Ham Louis Bonaparte, et ses ministres à Charenton. Mais un tel succès n'était point réservé à la malignité *journalistique* ; la question sociale ne pouvait se vider à ce combat du ridicule : c'est un honneur pour elle.

Louis Bonaparte, devenu par la volonté du législateur et l'égoïsme de ses conseillers l'agent responsable d'une politique de réaction et de rancune, perdit en trois mois la meilleure part des forces que lui avait apportées le scrutin de décembre. Compromis par O. Barrot, engagé dans une expédition liberticide par M. de Falloux, déshonoré par Léon Faucher, le Gouvernement s'affaissa sous le nouveau Président pour ne se relever plus. La foi au pouvoir, le respect de l'autorité est mort dans les cœurs. Qu'est-ce qu'une puissance qui ne repose que sur la pointe d'une baïonnette ? Rois et princes n'y croient plus eux-mêmes : leurs intérêts de capitalistes passent avant leur dignité de souverains. Ce n'est pas de leurs couronnes qu'ils s'occupent aujourd'hui ; c'est de leurs propriétés. Ils ne protestent point, comme autrefois Louis XVIII, l'exilé de Mittau, contre les actes de la démocratie ; ils lui réclament leurs revenus. Essayer de la monarchie, en France, quand tout le monde, et les titulaires eux-mêmes, n'y voit plus qu'une affaire de liste civile, c'est tourner le poignard dans le cadavre.

Il n'y a pas de victoire sans morts ni blessés. J'ai gagné, à la bataille du 29 janvier, livrée entre l'autorité législative et la prérogative présidentielle, trois ans de prison. Ce sont là les croix et pensions que la République démocratique et sociale promet à ses soldats. Je ne m'en plains pas : *Qui cherche le péril périra*, dit

l'Écriture sainte ; et, *A la guerre comme à la guerre*. Mais je ne puis m'empêcher de faire remarquer ici avec quelle profonde sagesse le législateur, soigneux des vengeances des partis, leur a donné, dans l'institution du jury, un moyen honnête de se décimer les uns les autres, et a rétabli, pour le service de leurs haines, l'ostracisme dans nos lois.

En attaquant Louis Bonaparte, je m'étais cru, vis-à-vis de la justice, parfaitement en règle. Le seul délit qu'on pût me reprocher, si tant est que j'en eusse commis un, était d'avoir offensé le Président de la République. Or, le Président de la République étant, comme tout autre magistrat, responsable ; par conséquent les prérogatives de la personne royale, déterminées par la loi de 1819, n'existant pas pour lui, je ne pouvais être cité en justice que sur la plainte du Président que j'aurais offensé, non poursuivi d'office par le ministère public, qui n'avait point à se mêler d'une querelle entre particuliers. Ainsi, ce n'était plus un délit politique qu'on pouvait m'imputer, mais bien une simple offense ou diffamation toute personnelle. Sur ce terrain, je n'avais rien à craindre. Je n'avais point attaqué Louis Bonaparte dans sa vie privée ; j'avais parlé uniquement des actes de son pouvoir. Devant la Constitution et devant la loi, ma position était inexpugnable. On le sentait si bien, que plus tard, lors de la discussion de la dernière loi sur la presse, on crut devoir, par une disposition spéciale, attribuer au ministère public la poursuite des offenses commises par la voie de la presse contre le Président.

Mais pour les casuistes du parquet, cette difficulté, qui me semblait, à moi, logicien scrupuleux, insurmontable, n'était qu'une bagatelle. A mon extrême surprise, je me vis accusé, pour un pamphlet où il n'était question que du Président de la République :

1° D'excitation à la haine du gouvernement ;

2° De provocation à la guerre civile ;

3° D'attaque à la Constitution et à la propriété !

S'il avait plu à M. Meynard de Franc de me charger encore, à propos d'un article du *Peuple* sur Louis Bonaparte, des crimes d'infanticide, de viol ou de fausse monnaie, il le pouvait ; l'accusation aurait passé tout entière : il n'y avait pas de raison pour que je ne fusse aussi bien, aussi judicieusement condamné. Sur mon honneur et ma conscience, devant Dieu et devant les hommes, à la majorité de 8 contre 4, le jury me déclara coupable de tout ce qu'on voulut, et j'en eus pour mes trois ans. Vous demandez, candides lecteurs, comment il est possible d'accorder l'honneur et la conscience avec l'arbitraire d'une pareille accusation. Voici le mot de l'énigme, qui vous servira pour résoudre tous les problèmes du même genre.

« La loi, — dit le Code d'instruction criminelle, art. 342, — ne demande pas *compte*

» aux jurés *des moyens* par lesquels ils se sont
» convaincus; elle ne leur prescrit point de *rè-*
» *gles* desquelles ils doivent faire particulière-
» ment dépendre la plénitude et la suffisance
» d'une *preuve*. Elle ne leur dit point : *Vous*
» *tiendrez pour vrai tout fait attesté par tel ou*
» *tel nombre de témoins.* Elle ne leur dit pas non
» plus : *Vous ne regarderez pas comme suffisam-*
» *ment établie toute preuve qui ne sera pas for-*
» *mée de tel procès-verbal, de telles pièces, de tant*
» *de témoins ou de tant d'indices.* Elle ne leur
» fait que cette seule question, qui renferme
» toute la mesure de leurs devoirs : *Avez-vous*
» *une intime conviction?* »

Comprenez-vous maintenant? On dit aux jurés : Avez-vous l'intime conviction que le citoyen P.-J. PROUDHON, ici présent, est un sujet
dangereux pour l'État, incommode aux jésuites,
inquiétant pour vos capitaux et vos propriétés?
Peu importe qu'il existe ou n'existe pas de corps
de délit, que le ministère public n'apporte aucune preuve de son accusation, que les motifs
sur lesquels il s'appuie soient sans rapport avec
les crimes et délits imputés à l'accusé. La loi ne
vous demande pas compte des moyens par lesquels vous vous serez convaincus; elle ne prescrit point de règles à votre jugement. Et quand
même ledit Proudhon vous démontrerait—il en
est fort capable,—que les faits mentionnés dans
l'acte d'accusation sont controuvés et travestis;
quand il établirait, par pièces et témoignages,
qu'il a fait tout le contraire de ce dont on l'accuse, et que c'est Louis Bonaparte lui-même
qui, dans les articles incriminés, attaque la
Constitution, provoque les citoyens à la guerre
civile, démolit l'Église et le gouvernement, et
met en péril la propriété, vous n'êtes point te-
nus de vous en rapporter à de tels indices. Vous
connaissez l'accusé; vous avez entendu parler
de ses doctrines : il ne vise à rien de moins, dit-
on, qu'à faire perdre au capital son revenu, en
lui faisant concurrence par le crédit, ainsi qu'à
démolir le gouvernement en organisant le suffrage universel. La loi ne vous fait que cette
seule question, qui renferme la mesure de vos
devoirs : *Avez-vous*, à l'égard de cet homme,
une intime conviction?

Dans les procès civils, le juge est obligé de
motiver sa décision. Il faut qu'il rappelle les
faits, les pièces, les témoignages, les textes de
lois, la jurisprudence; puis, qu'il fasse des raisonnemens, des inductions, qu'il pose des principes et des conclusions. L'*exposé des motifs*, en
un mot, est la partie essentielle de tout jugement.

Au criminel, c'est autre chose : le jury est
dispensé de motiver son verdict. On ne lui demande que son *intime conviction*. Il prononce
d'instinct, par intuition, comme les femmes et
les bêtes, chez lesquelles on a cru de tout temps
qu'habitait la divinité. — *Que t'a fait Aristide?*
demandait un Athénien à ce juré de campagne
qui allait déposer contre l'illustre proscrit sa

boule noire. — *Il m'ennuie*, répondit l'homme
probe et libre, *de l'entendre toujours appeler* LE
JUSTE! Voilà l'intime conviction!

Je n'ai garde de maudire mes juges : ils n'ont
fait que suivre l'esprit de leur imparfaite institution. D'ailleurs, cette tuile, comme dit mon
ami Langlois, qui comparaît en ce moment
pour son compte devant le jury de Versailles,
devait, un jour ou l'autre, tomber sur ma tête.
Mais si je voulais bien être jugé, condamné,
voire même emprisonné, du moins avais-je fait
vœu dans mon cœur que ce serait pour une
cause grave, la Banque du peuple, par exemple.
La Providence, qui me poursuit, ne m'a pas
jugé digne de souffrir pour la vérité.

Vive la République démocratique et sociale!

XVIII. — 21 mars; Loi sur les clubs. Résistance légale.

Ainsi, par l'élection du 10 décembre, et la
formation du ministère Barrot-Faucher-Fal-
loux, la réaction avait fait un nouveau progrès.
Le gouvernement avait passé des républicains
du lendemain aux doctrinaires. Encore un pas,
encore une manifestation de la démocratie
inintelligente, et nous tombions entre les mains
des jésuites. C'était sous les coups de ses propres théologiens, devenus ainsi les continuateurs de la Révolution, que devait périr le principe d'autorité.

Tout s'enchaîne dans la marche des sociétés,
tout sert au progrès des révolutions. Et quand,
pauvres raisonneurs que nous sommes, nous
croyons tout perdu par un de ces coups de notre politique aveugle, tout est sauvé. La réaction comme l'action nous pousse en avant, la
résistance est mouvement. Le Président de la
République, dont la signification historique est
de dissoudre parmi nous le principe d'autorité,
ne devait point s'adresser aux montagnards pour
accomplir son œuvre de mort. D'après les lois
de la dialectique révolutionnaire, qui mène à
leur insu les gouvernemens et les sociétés,
c'aurait été, de la part de Louis Bonaparte, un
mouvement rétrograde. Depuis février, l'axe
du monde s'étant déplacé, alors qu'on semblait reculer, Nous venons de voir
M. Odilon Barrot s'attaquer, au nom de la Constitution elle-même, à la *Constitution*, en élevant le conflit entre les pouvoirs : nous allons
voir M. Léon Faucher, le provocateur du 29
janvier, s'attaquer, par la loi des clubs, aux
Institutions. Après les institutions, viendront
les *Principes*, et après les principes, les *Classes*
de la société. C'est ainsi que le pouvoir vient à
bout de soi : il ne peut vivre ni avec la Constitution, ni avec les institutions, ni avec les principes, ni avec les hommes. La démolition du
pouvoir par lui-même forme une série d'actes
spéciaux déterminés d'avance, une sorte d'opération analytique que nous allons voir le gouvernement de Louis Bonaparte exécuter avec
une rigueur, une précision qui n'appartiennent

qu'à notre pays. Le peuple français est le plus logicien de tous les peuples.

Certes, après la révolution de février faite au nom du droit de réunion, du droit qu'ont les citoyens de discuter entre eux les intérêts du pays, et de manifester solennellement leur opinion sur les actes du pouvoir; après, dis-je, cette affirmation éclatante de l'initiative populaire, s'il était une institution qu'un pouvoir démocratique dût respecter, et non-seulement respecter, mais développer, organiser, jusqu'à ce qu'il en eût fait le plus puissant moyen d'ordre et de paix : c'étaient les clubs. Je dis clubs, comme je dirais meetings, sociétés populaires, casinos, gymnases, académies, congrès, comices, etc. : en un mot, associations et réunions de toute nature et de toute espèce. Le nom ne fait rien à la chose. Sous le nom de clubs ou tout autre qu'il vous plaira, il s'agit de l'organisation du suffrage universel sous toutes les formes, de l'édifice même de la Démocratie.

Le Gouvernement provisoire s'était contenté de faire surveiller les clubs : il s'est beaucoup vanté de sa tolérance. Tolérer ! c'était déjà se déclarer hostile, c'était renier son principe. Après la tolérance, devait infailliblement venir l'intolérance. Cavaignac donna le signal; l'atrabilaire Léon Faucher, trouvant l'œuvre de son prédécesseur insuffisante, entreprit de la compléter. Un projet de loi fut déposé par lui, qui déclarait purement et simplement l'interdiction des clubs.

Interdire les clubs, supprimer le droit de réunion, ne permettre aux citoyens de s'assembler au nombre de plus de vingt personnes, et pour quelque objet que ce soit, qu'avec la permission et sous le bon plaisir de l'autorité : c'est déclarer que le pouvoir est tout, qu'à lui seul appartiennent le progrès, l'intelligence, les idées; que la démocratie n'est qu'un mot, que la véritable constitution de la société est le régime cellulaire; et qu'il faut, de nécessité absolue, pour la paix du monde et l'ordre de la civilisation, qu'une de ces deux choses périsse, ou l'initiative des citoyens, ou celle de l'État; ou la liberté, ou le gouvernement. Le projet de M. Léon Faucher ne contenait pas autre chose, au fond, que ce dilemme.

Lorsque M. Odilon Barrot porta le premier la main sur l'arche sainte du gouvernement, en élevant le conflit des pouvoirs, nous répondîmes à sa pensée en suspendant sur la tête de Louis Bonaparte l'épée de Damoclès, la responsabilité présidentielle, M. Léon Faucher s'en prenait aux institutions : ce qu'il y avait de mieux à faire était de lui opposer une institution, la résistance légale.

On se souvient de cette fameuse séance du 21 mars, dans laquelle M. Crémieux, rapporteur, déclara au nom de la commission nommée pour examiner le projet de loi sur les clubs, que par ce projet la Constitution était violée, et qu'en conséquence, la commission cessait de prendre part au débat. On sait qu'à la suite de cette déclaration, près de deux cents membres de l'Assemblée constituante sortirent de la salle des délibérations, et se réunirent immédiatement dans l'ancienne salle, pour AVISER. Ce n'était rien de moins que le commencement d'une manifestation semblable à celle du 13 juin, le premier pas dans la voie de la résistance constitutionnelle. Mais on était trop près de février; et, admirez la prudence des représentans, par crainte d'affaiblir l'autorité, on aimait mieux tolérer une violation que faire une révolution. Grâce à un arrangement parlementaire, la démonstration de la minorité n'eut pas de suite. Mais le *Peuple*, dès le lendemain, compléta la pensée de l'opposition, en appelant dès ce moment les citoyens, si l'Assemblée adoptait le projet de loi, à la résistance.

Comme la question de résistance légale est de la plus haute gravité, qu'elle fait partie du droit républicain, que chaque jour l'arbitraire du pouvoir et de la majorité parlementaire la ramène, et que bien des gens la confondent avec le droit à l'insurrection reconnu par la Déclaration de 1793, je vais, avant de rendre raison de la politique suivie par le *Peuple* en cette circonstance, résumer en quelques mots les vrais principes.

Qu'est-ce que le droit à l'insurrection?

Que faut-il entendre par résistance légale?

En quels cas l'un ou l'autre peut-il s'appliquer?

S'il était possible que le gouvernement eût vraiment souci de l'ordre, qu'il respectât la liberté et recherchât moins l'arbitraire, il s'empresserait de traiter officiellement ces questions : il n'abandonnerait pas cette tâche à un journaliste. Mais le gouvernement hait par-dessus tout les questions légales, et les étouffe tant qu'il peut. Ce qui l'occupe, c'est de poursuivre les auteurs, imprimeurs, crieurs, colporteurs, afficheurs : c'est pour eux qu'il réserve ses instructions et circulaires.

J'observe d'abord que le droit d'insurrection, de même que celui de résistance légale, sont propres à la période de subordination et d'antagonisme : ils tombent en désuétude avec la pratique de la liberté. Dans une démocratie organisée sur la base de l'initiative populaire, à foyers multiples et administrations convergentes, il ne saurait y avoir lieu à l'exercice de pareils droits. Déjà, par l'établissement du suffrage universel, la Constitution de 1790 avait infirmé, tout en le reconnaissant implicitement, le droit d'insurrection. Le despotisme impérial, les Chartes de 1814 et 1830, le cens à 200 fr., l'ont rétabli. La Révolution de février l'avait aboli de nouveau, en même temps que la peine de mort : la monstrueuse doctrine de l'omnipotence des majorités parlementaires, que le gouvernement voudrait faire prévaloir, le ramène encore.

Ce n'est donc pas, à dire vrai, un principe

d'institution démocratique et sociale que nous allons discuter en ce moment : c'est un principe de monarchie absolue et constitutionnelle, une idée née du privilége. Le socialisme répudie le droit à l'insurrection et la résistance légale ; il n'a que faire, pour sa théorie, de pareilles sanctions. Mais, forcé de se défendre sur le terrain où la Constitution l'appelle, il l'emprunte aux absolutistes et aux doctrinaires, auteurs ou inspirateurs de cette Constitution, et s'en sert contre eux en manière d'argument *ad hominem*, comme dit l'École.

Le droit à l'insurrection est celui en vertu duquel un peuple peut revendiquer sa liberté, soit contre la tyrannie d'un despote, soit contre les priviléges d'une aristocratie, sans dénonciation préalable, et par les armes.

Il peut arriver, et tel a été jusqu'ici l'état presque constant de la plupart des nations, qu'un peuple immense, disséminé, désarmé, trahi, se trouve à la merci de quelques milliers de satellites aux ordres d'un despote. Dans cet état, l'insurrection est de plein droit : elle ne connaît de règles que celles de la prudence et de l'occasion. De cette espèce furent l'insurrection du 14 juillet et celle du 10 août. La conspiration de Malet, en 1812, pouvait déterminer une insurrection qui eût été également légitime. L'insurrection de juillet 1830, où le pays se rangea du côté de la majorité représentative contre un roi violateur du pacte, fut irréprochable ; celle de 1848, où la majorité du pays se leva contre la majorité représentative pour réclamer le bénéfice du droit électoral, fut d'autant plus rationnelle, qu'elle avait précisément pour objet d'abroger le droit d'insurrection en rétablissant le suffrage universel.

Lors donc que la Convention, après avoir organisé les assemblées primaires et consacré de nouveau le suffrage universel, écrivait dans la Constitution de l'an ii le droit à l'insurrection, elle faisait, à proprement parler, de la législation rétrospective ; elle prenait une garantie contre un danger qui, en principe, n'existait plus. La Constituante de 1848 en a usé de même, lorsqu'après avoir déclaré, article 24, le *suffrage direct et universel*, elle ajoute, article 110, à l'instar de la Charte de 1830, qu'elle *confie le dépôt de la Constitution et des droits qu'elle consacre à la garde et au patriotisme de tous les Français.* En principe, répétons-le, le suffrage universel abolit le droit d'insurrection : dans la pratique, l'antagonisme des pouvoirs et l'absolutisme des majorités peuvent le faire renaître. Comment et dans quel cas? c'est ce qu'il s'agit de déterminer.

Le droit d'insurrection offre donc ceci de caractéristique et de spécial, qu'il suppose un peuple opprimé par un despote, un tiers-état par une aristocratie, le grand nombre par le plus petit. Tel est le principe. Hors de là, le droit d'insurrection disparaît : en effet, le reconnaître à un parti contre la nation, à une minorité contre une majorité, c'est nier le suffrage universel lui-même, c'est faire de l'état de guerre l'état juridique des sociétés, et poser comme principe d'ordre la guerre civile.

Toutefois, il est un cas où le droit d'insurrection pourrait être légitimement invoqué par une minorité contre une majorité : ce serait celui où la majorité, pour perpétuer son despotisme, voudrait abolir le suffrage universel, ou, tout au moins, en restreindre l'exercice. Dans ce cas, dis-je, la minorité a le droit de résister à l'oppression, même par la force.

En effet, le suffrage universel est le mode par lequel la majorité et la minorité se manifestent ; c'est de lui que la majorité tire son droit en même temps que son existence ; de telle sorte que, si le suffrage universel était supprimé, toute minorité pourrait, sans être contredite, se dire majorité, et conséquemment en appeler à l'insurrection. Voilà ce qui légitime la conspiration de *trente ans* dont on a vu certains membres du Gouvernement provisoire s'enorgueillir à la tribune. De 1814 à 1848, le suffrage universel n'existant pas, la légitimité du gouvernement pouvait toujours être suspectée ; et l'expérience a deux fois prouvé qu'en effet, hors du suffrage universel, cette légitimité du gouvernement est nulle.

En deux mots, et, nonobstant tout vote contraire du peuple ou de ses représentans, la majorité, le consentement tacite ou manifeste du Peuple, contre le suffrage universel, ne se présume pas.

Telle est, d'après nos Constitutions imparfaites et nos traditions révolutionnaires, la jurisprudence, si j'ose ainsi dire, du droit d'insurrection. Ce qu'il importe le plus d'en retenir, c'est qu'avec le progrès de la démocratie ce terrible droit s'abroge de lui-même ; et l'on peut affirmer qu'à moins d'une restauration, désormais impossible, des idées absolutistes, le temps des conspirations et des révoltes est passé.

Venons à la résistance légale.

Le droit d'insurrection, avons-nous dit, ne peut, dans un pays où le suffrage universel est de rigueur, être reconnu à la minorité contre la majorité. Quelque arbitraires que soient les décisions de celles-ci, si flagrante que paraisse la violation du pacte, une majorité peut toujours nier qu'elle le viole : ce qui ramène le différend à une simple question d'appréciation, et ne laisse, par conséquent, aucun prétexte à la révolte. Et quand même la minorité se prévaudrait de certains droits *antérieurs* ou *supérieurs* à la Constitution, que la majorité, selon elle, aurait méconnus, il serait facile à celle-ci d'invoquer à son tour d'autres droits antérieurs et supérieurs, tels que celui du salut public, en vertu desquels elle légitimerait sa volonté : si bien qu'en définitive il faudrait toujours en revenir à une solution par le vote, à la loi du nombre. Admettons donc, comme démontrée, cette proposition : Entre la minorité et la majorité des citoyens, manifestées constitutionnellement par le suffrage universel, le conflit par les armes est illégitime.

Cependant une minorité ne peut pas être à la merci d'une majorité : la justice, qui est la négation de la force, veut que la minorité ait ses garanties. Car il peut arriver, par l'effet des passions politiques et de l'opposition des intérêts, qu'à la suite d'un acte du pouvoir la minorité affirme que la Constitution est violée, tandis que la majorité le nie ; puis, que le peuple étant appelé, comme juge suprême, à prononcer en dernier ressort sur le dissentiment, la majorité des citoyens se joigne à la majorité des représentans, de sorte que la vérité et la justice se trouvent, de propos délibéré, foulées aux pieds par ceux-là mêmes qui, d'après la Constitution, devaient les défendre. Alors la minorité, ouvertement opprimée, n'est plus un parti d'opposition politique et parlementaire : c'est un parti proscrit, toute une classe de citoyens mise hors la loi. Une telle situation est la honte, le suicide, la destruction de tout lien social. Mais l'insurrection est interdite : que peut, dans ce cas extrême, la minorité ?

Quand la loi est audacieusement violée ; quand une fraction du peuple est mise au ban de la société, que la fureur d'un parti en est venue jusqu'à dire : *Nous ne céderons jamais ;* qu'il y a deux nations dans la nation, l'une plus faible qui est opprimée, l'autre plus nombreuse qui opprime ; que la scission est de part et d'autre avouée : mon avis est que le droit de la minorité est de consommer cette scission en la déclarant. Le lien social étant rompu, la minorité est quitte envers la majorité de tout engagement politique : c'est ce qui s'exprime par le refus d'obéir au pouvoir, d'acquitter l'impôt, de faire le service militaire, etc. Ce refus ainsi motivé a été nommé par les publicistes *résistance légale,* parce que le gouvernement se plaçant hors de la légalité, les citoyens l'y rappellent en refusant de lui obéir.

La loi sur les clubs, l'intervention de la police dans les réunions électorales, le bombardement de Rome, violant la Constitution et mettant, pour ainsi dire, hors la loi le parti démocratique, motivaient, tant que le parti démocratique serait en minorité dans le pays, l'application du principe de résistance légale ; et si ce parti obtenait la majorité, et que le gouvernement persistât, le droit d'insurrection pouvait alors s'ensuivre.

Avec des ministres dont l'un prétendait que le cri de *Vive la République démocratique et sociale !* qui résume toute la Constitution, est inconstitutionnel et factieux ; dont l'autre dénonçait les démocrates-socialistes comme des malfaiteurs et des pillards ; dont un troisième les faisait poursuivre, juger et condamner comme tels ; avec un gouvernement qui, sous le nom

d'*ordre,* n'entendait autre chose que l'extermination de l'opinion républicaine ; qui, n'osant attaquer ouvertement la Révolution à Paris, allait la supprimer à Rome ; qui déclarait la guerre aux idées ; qui disait tout haut : *Pas de concessions !* qui répétait à chaque instant, comme au 23 juin, le dicton fatal : *Il faut en finir !* la situation était nette, il n'y avait pas à s'y méprendre. La persécution était ouverte contre la démocratie sociale : nous étions dénoncés au mépris et à la haine ; dévoués, le ministre auteur du projet de loi ne s'en cachait pas, à la vindicte de l'autorité. Qu'on en juge par ce trait que la *Presse* rapportait naguères, et que je voudrais buriner sur une table de bronze, pour l'éternelle honte de celui qui en fut le héros :

« Il y a quelque chose de plus difficile à qualifier que le traitement infligé à M. Furet, c'est la lettre écrite par M. Léon Faucher, alors qu'il était ministre de l'intérieur, à son collègue le ministre de la marine, relativement au régime que devaient subir au bagne les insurgés de juin. On ne s'est pas borné à recommander qu'aucune différence n'eût lieu entre eux et les forçats condamnés pour meurtres ou vols ; on a poussé le raffinement de la répression jusqu'à refuser aux condamnés de juin la consolation de les accoupler entre eux, et jusqu'à prescrire de river chaque insurgé à un meurtrier ou à un voleur ! Heureusement, l'intérim du ministère de l'intérieur ayant été confié à M. Lacrosse, d'autres ordres très différens ont été donnés. »

M. Léon Faucher est un de ces types qui ne se rencontrent qu'une fois en quarante siècles. Pour trouver son pair, il faut remonter aux temps fabuleux, à ce brigand homérique qui faisait périr ses victimes en les attachant à des cadavres. Eh bien ! c'est cet homme qui, le 29 janvier, *par amour de l'ordre,* traduisez, par haine de la révolution, conviait la garde nationale au massacre des socialistes ; qui, le 21 mars, présentait la loi brutale qui faillit amener le renversement du pouvoir ; qui, le 11 mai, pour écarter de la représentation nationale les candidats républicains, se rendait coupable de faux en écriture télégraphique ; qui, chassé du ministère, et prenant des douches pour apaiser sa fièvre, accusait encore son successeur de modérantisme envers les démocrates ; qui naguère agitait les départemens, les excitant, au nom de l'ordre, à se lever contre la Constitution... Je m'arrête : il faudrait un livre pour dire tout le mal que le passage de ce fanatique au ministère a fait au pays bien plus qu'au socialisme. Parcourez les prisons, faites-vous présenter les registres d'écrou, interrogez les détenus, informez-vous près des avocats, vérifiez les motifs secrets et apparens des condamnations ; et puis faites le compte des malheureux arbitrairement arrêtés, retenus en prévention des mois entiers, conduits, la chaîne au cou, de gendarmerie en gendarmerie, condamnés sur les prétextes les plus futiles, le tout parce qu'ils étaient socialistes. Comptez ensuite ceux qui, coupables de délits véritables, ont vu leur peine aggravée, parce qu'ils étaient suspects de socialisme, parce que le socialisme était devenu, pour les juges, une circonstance aggravante; parce qu'on tenait à assimiler les socialistes à des malfaiteurs : et vous me direz, après cela, si un parti qui compte, les élections du 13 mai en ont fait foi, plus du tiers de la nation, pouvait se regarder comme injustement persécuté; si par le projet de loi sur les clubs, la Constitution était à son égard sciemment violée, si la loi de Léon Faucher n'était pas une déclaration de guerre sociale?

Quant à moi, je crus qu'il était de notre devoir d'organiser immédiatement, non pas l'insurrection, — nous étions une minorité contre une majorité, un parti contre une coalition de partis; — mais la résistance légale, avec toute l'extension dont elle est susceptible.

Je n'ai nulle intention de reproduire en ce moment une proposition restée sans effet. Depuis le 13 juin, les circonstances ont changé; et si je viens rendre compte des moyens que je proposais d'employer alors, c'est que l'occasion est passée sans retour de nous en servir. La Révolution, dans sa course rapide, n'a plus que faire de ce sabot rouillé de la résistance légale, et je puis, sans danger pour la paix publique, en résumer la théorie. J'ai fait bonne et rude guerre au gouvernement de Louis Bonaparte; plus d'une fois peut-être, si j'eusse été cru, les choses auraient tourné autrement. Mais il y avait dans l'armée socialiste des Grouchy et des Bourmont, des incapables et des traîtres: et c'est parce qu'à mon avis le recours à la résistance légale, en présence des complications actuelles de la politique, serait une faute, presqu'un crime envers la Révolution, que tout en rappelant les *formalités* propres à une mesure de cette espèce, je proteste contre l'abus qu'on en pourrait faire.

Le moyen n'était pas neuf. C'est le même que MM. Guizot, Thiers et consorts s'apprêtaient à employer en 1830, lorsque la réaction légitimiste, précipitant les événemens, vint leur donner une victoire plus complète et plus prompte. Mais si l'idée était vieille, l'exécution était on ne peut plus facile et sûre.

La Montagne devait proclamer la résistance légale, d'abord sous forme comminatoire, à la tribune. La presse démocratique en faisait ensuite, pendant un mois, le texte de ses instructions au peuple. Les représentans en écrivaient à leurs électeurs : partout on sommait le gouvernement de s'arrêter dans sa voie de réaction. Si, malgré les notifications qui lui étaient faites, le pouvoir s'obstinait, alors on formait des comités pour le blocus hermétique du gouvernement; les citoyens et les communes s'entendaient pour refuser simultanément l'impôt, les

droits d'octroi, de régie, de navigation, d'enregistrement, etc., le service militaire, l'obéissance aux autorités. On agitait l'opinion jusqu'à ce que la résistance, sans autre signal, éclatât spontanément et de partout. Le motif de la résistance était simple et clair : la loi sur les clubs, l'expédition de Rome, les persécutions judiciaires, étaient une guerre faite à la République : était-ce aux républicains de fournir l'argent et les soldats?...

Conçoit-on ce que pouvait être une résistance organisée dans les 37,000 communes de France? Le parti démocratique comptait plus du tiers de la nation : cherchez donc des garnisaires et des gendarmes pour contraindre trois millions de contribuables! Les paysans, de quelque opinion qu'ils fussent, n'auraient pas plus tôt entendu parler de refus de l'impôt, qu'avant de se déclarer ils auraient commencé par ne plus payer; la haine de l'impôt du sel, de celui sur les boissons et les 45 centimes, était une sûre garantie de leurs dispositions. Il serait arrivé dans les villes et les campagnes ce qui arrive à la Banque, à la Bourse et dans tout le monde financier et commercial, au moment des crises politiques : dans l'incertitude des événemens et afin de n'être pas dupe, chacun ajourne le plus qu'il peut ses paiemens. Le gouvernement eût-il voulu user de rigueur? Les poursuites n'auraient fait que souffler le feu. D'un seul coup, sans conflit, sans effusion de sang, notre système si compliqué d'impôts était renversé, et forcé était de le changer de fond en comble; la conscription abolie, la réforme hypothécaire et les institutions de crédit conquises. Le peuple appelé à voter lui-même l'impôt, le socialisme par cette résolution de la minorité, devenait une loi de nécessité, et entrait dans la pratique même de l'Etat.

Il ne faut qu'un peu de connaissance du peuple et de la machine gouvernementale pour comprendre ce qu'un pareil système d'opposition, solennellement annoncé, énergiquement soutenu, avait d'irrésistible, surtout après les élections du 13 mai. Le parti démocratique fut seul à le trouver mesquin, impraticable, impossible. On parla de mobiliers saisis, vendus à l'encan; de paysans effrayés devant les porteurs de contraintes! Les feuilles les plus avancées, les plus furibondes, s'étonnèrent de cette *politique inconcevable*, de cette *tactique de procureur*, comme elles disaient. Elles tremblaient à l'idée d'exposer le peuple à la garnison collective! Les plus bienveillans trouvaient la résolution imprudente, hasardeuse, surtout anti-gouvernementale. Si le peuple, disaient-ils, se refuse une fois à payer l'impôt, il ne le paiera jamais plus, et le gouvernement sera impossible! C'est toujours le gouvernement qui préoccupe nos radicaux. Il leur faut le gouvernement, et, avec le gouvernement, un budget des fonds secrets, le plus possible. Bref, la contre-révolution fut admirablement défendue par les organes de la révolution ; les néo-jacobins parlèrent pour les doctrinaires. Le *Peuple* recueillit de son initiative cinq ans de prison et 10,000 fr. d'amende, et le *Constitutionnel*, riant sous cape, n'eut qu'à garder le silence.

Quelle leçon pour moi ! quelle pitoyable chute ! Comme j'avais mal jugé mes contemporains, conservateurs et amis de l'*ordre* jusqu'à la moelle des os ! Comme je connaissais peu nos prétendus révolutionnaires, gens de tapage et de bavardage, qui, dans la grande époque de 1789 à 1800, n'ont aperçu qu'agitations, manifestations, bataillons, proscriptions, et de la République fondée en 92, ne savent encore aujourd'hui que l'anniversaire ! Et c'étaient là les *rouges* qui mettaient en fureur Léon Faucher ! c'étaient là les prétendus terroristes dont le gouvernement de Louis Bonaparte faisait un épouvantail ! Calomnie !

Les partis sont comme les sociétés, comme l'homme. En vieillissant, ils reviennent à l'enfance. L'histoire du radicalisme, depuis le 25 février 1848 jusqu'au 13 juin 1849, n'est qu'une succession de fautes. Mais c'est encore un aveu qu'il me faut faire, quelque pénible qu'il soit à mon amour-propre. Le radicalisme a été mieux servi par son incapacité qu'il ne l'eût été par les moyens décisifs que je proposais. Depuis le 13 juin nous en avons fini avec les partis et avec le gouvernement : cela vaut mieux que d'avoir rétabli les montagnards à la place des doctrinaires et des jésuites. La Révolution ne nous laisse plus rien à faire. *Il mondo va da se !*

XIX. — 16 avril : Expédition de Rome.

Mes lecteurs ont remarqué sans doute que les dates révolutionnaires de 1849 correspondent presque jour pour jour à celles de 1848, offrant de plus avec celles-ci une analogie surprenante de signification.

En janvier et février 1848, c'est la querelle parlementaire de l'opposition Barrot avec le ministère Guizot-Duchâtel. — En janvier et février 1849, nous retrouvons dans le Gouvernement la même lutte de prérogatives. Seulement, le rôle du personnage principal est changé. La première fois il combattait contre le gouvernement ; la seconde il combat pour le gouvernement.

Le 21 mars 1849 offre une pareille coïncidence avec le 17 mars 1848. Ici, le parti démocratique vient couvrir de sa protection le pouvoir ; les clubs, à la nouvelle que le Gouvernement provisoire est menacé, envoient pour le secourir une manifestation de 150,000 hommes. — En 1849, le pouvoir organise la persécution contre la démocratie, et veut porter atteinte au droit de réunion ; il attaque les clubs. Aussitôt le parlement vient en aide aux citoyens ; l'Assemblée nationale s'arrête un moment dans la voie de réaction où elle s'est engagée ; le res-

pect du peuple fait reculer le gouvernement.

Même rapport de signification et d'analogie pour le 16 avril. Le 16 avril 1848, la démocratie socialiste presse le Gouvernement provisoire de réaliser l'idée révolutionnaire ; — le 16 avril 1849, le gouvernement de Louis Bonaparte organise une expédition contre cette idée. Trente mille hommes pour rétablir la Papauté : voilà la réponse à la pétition du Luxembourg.

Nous retrouverons pareillement les dates de mai et de juin, et, ce qui paraîtra encore plus étrange, nous verrons les revirements de Louis Bonaparte former une sorte de compensation à ceux de Cavaignac. Quand les événements s'engendrent, s'échelonnent, se compensent avec cette précision presque mathématique, ne faut-il pas conclure que la liberté a ses lois comme la matière, et que la pensée humaine peut, avec un légitime orgueil, aspirer à remplacer dans le gouvernement du monde les deux puissances qui se sont jusqu'ici partagé l'adoration des mortels, la Providence et le Hasard ?

Décidément, la réaction sert de relais à la révolution, et prend la place des démocrates. Odilon Barrot, Léon Faucher, le doctrinaire et le malthusien, ont fait leur œuvre ; M. de Falloux, le jésuite, va entrer en scène.

Tout a été dit, au point de vue politique, sur l'affaire de Rome. Les faits sont connus. Les pièces sont entre les mains de tout le monde : les résultats nous arrivent chaque jour plus honteux et plus déplorables.

Il reste à expliquer le sens philosophique et révolutionnaire de cette expédition, que la Montagne a combattue, que j'ai combattue moi-même, et contre laquelle je proteste encore de toute l'énergie de ma pensée, parce que l'homme qui pense ne doit jamais se soumettre à la fortune ; mais qui, dans le travail de décomposition que rendaient nécessaire pour nous, et nos préjugés traditionnels, et nos hésitations présentes, était devenue la seule manière de faire avancer les choses.

La guerre faite à la République romaine est le coup de grâce que le principe d'autorité s'est porté à lui-même par la main de Louis Bonaparte. — Est-ce donc que la métempsycose serait une vérité ? Faut-il croire, ainsi qu'aucuns l'assurent, que les âmes des morts revivent dans leurs descendans et successeurs, pour continuer le bien qu'elles ont fait durant leur précédente existence ou pour en réparer le mal ? C'est un Bonaparte qui fut, au commencement du siècle, la personnification la plus haute de l'autorité ; c'est un Bonaparte qui en devient, cinquante ans après, la plus éclatante négation. Encore une fois, est-ce hasard ou mystère ?...

J'ai rapporté de quelle manière le Gouvernement, tombé entre les mains de Louis Bonaparte, avait commencé à se démolir, d'abord par la proposition Rateau, ensuite par le projet de loi sur les clubs. Il est utile de faire ressortir la formule contenue dans chacun de ces actes, qui ont été comme les prémisses d'un syllogisme dont la conclusion finale devait être l'expédition de Rome.

1. La séparation des pouvoirs, dit la Constitution, est la condition de tout gouvernement. Nous avons vu, en effet, que, sans cette séparation, le gouvernement est dictatorial et despotique : c'est là un fait définitivement acquis à la science politique, et passé en théorie. Mais avec la séparation des pouvoirs le gouvernement est caduc ; le législatif et l'exécutif sont nécessairement en contradiction ; dès qu'ils fonctionnent, ils travaillent réciproquement à s'user : comme une paire de meules qui, tournant l'une sur l'autre, se réduiraient bientôt en poussière, si la violence du tourbillon ne les faisait auparavant voler en éclats. Sept fois au moins depuis 60 ans nous avons vu tantôt le pouvoir exécutif expulser le législatif, tantôt le législatif destituer l'exécutif. Il semblait après Février que l'expérience dût paraître suffisante, et que l'on n'eût rien de mieux à faire à l'avenir que de renoncer à ce mécanisme. Mais, pour la grande majorité des esprits, la question était encore douteuse. Il fallait un dernier essai, qui, résumant toutes les expériences antérieures, pût se réduire en une formule simple, capable de se graver, comme un aphorisme, dans la mémoire du peuple.

Or, voici cette formule :

MAJEURE. — *Ou le despotisme, ou le dualisme.*

MINEURE. — *Or, le despotisme est impossible, le dualisme encore impossible ;*

CONCLUSION. — *Donc le gouvernement est impossible.*

La proposition Rateau et la journée du 29 janvier, ne sont pas autre chose que la mise en scène de ce syllogisme.

La société, comme la nature, exprime ses idées par ses créations ; le gouvernement parle par ses actes. Mais, quelles que soient les manifestations des idées, ces manifestations peuvent toujours se ramener à une formule logique ou algébrique : c'est ce qui constitue la philosophie positive et toutes les sciences. Le mouvement des sociétés, la fortune des gouvernemens, peuvent donc se calculer comme la marche des planètes : il n'est besoin pour cela que de dégager, de l'observation des faits, la formule qui en est pour ainsi dire l'âme. C'est ce dont nous allons donner un nouvel exemple.

2. Le conflit des pouvoirs, manifesté par la proposition Rateau et par le complot du 29 janvier, nous a fourni le premier élément de calcul ; le projet de loi de Léon Faucher va nous donner le second. Le premier de ces élémens est relatif à l'*essence* du gouvernement, le second a rapport à son *objet.*

Or, quel est l'objet ou le but du Gouvernement ? C'est, d'après tous les auteurs de droit public, d'accorder le pouvoir et la liberté. Depuis 1790, les partisans du système constitutionnel se sont surtout occupés de cet accord : chacune de nos constitutions, même celle de 93, a été un essai d'application de leur théorie. Tous ont prétendu successivement avoir résolu le problème, et tous ont successivement échoué à l'œuvre. Les auteurs de la Charte de 1830 s'étaient surtout flattés de donner cette solution, et si l'expérience n'avait pas, cette fois plus que les autres, confirmé la théorie, c'était, affirmait l'opposition Barrot, la faute de la couronne et de ses ministres, qui, par une collusion déloyale, faussaient l'institution ; c'étaient, au dire des radicaux, la dualité des chambres, la séparation des pouvoirs, la prérogative monarchique, le privilége électoral, qui en étaient cause.

Pour que l'expérience fût décisive, il fallait donc qu'elle réunît toutes les conditions exigées à la fois par les dynastiques et par les radicaux.

Or, comme la société, dans sa marche progressive, épuise toutes les transitions et n'admet pas d'enjambemens, il devait arriver, d'un côté, que la Constitution fût modifiée au sens des radicaux, de l'autre, que le pouvoir fût donné aux hommes de l'opposition dynastique, afin que l'on sût à quoi s'en tenir sur la probabilité de la devise adoptée jusqu'à ce jour par tous les partis : *Accord de la Liberté et du Pouvoir.*

On observera peut-être que l'épreuve fournie par la Constitution de 1848 ne peut être regardée comme décisive, attendu que la Constitution n'est point absolument telle, avec son Président et sa Chambre unique, que l'eussent voulue chacun de leur côté les montagnards et les doctrinaires.

Mais cette observation ne saurait être admise. Ce qui constitue l'autorité dans une société, suivant la véritable acception du mot ; ce qui réalise le pouvoir et qui fait l'essence de la monarchie elle-même, c'est bien moins, comme nous l'avons vu à propos de la Constitution, la *personnalité* du gouvernement, que le *cumul* des attributions. Or, en quoi ce cumul serait-il diminué, en quoi la constitution monarchique du pouvoir serait-elle altérée et la démocratie plus réelle, parce que Louis Bonaparte aurait quitté le fauteuil, et qu'il ne resterait à la tête du pouvoir exécutif que M. Barrot, avec le conseil des ministres, l'un et l'autre à la nomination de l'Assemblée ? Avec la majorité de l'Assemblée législative pour souverain et M. de Falloux pour ministre, la guerre contre la République romaine, indiquée d'avance par la sotte piété du général Cavaignac envers le pape, en fût-elle moins devenue une politique de nécessité pour la réaction ?... Quant à la dualité des Chambres, comme elle n'a d'autre objet que de servir de contrôle, et, au besoin de faire cesser les conflits entre les pouvoirs, en départageant les volontés, le parti Barrot serait aujourd'hui mal fondé à arguer de l'absence d'une Chambre haute, attendu que c'est lui qui gouverne et qu'il a la majorité.

La Constitution de 1848, avec la présence aux affaires de l'ancienne opposition, réunit donc toutes les conditions de sincérité et d'évidence désirables : l'épreuve, il faut l'espérer, sera définitive.

Eh bien ! le résultat de cette épreuve, la journée du 21 mars nous l'a fait connaître : c'est que le gouvernement, contradictoire dans son essence, est encore en contradiction avec son objet, avec la liberté. Mise en demeure de fournir sa solution, l'Opposition dynastique nous a répondu, par la bouche de Léon Faucher, comme les républicains de la veille l'avaient fait par la bouche de M. Marie : *Nous nous sommes trompés !* Les institutions républicaines, la liberté de la presse, le droit d'association et de réunion, dépassent la mesure du pouvoir. Il faut imposer des limites à la liberté, sans quoi le gouvernement ne saurait répondre de l'ordre !

Le dilemme s'est donc resserré, la formule est devenue plus énergique :

Ou point de liberté,
Ou point de gouvernement.

Tel est le sens de la loi sur les clubs, et de la dernière loi sur la presse.

Ainsi, le gouvernement du 10 décembre n'existe que comme démonstration révolutionnaire, comme réduction à l'absurde du principe d'autorité. Chaque pas qu'il fait est un argument qu'il adresse à la liberté : « Tue-moi, ou je te tue, lui dit-il. » — Nous allons le voir généraliser la formule, *régnicide*, en invoquant contre la liberté qui le poursuit sa dernière espérance, le droit divin, en se réfugiant dans le dernier asyle, la papauté.

3. De temps immémorial, l'État avait tendu à se rendre indépendant de l'Église. Le *temporel* avait fait schisme avec le *spirituel* ; les rois, ces premiers révolutionnaires, avaient souffleté le pape de leur gantelet de fer. Ils comptaient ne plus relever que de leur droit et de leur épée : ne comprenant pas que le droit monarchique est la même chose que le droit canonique, dont le souverain juge est le pape, et que le droit du glaive n'est autre chose que le droit d'insurrection, dont le souverain juge est le peuple. La liberté parlait au pape par la bouche des rois, en attendant qu'elle parlât au roi par la bouche des esclaves. La royauté, s'insurgeant contre la papauté, commença dès lors de marcher à sa perte. Le droit divin étant le seul que les rois pussent invoquer en faveur de leur prérogative, la désobéissance du pape mettait de fait le roi en interdit, déliait les sujets du serment de fidélité, et si le roi entreprenait de les soumettre par la force, les sujets avaient le droit de lui courir sus et de l'occire. Ainsi l'avaient décidé les casuistes, longtemps avant que les républicains de 1688 et 1793 missent en pratique leurs leçons.

Le schisme existait donc depuis des siècles

entre l'autel et le trône, au grand dommage de l'Église et de la monarchie, mais au grand profit des peuples, dont l'émancipation y trouvait sans cesse de nouvelles forces. Au XVIe siècle, une conjuration s'organisa pour arrêter les progrès de l'esprit nouveau. La compagnie de Jésus fut fondée pour ramener, par la prédication et l'enseignement, les rois et les peuples à l'autorité papale, et pour concilier, autant que possible, les progrès et les besoins du siècle avec les droits sacrés et indéfectibles du vicaire de Jésus-Christ. Mais bientôt l'école puritaine de Jansénius vint démasquer la tactique des enfans de Loyola. Un peu plus tard, parurent à la fois Voltaire et l'Encyclopédie, avec le marquis de Pombal et le pape Clément XIII, qui, en faisant expulser les jésuites de la plupart des états de l'Europe, rendirent dès-lors la scission presque sans remède. La constitution civile du clergé, faisant ensuite l'Église salariée de propriétaire qu'elle était autrefois, et la reléguant dans la métaphysique du culte et du dogme, ôta toute réalité à sa puissance. Les ordonnances contre les jésuites, qui parurent sous Charles X, contresignées par un évêque, furent la consécration du schisme gallican, posé un siècle et demi auparavant par Bossuet. Enfin, la révision de la Charte en 1830, où la religion catholique perdit son titre de religion de l'État, et fut déclarée simplement religion de la majorité des Français, consomma la séparation du temporel et du spirituel, ou, pour parler plus juste, l'anéantissement de celui-ci.

L'Église ainsi humiliée, le principe d'autorité était frappé dans sa source, le pouvoir n'était plus qu'une ombre, l'État une fiction. Chaque citoyen pouvait demander au gouvernement : Qui es-tu pour que je te respecte et que je t'obéisse ? Le socialisme ne faillit pas à montrer cette conséquence ; et quand, à la face de la monarchie, la main étendue sur une charte qui niait l'Évangile, il osa se dire ANARCHISTE, négateur de toute autorité, il ne fit que tirer la conséquence d'un raisonnement qui se déroulait depuis des milliers d'années, sous l'action révolutionnaire des gouvernemens et des rois.

Le moment est donc venu pour les puissances de l'Europe, ou de s'abjurer elle-mêmes devant l'interrogation des citoyens, ou de rappeler les jésuites et de restaurer le pape. Qui l'emportera, de la Révolution ou de l'Église ? La dernière heure a sonné ; la tempête qui doit emporter le saint-siège et le trône se lève mugissante. L'éternel dilemme se serre de plus en plus, et se pose dans son inexorable profondeur :

Ou point de papauté,
Ou point de liberté.

C'est en ces termes mêmes que la question s'était produite à l'Assemblée constituante, dans la séance mémorable du 20 février 1849.

Le citoyen Ledru-Rollin. — « Un fait capital, qui laissera une longue trace dans l'histoire, vient de s'accomplir en Italie. La République vient d'y être proclamée : le pouvoir temporel des papes y a été frappé de déchéance. C'est là, pour les amis de la liberté, une bonne nouvelle. » (Rumeurs et réclamations.

L'orateur dénonce ensuite le projet d'intervention que les bruits de bourse attribuent au gouvernement, et demande « Si c'est pour ou contre la République romaine, pour ou contre le rétablissement de la puissance temporelle du pape que le ministère se propose d'intervenir? »

Le citoyen Drouyn de Lhuys, ministre des affaires étrangères.—« Le gouvernement n'admet pas de solidarité entre la République française et la République romaine.... Ceci posé, je dis que la question est fort délicate, parce qu'elle présente la nécessité de la *conciliation du pouvoir temporel et du pouvoir spirituel*. Depuis qu'il y a dans le monde des âmes et des corps, c'est là le grand problème qu'on a cherché à résoudre. C'est la solution de ce problème que nous chercherons avec bonne foi, et avec le désir d'arriver à un heureux résultat. »

Le citoyen Ledru-Rollin. — « Il ne s'agit pas de *concilier* le temporel et le spirituel ; il s'agit de les *séparer*. Votre conciliation n'est qu'un cumul, c'est la confiscation de la liberté même.»

Les citoyens Poujolat et Aylies. — « L'existence de la papauté est attachée à cette conciliation : toute la catholicité y est intéressée. L'intervention est un droit pour l'Europe, non pas catholique, mais chrétienne.»

Le citoyen Proudhon. — « La liberté passe avant la catholicité ! »

Ainsi la cause du gouvernement et celle du pape se déclaraient solidaires. Au point de vue de la conservation du pouvoir, l'intervention de Louis Bonaparte dans les affaires de l'Eglise était logique, elle était une nécessité. Que dis-je? c'était une amende honorable au pape de toutes les révoltes et profanations commises depuis plus de mille ans contre son autorité, par les rois, ses enfans rebelles. En rétablissant le pouvoir temporel du pape, sans lequel le spirituel n'est qu'un pouvoir de raison, comme l'âme sans le corps n'est qu'une abstraction, une *ombre*, disaient les anciens, le gouvernement de la République française espérait se consolider lui-même ; en attaquant la Montagne à Rome, la réaction absolutiste triomphait de la Montagne à Paris. Donc, encore une fois, pour l'intervention ou la mort, je veux dire la mort spirituelle, en attendant la mort physique : telle était, pour le gouvernement de Louis Bonaparte, la question, parfaitement comprise du reste par les socialistes et les jésuites.

Toutefois, et c'est ici qu'apparaît le caractère équivoque qu'on a tant reproché aux promoteurs de l'intervention, le gouvernement de Louis Bonaparte, composé en majorité d'anciens libéraux, ne pouvait, sans mentir à ses antécédens constitutionnels et à ses traditions de libéralisme, sans froisser le sentiment dé-

mocratique et philosophiste du pays, prendre d'une manière absolue la défense du pape. Les faits accomplis depuis des siècles, et définitivement acquis à l'histoire ; nos principes de droit public, nos mœurs gallicanes, notre indifférence endémique en matière de religion, notre athéisme légal, tout faisait au pouvoir une nécessité de n'agir qu'avec mesure, et, chose singulière, tandis qu'il intervenait en faveur de l'absolutisme, de se porter encore garant de la liberté. La contradiction le suivait partout. Si le gouvernement, disait M. Odilon-Barrot, prend fait et cause pour la papauté contre la démagogie transtéverine, c'est bien moins encore pour rétablir le souverain pontife dans son inviolable prérogative, que pour faire jouir le peuple romain, sous un gouvernement saint et paternel, d'une sage et honnête liberté. Le Gouvernement n'entendait pas *confondre*, comme le lui reprochait Ledru-Rollin, il voulait concilier les deux pouvoirs spirituel et temporel, de la même manière qu'il avait prétendu concilier déjà, par la Charte de 1830, la monarchie et la liberté.

Ainsi, sous la forme d'une papauté constitutionnelle, faisant pendant à cette royauté constitutionnelle trois fois renversée par ceux-là mêmes qui l'avaient créée, les ministres de Louis Bonaparte se chargeaient de résoudre un problème que la philosophie a dès longtemps déclaré insoluble ; ils refaisaient au nom du pape, et malgré le pape, le livre de cet abbé philosophe, *de l'Accord de la Raison avec la Foi*, livre duquel il résulte précisément, contre l'intention de l'auteur, que la Foi et la Raison sont à jamais inaccordables. Ce que les doctrinaires allaient essayer à Rome, c'était ce que, depuis soixante ans, la Révolution avait démontré impossible, l'union de l'autorité et de la liberté, quelque chose comme la quadrature du cercle et le mouvement perpétuel !

On reconnaît à cette politique d'autant d'illusion que de bonne foi l'esprit du juste-milieu, prenant sans cesse un raccommodement pour une conciliation, et qui, par la peur des extrêmes, se condamne fatalement à l'inertie ou se rejette dans l'antagonisme. Ce que cherche l'éclectique en philosophie, le doctrinaire a la prétention de le produire en politique : tant il est vrai que les actes humains ne sont que la traduction des idées !

Vous demandez à l'éclectique : Êtes-vous matérialiste? — Non, répond-il.

Spiritualiste? — Pas davantage.

Quoi donc? réaliste? — Dieu m'en garde !

Idéaliste? — Je distingue.

Panthéiste? — Je ne sais.

Athée? — Je n'ose.

Sceptique? — Je ne puis.

Allez donc : vous êtes un charlatan ou un imbécile!

La politique du doctrinaire est la reproduction exacte de cet éclectisme.

Que pensez-vous de la République? — Fait accompli.

De la monarchie? — Je ne sors pas de la légalité.

Du président? — Elu de six millions de suffrages.

De la Constitution? — Résumé de nos idées politiques.

Du socialisme? — Généreuse utopie.

De la propriété? — Abus nécessaire.

Croyez-vous à la religion? — Je la respecte.

Croyez-vous à l'égalité? — Je la désire.

Croyez-vous au progrès? — Je ne m'y oppose pas!...

L'éclectique et le doctrinaire, au-dessus d'eux le jésuite, voilà les trois élémens qui dans ce moment gouvernent la France; j'ai presque dit, qui de tout temps ont gouverné le monde. Le dernier, représentant du principe absolutiste, a été, comme le socialiste son contradicteur, souvent proscrit; l'Eglise même, par la voix de ses papes et de ses évêques, s'est montrée pour lui plus d'une fois sévère. Malheureusement, dans la conjoncture où se trouve aujourd'hui l'Europe, au moment où le pouvoir aux abois ne sait plus quelle politique tenir, l'influence jésuitique devait l'emporter sur l'éclectisme et la doctrine, et leur donner pour un temps l'exclusion.

La conspiration tentée dès l'origine, entre l'autel et le trône, contre la liberté, reprit donc son cours fatal. Le crime qu'exigeait une théologie implacable fut consommé par une philosophie sans critérium, mère d'une politique sans boussole. Sur la proposition de M. Odilon Barrot, l'Assemblée nationale décréta qu'une armée française irait prendre position à Civita-Vecchia. C'était voter la guerre à la République: les faits se chargèrent vite de réaliser l'idée.

A cette attaque de l'absolutisme qu'allait répondre le socialisme?

La guerre faite aux Romains lui donnait trop beau jeu, et il est inconcevable qu'avec leur habileté si vantée, les jésuites se fourvoyassent à ce point. Le dilemme posé, comme il vient d'être dit, entre la papauté et la liberté, il était évident, quel que fût le succès de l'expédition, que la papauté y périrait. Ou bien, livrée à ses propres forces, elle disparaîtrait sous les réformes de Mazzini: le pape, privé de son autorité temporelle, n'étant plus que l'évêque de Rome, le premier salarié du culte suivi par la majorité des Romains, n'était-ce pas Renfermer le catholicisme dans ses églises, c'est l'exiler de la terre. Ou bien, restaurée par les baïonnettes étrangères, cimentée du sang de ses sujets révoltés, devenue un objet d'horreur pour le monde chrétien, la papauté mourrait de sa propre victoire; un pape, vicaire du Christ, qui règne par le sabre, est le blasphème sous la tiare; c'est l'Antéchrist.

La passion réactionnaire emporta les jésuites.

Oublieux de leurs propres maximes, méconnaissant l'esprit de leur institut, alors qu'il fallait faire la part au principe antagoniste, ils voulurent, comme autrefois le concile de Trente avec la Réforme, en finir avec lui. Dévorés d'une longue soif de vengeance, ces hommes, dont le fatal génie avait poussé l'Assemblée constituante aux funérailles de juin, eurent le crédit de la rendre complice encore du bombardement de Rome. Ils voulaient, dans leurs folles pensées, exterminer la protestation de dessus la terre: ils n'ont réussi qu'à compromettre, de la manière la plus déplorable, l'existence même de la religion.

Après le vote du 16 avril, la guerre à la république romaine était inévitable. Après la prise de Rome par l'armée française, la chûte de la papauté n'est plus douteuse: elle peut entraîner même celle du catholicisme. S'il existait encore de vrais chrétiens, ils se lèveraient, ils se tourneraient vers les évêques: La religion est en danger, leur diraient-ils. Pères de l'Eglise, avisez!

Pour moi, après la séance du 16 avril, je commençai à m'effrayer de la rapidité des événemens. J'en étais presque à regretter les coups portés à l'Eglise par la main de ses propres chefs: si ce n'était par intérêt pour la religion, c'était par respect de l'humanité. Le catholicisme est l'élément organique le plus ancien, le plus puissant encore des sociétés modernes: comme plus ancien et plus puissant, il ne peut être révolutionné que le dernier. Sa transformation suppose, comme conditions préalables, une révolution politique et une révolution économique. La conduite des jésuites et de la cour de Rome renversait toutes les lois de l'histoire, toutes les notions du progrès: j'étais presque tenté de voir, dans cette politique de désespoir, une perfidie de plus contre la révolution.

Cependant le socialisme ne pouvait aller au secours du principe contradicteur: sa marche était tracée. Le devoir révolutionnaire interdisait aux organes de la démocratie socialiste de garder le silence: il leur commandait au contraire de protester, bien que leur protestation ne pût avoir d'autre effet que d'activer la passion des réacteurs. Il fallait appeler sur cette grande controverse le jugement des nations, donner à l'expédition dirigée contre le peuple romain, à son esprit, à ses moyens, à son but, à ses effets, la plus grande publicité. Il fallait, puisqu'ainsi l'avaient voulu les hommes de Dieu, poser dans toute conscience le fatal dilemme; montrer le catholicisme de persécuté devenu persécuteur, de martyr bourreau; l'Eglise romaine changée en furie; un pape faisant bombarder ses ouailles; les cardinaux et les prêtres dressant les listes de proscription; les travailleurs et les pauvres, jadis les hommes de la foi, *les meilleurs amis de Dieu,* maintenant déclarés anathème, tandis que la richesse incrédule et libertine était caressée et applaudie ; le gouvernement d'une république ; enfin, poignardant de sang-froid, au signal de la Congrégation, une autre république, et cela parce qu'il est gouvernement, et que suivant la théorie ultramontaine, tout gouvernement qui ne relève pas de la papauté est une institution usurpatrice, un fait illégitime.

La presse démocratique rivalisa donc avec les organes du jésuitisme d'ardeur désorganisatrice. Le *Peuple*, jusqu'à son dernier jour, sonna héroïquement la charge contre la papauté homicide. La propagande atteignit jusqu'aux paysans, aux domestiques, aux soldats. Je n'ai jamais eu grande foi à la vertu républicaine du sabre ; j'ai toujours cru la baïonnette plus brutale qu'intelligente, et j'avais de bonnes raisons de regarder le corps des officiers comme moins sensible à l'honneur du pays et au succès de la révolution, qu'au respect de ce qu'ils nomment *discipline*. La question théologico-politique de la guerre de Rome n'en fut pas moins portée à la connaissance de l'armée, discutée par chaque soldat, devenu, par son droit d'électeur, le juge du gouvernement. Le succès dépassa toutes les prévisions : le pouvoir trembla. Encore quelques mois de cette propagande, et nous eussions amené les régimens, non pas sans doute à quitter leurs drapeaux et à se révolter contre leurs chefs, mais à prendre eux-mêmes l'initiative d'une manifestation dont les suites eussent été alors tout autres que celles du 13 juin.

De tels combats, pour les hommes d'idées, les seuls vrais révolutionnaires, sont bien autrement grandioses que les batailles où tonne le canon, où le fer et le plomb ne menacent que la partie matérielle de l'homme. Soixante années de révolution n'avaient pu déraciner en France le respect de l'autorité : et nous, journalistes, nous pouvons le dire avec orgueil, en une campagne nous avons vaincu la papauté et le gouvernement, la domination spirituelle et temporelle. Nous n'avons pas dégénéré de nos pères !...

L'alliance des doctrinaires avec les jésuites a tout perdu : religion, papauté, monarchie, gouvernement. A présent, il semble que le repentir les saisisse. Le Président de la République a essayé d'écrire pour protester contre l'absolutisme papal. Inutile effort ! La femme qui se livre perd la volonté avec la pudeur. Les doctrinaires, subjugués par les jésuites, n'ont de pensée que celle des jésuites. Les jésuites exigent que l'armée française sorte de Rome, abandonnant le peuple à toutes les vengeances sacerdotales ; et l'armée française obéira. L'avarice se mêlant du complot, les bancocrates refuseront les crédits nécessaires au séjour de nos soldats : on aura sacrifié 25 millions pour restaurer le pape, on n'aura pas une obole pour soutenir notre influence. Coupable envers la liberté d'assassinat et de parjure, le doctri-

naire se frappe la poitrine. Le jésuite vient, et dit : Partons !

Evêques de France, je vous parlerai avec franchise, sans égard à l'opinion que je représente.

Rien ne se détruit dans le monde, rien ne se perd : tout se développe et se transforme sans cesse. Telle est la loi des êtres, la loi des institutions sociales. Le catholicisme lui-même, expression la plus haute et la plus complète jusqu'à présent du sentiment religieux ; le Gouvernement, image visible de l'unité politique ; la Propriété, forme concrète de la liberté individuelle, ne se peuvent totalement anéantir. Quelque transformation qu'ils aient à subir, ces élémens subsisteront toujours, au moins dans leur virtualité, afin d'imprimer sans cesse au monde, par leur contradiction essentielle, le mouvement. Le catholicisme, travaillé depuis tant de siècles par la libre pensée, après s'être tour à tour inspiré du génie romain et de l'esprit féodal, devait se rapprocher, par le développement des idées sociales, de ses origines grecques et philosophiques. La guerre intentée à la République romaine, soulevant contre l'Eglise la réprobation des peuples et déshonorant le catholicisme, vicie la révolution, trouble les consciences, et compromet la paix de l'Europe. Le socialisme, dont la mission était de vous convertir, vous écrase : prenez garde. Séparez-vous des jésuites, tandis qu'il en est temps encore ; avertissez votre chef Pie IX, ou vous êtes perdus !

XX. — 13 mai — 13 juin 1849 : Constitutionnalité du parti Démocratique-Socialiste.

L'idée de ramener le socialisme tout entier à un principe unique, exprimé sous trois formes symboliques, le catholicisme ou la papauté, la monarchie ou le gouvernement, et le capital ou l'usure, puis de déduire de ce principe toute la révolution de février, portait ses fruits. Le gouvernement, tombé en des mains fanatiques, se détruisait, comme à plaisir : on eût dit qu'il obéissait au commandement du *Peuple*. L'opinion publique tournait à vue d'œil : partout les candidatures s'étaient posées, et les électeurs avaient voté sous l'influence de cette opinion, qu'en France il n'y avait plus désormais que deux partis, le parti du Travail et le parti du Capital. Les conservateurs avaient accepté la question ainsi présentée ; la monarchie et la papauté étaient reléguées sur le second plan. On était démocrate-socialiste, ou l'on était réactionnaire.

La constitution prêtait elle-même à cette classification. Aussi révolutionnaire que conservatrice, aussi socialiste que politique, elle se prêtait à toutes les interprétations : la question était de savoir de quel côté pencherait la balance. Peu importait même que le socialisme fût, pour quelque temps encore, en minorité dans le pays et dans l'assemblée. Dès lors qu'il avait ses racines dans la Constitution, et que, par suite de l'idée sous laquelle se faisaient les élections, il était à la majorité capitaliste ce que l'opposition dynastique avait été, sous Louis-Philippe, à la majorité immobiliste, il devenait ce que jusqu'alors on avait pu, avec plus ou moins d'apparence, contester qu'il fût, un parti légal et constitutionnel. Déjà il prenait possession du pays : son triomphe n'était plus qu'une question de temps.

La situation révolutionnaire était donc, en mai 1849, plus belle qu'elle n'avait été en février, mars, avril et mai 1848, alors que l'idée socialiste, mal définie, plus mal encore représentée, s'était vu éconduire successivement par toutes les nuances républicaines, depuis la nuance Barbès jusqu'à la nuance Bastide, pour se faire massacrer ensuite sous la nuance Lacrosse et Senard. Le socialisme pouvait dire, comme le Dieu des Juifs : Je suis celui qui suis ! Je suis le parti jeune et fort, le parti qui grandit, qui court et se propage comme l'incendie, et qui vous dévorera, vous parti usé, parti de vieillards et de moribonds, si vous lui barrez le passage.

Ainsi, le mouvement grandissant toujours, la dissolution du pouvoir allant du même pas, il était aisé de voir que la direction des affaires allait, un peu plus tôt, un peu plus tard, échoir à la gauche. Le moment était venu, pour la Montagne, de se mettre en mesure de répondre à l'appel qui bientôt lui serait fait. Elle tenait le gouvernement à la gorge : avant de frapper le dernier coup, elle avait à faire connaître son programme.

Quel effet eût produit Ledru-Rollin si, le jour même de la réunion de la Législative, prenant la parole au nom de la démocratie socialiste, il était venu, lui chef d'un parti qui avait voté contre la présidence, et jusqu'à certain point contre la Constitution, protester, en termes énergiques, du respect de son parti pour cette Constitution ! Élu de cinq départemens, Ledru-Rollin devenait à l'instant l'homme de la France entière.

Je ne répéterai pas ici ce qui fut dit dans le *Peuple*, après les élections du 13 mai, sur la nécessité, pour la démocratie socialiste, de se présenter au pays comme parti d'ordre et de Constitution : l'événement a prononcé, à cet égard, et d'une façon douloureuse. Au lieu de voir dans cette tactique une prise de possession, les démagogues y virent une reculade. Pour avoir indiqué que la conséquence de la mise en accusation de Louis Bonaparte et de ses ministres était de porter à la présidence Ledru-Rollin, candidat du 10 décembre, maintenant chef de l'opposition, le *Peuple* fut, par les uns, soupçonné de tendre un piège à l'orateur montagnard, par les autres, accusé de lui faire servilement la cour. Tant il y avait alors d'aveuglement dans les esprits ! Nous avions trop raison pour être écoutés ; la Révolution allait à ses fins toute seule.

Mais ce qui n'a pas été dit, ce qu'il importe aujourd'hui plus que jamais de faire connaître, ce sont les motifs d'économie sociale qui nous dirigeaient. Le parti conservateur n'est pas si fortement établi qu'il ne puisse, d'un jour à l'autre, tomber du pouvoir, et laisser le gouvernement de la République à ses adversaires. Que dis-je ? S'il est vrai, comme nous en avons vu tant d'exemples depuis février, que les idées mènent le monde ; en vertu du principe que *les extrêmes se touchent*, il faudrait regarder comme probable, encore comme prochaine, l'arrivée de la Montagne au gouvernement. Quelle serait alors la politique des démocrates ? le pays a le droit de le demander. La situation pouvant donc se retrouver dans six mois ce qu'elle était il y a six mois, nous allons reprendre la discussion imparfaite, que nous l'eussions développée après le 13 mai, si la pression des événemens et la malheureuse journée du 13 juin n'étaient venues interrompre nos travaux.

Posons nettement la question.

Le socialisme, négation du capital et de l'autorité, devait-il, après les élections de mai, procéder vis-à-vis du gouvernement et du pays comme opinion extra-parlementaire, ne prendre part aux travaux de l'Assemblée qu'afin de précipiter la chûte d'un pouvoir réactionnaire et d'une Constitution imparfaite ; ou bien, parti d'ordre et de progrès, s'appuyant sur la Constitution, prenant en main sa défense, déclarer que son intention, pour le présent et pour l'avenir, était de procurer le triomphe de la Révolution EXCLUSIVEMENT PAR LES VOIES LÉGALES ?

En deux mots, le socialisme, dans l'éventualité de son avènement au ministère, devait-il se poser dans la légalité et dans la Constitution, ou dans la Dictature ?

La question était assurément des plus graves. Elle méritait d'être examinée, approfondie, traitée avec d'autant plus de prudence, qu'elle donnait lieu, au point de vue politique aussi bien qu'au point de vue économique, à des considérations du plus haut intérêt.

Si les organes de la démocratie socialiste avaient seulement compris de quoi il s'agissait, s'ils avaient saisi le côté brillant et original de la thèse qu'ils soutinrent, avec plus ou moins d'équivoque, contre le *Peuple*, ils auraient pu nous dire, sans imprécation et sans injure :

Prenez garde ! Vous parlez de légalité et de Constitution, comme si, en temps révolutionnaire, devant une réaction qui marche le front levé, la légalité n'était pas le suicide; comme si une société qui se transforme n'avait pas à dompter par la force les élémens contraires, avant de les organiser par le droit. Ne sommes-nous donc pas aujourd'hui dans les mêmes conditions que nos pères en 1792, lorsqu'ils

13

renversèrent tour à tour, et la monarchie qui en appelait à la constitution, et la Gironde qui en appelait à la légalité, et qu'en foulant aux pieds la constitution et la légalité, ils sauvèrent la révolution?... Laissez donc aussi la légalité périr, la constitution se déshonorer, la réaction s'enferrer, et les révolutionnaires faire leur besogne !...

En vérité, si les journaux dont je parle, et dont la passion a fini par prévaloir, avaient entrepris sérieusement de justifier, par la nécessité révolutionnaire, leur *inconstitutionnalisme* systématique, le public aurait su alors de quoi il s'agissait; la Révolution discutant au grand jour ses moyens, le peuple se fût prononcé en connaissance de cause. Alors, soutenus ou condamnés par le peuple, les radicaux auraient vaincu le 13 juin, ou bien la manifestation n'aurait pas eu lieu.

Mais le parti populaire, conduit par une influence malheureuse, ne fut point éclairé sur la route qu'on lui faisait prendre. Soit ignorance de la question, soit défaut de franchise, la presse démocratique, un instant réunie contre le *Peuple*, se tenait dans un vague déplorable. A cette question, posée carrément, si, dans le cas où le parti démocratique et social serait appelé aux affaires, on devait respecter ou abroger la Constitution, la *Démocratie pacifique* répondait par un faux-fuyant délayé en dix colonnes ; elle s'en référait, disait-elle, à *l'omnipotence du peuple*. Pour les uns, des haines à satisfaire, le socialisme à éliminer, la dictature à établir ; — ils l'ont avoué! ils l'ont imprimé ! — pour les autres des utopies à expérimenter, la fortune publique à manipuler, la nation à conduire, *in flagello et virgâ*, comme un troupeau, voilà ce que dissimulaient à peine, sous les plus honteuses réticences, nos malheureux adversaires.

Certes, le *Peuple* savait ce qu'il faisait, et où il voulait aller, lorsqu'après le succès inespéré des élections il exprima la nécessité pour le socialisme de se poser comme parti constitutionnel et légal. Nous avions lu, comme tout le monde, notre histoire de la Révolution ; nous eussions avoué, peut-être, pour peu qu'on nous en pressât, que le formalisme des girondins, en soi irréprochable, était intempestif et dangereux ; que la légalité ayant été balayée par l'ouragan de 92, il était assez inconséquent de s'en prévaloir en 93.

Mais, de ce que sous le nom de démocrates-socialistes, nous étions les continuateurs de 93, s'ensuivait-il que nous en dussions faire, en 1849, la RÉPÉTITION? Le *Peuple*, le niait absolument. Il soutenait que la Révolution, au point où elle est aujourd'hui, ne peut plus avancer que soutenue sur la légalité et la constitution ; il regardait en conséquence comme également ennemis de la démocratie sociale, et les conservateurs qui lui résistaient et la persécutaient, et les radicaux inintelligens qui, sous

prétexte d'assurer son triomphe, la poussaient à l'absolutisme. Ajoutons maintenant que le meilleur moyen de faire rétrograder l'idée de février, sinon de la tuer, serait la création de ce pouvoir dictatorial réclamé par Louis Blanc, et inutilement sollicité en mars, avril et mai 1848, par les démocrates.

La question se trouvait donc ramenée à ces termes :

La révolution, en 1849, comporte-t-elle les mêmes moyens d'action qu'en 1793?

Pour ma part, je réponds sans hésiter : Non, elle ne les comporte pas. Et la raison, c'est que la Révolution en 1793 était surtout *politique*, et qu'en 1849 elle est surtout SOCIALE.

La révolution, en 1793, était le terme du mouvement commencé depuis plusieurs siècles par les communes : élévation du tiers-état au niveau des ordres supérieurs, abolition des priviléges ecclésiastiques et nobiliaires, égalité devant la Loi. En 93, l'ordre public élaborait sa constitution, mais seulement au point de vue politique, en dehors des données de l'économie sociale. Pour tout dire par un seul mot, la révolution en 93 ne s'adressait qu'à des prérogatives de caste ; en 1849, elle touche à la prérogative de l'individu même, à ce qui constitue dans la société moderne l'homme et le citoyen, la propriété.

Je regrette sincèrement, pour les semi-socialistes, d'avoir sans cesse à leur rappeler cette considération, qui les fait murmurer. Mais il faut qu'ils en prennent leur parti : il n'y a pas de réforme sociale possible, pas de garantie du travail, pas d'assistance publique, pas d'instruction gratuite, de circulation gratuite, d'émancipation du prolétariat, d'extirpation de la misère, sans une modification incessante, de quelque façon d'ailleurs que cette modification doive s'opérer, de la propriété.

Qu'était-ce donc, après tout, que la révolution de 89? — Une assurance générale des propriétés du tiers-état, contre les avanies du privilége féodal.

Qu'est-ce que la révolution de 1848? —Une assurance générale du travail, contre les abus de la propriété.

Que de soi-disant républicains me maudissent, que les plagiaires du vieux jacobinisme me dénoncent au tribunal révolutionnaire, ils ne m'empêcheront pas de répéter ce que je sais et qu'on ne réfutera pas, ce qu'il est de mon devoir de dire bien haut, afin que le peuple se tienne sur ses gardes et me désavoue si je suis dans l'erreur, ou qu'il m'appuie si je suis dans la vérité : c'est que révolution sociale, droit au travail, crédit gratuit, impôt progressif, impôt sur le capital comme sur le revenu, et perpétuité de la propriété — dans sa forme actuelle,— sont tous termes qui impliquent contradiction. La question, pour ceux qui ont étudié la matière, n'est plus de savoir comment on peut accorder la propriété, telle qu'elle est, avec l'extinction du prolétariat; mais comment il est possible d'abolir le prolétariat, et par suite de transformer la propriété, sans faire tort aux propriétaires, sans désorganiser la société.

Or, qu'avait à redouter la propriété, en 93, de la dictature de la Convention? Rien, absolument rien. Il y eut des nobles expropriés, ruinés, je le veux : c'était pour cause politique, non pour raison économique. Ils furent frappés comme nobles, comme aristocrates, comme émigrés, etc.; jamais comme propriétaires. Des réquisitions furent établies, suivant le principe de l'impôt progressif, je le sais encore : mais ces réquisitions étaient annoncées par ceux mêmes qui les établissaient comme temporaires et exceptionnelles ; elles n'avaient rien de systématique. C'étaient des lois, non pas organiques, comme le projet de M. Passy et celui de M. Goudchaux, mais de salut public. Considérées dans leur résultat, elles étaient la prime d'assurance payée, une fois pour toutes, à la Révolution par la propriété.

La dictature fut donc faite, en 93, non point contre la propriété, mais pour la propriété. Ce qui tombait sous le coup de cette dictature n'était point la société, vivante alors dans le tiers-état ; c'était la caste qui, par le progrès du temps, s'était mise elle-même hors de la société. Et c'est encore ainsi que les Romains avaient conçu la dictature : chez eux elle apparaissait de temps à autre, non pas pour réformer les institutions, mais pour repousser l'ennemi.

Ici je ne puis me défendre d'un rapprochement pénible.

Une question sociale, sous le nom de *loi agraire*, avait été posée par les Gracques. Or, pendant vingt ans que dura l'opposition des deux frères, on les vit procéder constamment par les voies légales : jamais ils ne réclamèrent le bénéfice d'une dictature. Il ne s'agissait pourtant pas, comme aujourd'hui, de modifier la propriété romaine : il n'était question que de répartir les terres conquises sur les ennemis ; encore cette répartition ne devait-elle pas avoir d'effet rétroactif. La *loi agraire* proposée par les Gracques était d'une saine politique : elle seule, en soutenant la plèbe, pouvait raffermir la République chancelante, et refouler l'usurpation des Césars. Mais parce que cette loi semblait une restriction au droit d'acheter et de posséder, et conséquemment touchait au droit de propriété, si absolu, si inviolable chez les Romains, la réforme tentée par les Gracques ne put s'effectuer comme ils l'entendaient ; les deux tribuns succombèrent l'un après l'autre, victimes de leur amour du peuple et de leur respect pour la loi. Quant à la loi agraire, on va voir ce qui en arriva.

D'institution économique qu'elle avait été d'abord, la loi agraire devint bientôt affaire politique ; elle servit à la fois de prétexte et d'instrument à des ambitieux sans principes,

Marius, Catilina, Jules-César, chefs de la démocratie socialiste du temps. Avec le dernier, la plèbe finit par l'emporter sur le patriciat. Mais elle ne jouit pas de sa victoire : elle n'en recueillit, au lieu de la liberté et de la richesse, qu'une dictature perpétuelle, l'autocratie des empereurs. Alors la question sociale fut enterrée avec la République. Les patriciens gardèrent leurs possessions : ils n'eurent besoin, pour cela, que de faire la cour à César. Ils les accrurent même, l'or qu'ils retiraient de leurs usures leur donnant le moyen d'acquérir sans cesse et d'asservir de plus en plus la plèbe. Quant à celle-ci, elle reçut en dédommagement des distributions de blé, elle eut des spectacles gratis, et ce fut fait du Sénat et du Peuple romain.

Le socialisme est pour nous ce que fut la loi agraire pour les Gracques : il ne peut se réaliser que par la légalité, le respect des droits acquis et de la Constitution. S'il se laisse aller aux entraînemens de la politique, s'il cesse d'être chose d'institution pour devenir chose de gouvernement, s'il prétend s'établir par autorité dictatoriale, il ne réussira qu'à troubler la société et à soulever des réactions sans fin. Avec la violation de la propriété, il amènera la dissolution du pays et la confusion de l'Europe...

Mais ces considérations, qui touchent à l'essence de la propriété, ne sont rien encore auprès de celles que soulève dans les sociétés modernes le soin de la circulation, duquel dépend la vie même du peuple.

Peu de temps après les journées de Février, le *Représentant du Peuple* avait mis en lumière ce fait capital, qu'aujourd'hui la nation française ne subsiste plus, comme en 89, sur la propriété, mais sur la circulation ; que la séparation des industries, tout en augmentant la richesse, a détruit l'indépendance des fortunes; en sorte que le même pays qui avait pu, grâce à la vente de plusieurs milliards de biens nationaux, et surtout à la différence du régime économique, supporter, depuis l'ouverture des états-généraux jusqu'au 18 brumaire, douze ans de tempête révolutionnaire sans en être ébranlé, ne pouvait plus, après février, supporter sans périr deux années de chômage. (1)

Il faut donc, pour remplir les conditions du problème économique, que la révolution, prenant la société telle qu'elle est, changeant les rapports sans toucher aux intérêts et au matériel, réforme le système sans réagir contre lui et en le continuant. Car, ne l'oublions pas, le socialisme doit avoir tout le monde pour auteur et complice, à peine de créer une confusion babylonienne, une tyrannie, une misère épouvantable.

(1) Ce qui se passe en ce moment est la confirmation la plus terrible des prévisions du *Représentant du Peuple*. La propriété, annihilée par le défaut de circulation, ne rendant plus rien aux propriétaires, dévorée par le fisc et par l'hypothèque, a cessé, à Paris surtout, d'être une garantie, pour devenir la plus intolérable des servitudes.

Certes, rien de plus facile, sur le papier, que de racheter, au moyen de rentes sur l'État, canaux, chemins de fer et mines, grandes propriétés et grandes manufactures; de substituer des corporations ouvrières aux compagnies en commandite; de faire des propriétaires et entrepreneurs actuels des directeurs salariés par l'État, etc., etc. On a vu avec quelle confiance Louis Blanc, d'accord avec les notabilités du Luxembourg, proposait d'opérer par décret le transport du personnel, du matériel, des propriétés et de toute l'industrie du pays.

Eh bien! quand les droits et devoirs des associés, travailleurs, directeurs, inspecteurs, apprentis, etc., sous ce nouveau régime, eussent été définis, — et ils ne l'étaient pas;

Quand les attributions de chaque industrie, de chaque société, de chaque individu, eussent été fixées, — et elles ne l'étaient pas;

Quand les salaires de tout ce personnel, le prix de tous les produits eussent été déterminés, — et ils ne l'étaient pas, il était impossible qu'ils le fussent;

Quand, au moyen de bénéfices imaginaires, on aurait trouvé le secret de faire rembourser par les associations ouvrières le capital mobilier et immobilier que l'État aurait racheté pour elles, — et la plus simple notion d'économie sociale démontre que l'idée de rachat universel des propriétés exclut la possibilité de remboursement;

Quand toutes les volontés eussent été d'accord, — et la plus profonde discorde régnait au sein même du socialisme;

Quand toutes ces choses impossibles à régler par la discussion, inaccessibles à la théorie, eussent été décidées, — et l'on n'avait pas résolu le plus simple problème :

Je dis encore que la moindre chose qu'il y eût à faire avant de se mettre à l'œuvre était un inventaire, et je déclare que j'eusse préféré mille fois la mort à la dictature, plutôt que de me charger d'un pareil déplacement de fortunes, de fonctions, de personnes, de matériel, et d'intérêts.

Est-ce bien sérieusement qu'on a rêvé d'accomplir une révolution sociale, avec l'absolutisme d'une convention, d'un comité, ou d'un dictateur? Conçoit-on ce qu'eût été le recensement, l'estimation, le transfert de toute la richesse mobilière et immobilière du pays, avec le déplacement de tous les individus, travailleurs, entrepreneurs, capitalistes et propriétaires : ce qui supposerait l'ouverture immédiate de deux ou trois cents millions de comptes différens, sur les livres de l'État et des associations nouvelles? Car, une fois engagé dans cette voie, il aurait fallu la parcourir jusqu'à la fin : les départemens, les villes et les villages auraient voulu suivre l'exemple de Paris; les métiers auraient été atteints comme les manufactures; la petite propriété aurait suivi le sort de la grande. Tout ce qui serait

resté hors du mouvement devenant obstacle au mouvement, il aurait fallu généraliser le système tous les jours davantage. Plus le rachat (l'expropriation sans indemnité) de certaines portions de la fortune nationale aurait suscité d'obstacles, plus l'impatience révolutionnaire aurait cru s'en délivrer par des expropriations nouvelles. Qu'on se le dise, la révolution sociale, tentée par voie de rachat et substitution, comme l'avait imaginé le Luxembourg, ne pouvait aboutir qu'à un immense cataclysme, dont l'effet immédiat eût été de paralyser le travail et de stériliser la terre, d'arrêter court la circulation, d'enfermer la société dans une camisole de force; et, s'il était possible qu'un pareil état de choses se prolongeât seulement quelques semaines, de faire périr, par une famine inopinée, trois ou quatre millions d'hommes.

Mais admettons, par impossible, que la révolution sociale, d'après les idées du Luxembourg, eût pu s'opérer sans précipitation ni désordre, sans perte de temps, frais ou avaries. On m'accordera du moins que tout cela ne se pouvait faire sans une police, un ordre public quelconque, ne fût-ce qu'à titre de *provisoire*. La dictature même, toute dictature qu'elle eût été, aurait eu besoin pour les affaires politiques d'un ministère ou gouvernement provisoire, pour l'industrie et l'agriculture d'entrepreneurs provisoires, de fermiers provisoires; bref, de lois, de codes, de tribunaux provisoires, d'un état légal enfin, sans doute imparfait, mais tel quel indispensable, et que pour cette raison l'on aurait déclaré, comme la Constitution de 1848, essentiellement réformable et sujet à révision.

Pourquoi donc ne pas déclarer tout de suite que le régime établi serait observé jusqu'à révocation, et la réforme proclamée seulement après expérience? Fallait-il, en attendant qu'on eût fait une autre Constitution, laquelle n'eût pas manqué d'être progressive, par conséquent susceptible d'être toujours révisée, par conséquent provisoire, discuter, voter encore une Constitution provisoire? A quoi bon cette perte de temps? Pourquoi ne pas se mettre immédiatement à l'œuvre en s'appuyant sur une Constitution toute faite? En quoi les radicaux, devenus les maîtres, avaient-ils besoin de la violer?... Elle ne garantit pas, dit-on, le travail! Mais elle n'empêche pas non plus d'en solliciter l'organisation, si tant est que l'*organisation du travail* ne soit pas un mot vide de sens. Voulait-on intervenir en faveur de la Hongrie et Rome? La Constitution ne l'empêchait point, pourvu toutefois que l'intervention n'eût d'autre but que d'assurer la libre manifestation du peuple romain dans le choix de son gouvernement, c'est-à-dire de le protéger contre l'étranger. Comment la présidence de la République, à laquelle Ledru-Rollin s'était, en décembre, porté candidat, n'aurait-elle pas suffi aux exigences du parti, et quelle nécessité de la convertir en une dictature?...

De pareilles questions ne se discutent pas : les poser, c'est les résoudre. Le *Peuple*, en insistant sur la constitutionnalité du parti démocratique et social, dans la prévision d'un revirement politique, servait mieux les intérêts de la Montagne qu'elle n'avait fait elle-même depuis un an. Le refus d'accepter, sans arrière-pensée, la Constitution, alors que de cette acceptation des Montagnards dépendait l'adjonction au parti de la plus grande partie des bourgeois, était aussi dépourvu de raison que de politique. C'était une trahison envers le socialisme et le prolétariat, un crime contre la Révolution.

Dira-t-on que j'exagère à dessein les conséquences d'une autorité dictatoriale, pour me donner le plaisir d'en démontrer ensuite l'absurdité; qu'il n'a jamais été question, dans le parti radical, d'abroger de plein saut toutes les lois, de déposséder les citoyens, de déplacer les fortunes, de transposer et intervertir, avec les idées, les hommes et les choses?

Oh! je sais à merveille que le néo-jacobinisme est fort peu socialiste, si peu que rien! je sais que, la victoire remportée, on se proposait de jeter la question sociale par-dessus le bord, et de créer au peuple de telles distractions, que, sauf le ministère du progrès, demandé par Louis Blanc, sauf les quelques millions de crédit jetés à Considérant et aux sociétés ouvrières, il n'aurait pas eu le temps de songer à l'organisation du travail. La réaction était prête, et contre les modérés, et contre les socialistes, comme en mars, avril, mai et juin 1848. Se pouvait-il autrement!...

Mais je sais aussi que ces fins politiques comptaient, comme l'on dit, sans leur hôte, ce terrible hôte qui s'appelle la *logique*, et qui est inexorable dans le peuple comme la fatalité. Je sais, de plus, qu'après avoir réuni les banques à l'État, les canaux à l'État, les chemins de fer à l'État, les mines à l'État, les assurances à l'État, les transports à l'État, une foule d'autres choses encore à l'État, suivant les principes de l'économie domestique, gouvernementaliste et communautaire; après avoir établi l'impôt progressif, aboli l'hérédité, rendu l'enseignement, y compris l'apprentissage, *gratuit* et obligatoire, organisé la concurrence, c'est-à-dire le monopole, des sociétés ouvrières contre l'industrie libre, créé des tarifs, fixé un minimum pour les salaires, un maximum pour les produits et les bénéfices, établi le papier-monnaie, etc., etc.; je sais, dis-je, qu'il eût été impossible de s'arrêter en si beau chemin, et que, bon gré mal gré, on serait arrivé à un transbordement général de l'industrie, du commerce, de la propriété, de tout ce qui existe enfin, en hommes et choses, sur 28,000 lieues carrées de territoire.

Je me résume donc, et je dis que le maintien de l'état légal existant au 13 mai était à la démocratie de la nécessité la plus absolue pour la réalisation de ses espérances;

Qu'il en était de même de la Constitution, attendu qu'en refaire provisoirement une autre était inutile, et que se jeter dans l'arbitraire était impossible;

Qu'ainsi, se placer vis-à-vis du pays et du pouvoir hors de la légalité et de la Constitution, alors qu'on ne pouvait avoir le pays pour soi, alors qu'on ne pouvait vaincre, que par la Constitution, c'était faire acte de folie et de mauvaise foi.

Arrêté le 5 juin, le temps m'a manqué pour développer dans le *Peuple* ces idées, qui eussent peut-être fait ajourner la manifestation du 13. Une manifestation! grand Dieu! au moment où les enfans terribles du parti venaient de compromettre leur cause, en hésitant, par excès de puritanisme révolutionnaire, à se placer résolument sur le terrain de la Constitution, et en parlant de dictature! Une manifestation qui semblait dire au pays : Louis Bonaparte ne veut pas de la Constitution, et nous n'en voulons pas davantage! Louis Bonaparte, intervenant en faveur du pape contre Mazzini, a violé la Constitution : et nous, en intervenant en faveur de Mazzini contre le pape, nous ne violerons pas la Constitution! Comme si intervenir dans les affaires intérieures d'une république, de quelque manière que ce soit, n'était pas toujours porter atteinte à sa liberté, et par conséquent violer la Constitution!...

Les esprits étaient montés, la raison devenait importune. Le *Peuple* était accusé, comme l'est déjà la *Voix du Peuple*, de négocier sa réconciliation avec le pouvoir, de chercher à se rendre possible, et, qui pis est, de faire sourdement de la réaction aux idées sociales. La politique des manifestations l'emporta.

Je suis loin de dire que celle du 13 juin fût illégale. Le peuple, appelé par une fraction considérable de l'Assemblée législative, avait le droit de manifester son opinion dans une circonstance aussi grave, et de prononcer en dernier ressort, entre la minorité des représentans déclarant que la Constitution était violée, et la majorité affirmant qu'elle ne l'était pas. — Je n'accuse pas davantage, il s'en faut, les citoyens qui ont pris part à la manifestation d'avoir voulu autre chose que le maintien de la Constitution établie : la presse démocratique elle-même, sur les observations qui lui étaient venues de toutes parts, s'était rangée dans les derniers temps à la politique du *Peuple*. Ce que je reproche à la manifestation du 13 juin, c'est d'avoir été inopportune, impolitique, mal conduite. Le pays, la démocratie tout entière, en ont ainsi jugé : s'ensuit-il que le pouvoir ait le droit de nous punir de notre maladresse?...

Libre, je ne me fusse point séparé de mes coreligionnaires politiques. J'aurais été, après Ledru-Rollin et ses collègues, qui tous, dit-on, répugnaient à sortir des voies parlementaires, la plus innocente victime de cette fatale imprudence. Mon étoile et M. Carlier en ont disposé autrement. Or, ce qui serait vrai de moi aujourd'hui, l'est, à plus forte raison peut-être, de tous les accusés de Versailles, comparans et contumaces : il n'en est pas un, quoi qu'on ait dit, quelque vanterie qui ait été faite, que le Gouvernement puisse accuser d'avoir pris part à une insurrection. La Constitution était violée. La conscience publique protestait, par la bouche des Montagnards : il fallait, pour l'honneur du pays, qu'ils protestassent. Derrière eux, une multitude de citoyens manifestaient leur opinion. Mais, dans l'ignorance où l'on était généralement du droit républicain, incertains de ce qui, dans une manifestation de cette nature, pouvait paraître légal ou extra-légal, négligeant les précautions, disons mieux, les formalités les plus indispensables ; après avoir laissé répandre le doute, ne rencontrant plus que l'hésitation, ces mêmes citoyens, qui s'étaient levés pour la défense du droit, ne furent plus que les compères de la police : ils peuvent se vanter d'avoir servi la République et protégé la Constitution comme s'ils eussent été des mouchards !... Doctrinaires et radicaux se sont perdus, les uns après les autres, à la poursuite du gouvernement. L'esprit de vie s'est retiré de tous : ce ne sont plus des partis, ce sont des hommes.

Le 13 juin n'en a pas moins créé au pouvoir de mortels embarras.

Vainqueur une dernière fois de la démocratie socialiste, c'est à lui maintenant d'opérer la réforme économique, promise par la révolution de février. La victoire du 13 juin a été pour le parti de l'*ordre* une mise en demeure. Si le gouvernement ne fait rien, il tombe ; s'il fait quelque chose, il abdique, car il ne peut rien faire que contre le capital et contre lui-même, en un mot contre le principe d'autorité. La déchéance du capital et la fin du pouvoir : voilà la conclusion suprême du dilemme posé par l'élection du 10 décembre, et développé avec une effrayante énergie par les ministres de Louis Bonaparte.

Forcé de soutenir la légitimité de son succès, le pouvoir a intenté aux *Manifestans* du 13 juin un procès criminel. Qui pense-t-il convaincre par cette opiniâtreté d'amour-propre ? Le procès de Versailles est un fait de plus à ajouter à cette longue conspiration du gouvernement contre lui-même, et dans laquelle nous l'avons vu tour à tour, le 29 janvier, attenter à la dignité du pouvoir législatif ; le 21 mars, attenter aux institutions ; le 16 avril, déclarer la guerre aux idées. Après le 13 juin, il fait la guerre aux hommes : croyez-vous qu'il en ait pour longtemps ? Quoi que fasse le ministère public pour établir son accusation de com-

plot, la conscience publique se range du côté des accusés : inattaquables sur le *fond*, il ne leur reste qu'à se faire absoudre sur la *forme*.

Sans doute, et je suis le premier à le reconnaître, dans un état républicain, sous le régime du suffrage universel, la minorité parlementaire ne peut, de la violation du pacte par la majorité, conclure immédiatement à l'insurrection. Il faut que le peuple intervienne, et départage l'Assemblée. Mais où est donc l'insurrection ici ? où est l'attentat ? J'ai lu l'acte d'accusation, je n'y ai vu partout que les remords du pouvoir. Des journalistes ont divagué sur la Constitution ; des exaltés se sont mis en permanence ; des écrivains de la presse se sont donné rendez-vous, comme en février 1848, comme en juillet 1830, pour aviser ; des gardes nationaux sont sortis en uniforme : c'était leur droit à tous. Dans les circonstances où ils se trouvaient, ils accomplissaient un devoir civique ; tandis que le gouvernement, en s'opposant à la manifestation, obéissait au soin de sa défense, plutôt qu'au respect de la loi. A la violation qui lui était reprochée au sujet de la guerre de Rome, il en ajoutait une seconde, celle de la souveraineté du peuple. Le pays était convaincu, comme les Montagnards, que la Constitution était violée ; mais, il faut tout dire, comme il lui répugnait de livrer le pouvoir aux représentans de la démocratie socialiste, devenus, par la détestable politique du pouvoir, les représentans de la légalité, le pays a laissé faire. Qui oserait se prévaloir de ce silence pour accuser de complot et d'attentat des hommes qui, après tout, n'ont fait qu'exprimer une des faces de l'opinion ?...

Il semblait, il y a quelques mois, que le pouvoir, malgré son ostentation de légalité, voulût faire retraite. Le Président de la République s'était élevé avec force contre les coups d'Etat ; il avait écrit, sur les affaires de Rome, une lettre, la seule pièce honorable pour le gouvernement de tout le dossier de Versailles, par laquelle il témoignait de sa ferme volonté d'assurer aux Romains des institutions libérales. Enfin, sur l'avis d'un ministre, les conseils généraux avaient écarté, à la presque unanimité, le projet de modifier immédiatement la Constitution.

Depuis la rentrée de l'Assemblée législative, ces bonnes dispositions ont disparu. Au moment où la cause des accusés de Versailles était devenue, grâce à la lettre du 18 août, celle du Président de la République lui-même : l'esprit de réaction l'a emporté. A la politique de l'Elysée, l'Assemblée législative a préféré celle du Vatican ; le juste-milieu s'est immolé à l'absolutisme : la contre-révolution parvenue à son apogée, n'a plus à faire qu'à s'y maintenir. Or, elle tourne, disait Galilée : *E pur si muove!*

XXI. — 8 Juillet : Conclusion.

Et maintenant, lecteur, de quelque opinion fussiez-vous, si les faits que j'ai rapportés sont vrais, et vous ne sauriez les révoquer en doute ; — si la signification que je leur assigne est exacte, et il suffit, pour vous en assurer, de les rapporter à leurs causes et de les comparer entre eux ; — si, enfin, leur évolution est providentielle et fatale, deux termes qui, appliqués à l'humanité, ont exactement le même sens; et vous n'avez besoin, pour constater la nécessité de cette évolution, que de la prendre à son point de départ, qui est la Raison même de l'homme : si, dis-je, il vous est permis d'en croire vos yeux, votre mémoire, votre jugement, considérez où nous a conduits, en vingt mois, la Révolution de Février.

La monarchie de Juillet, après avoir opéré la dissolution de tous les vieux principes, avait laissé, après elle, une double œuvre à accomplir. C'était, d'une part, la dissolution des partis, conséquence de la dissolution des idées ; et de l'autre, la destitution du pouvoir, réduit, par l'élimination successive de tous ses principes, au *caput mortuum* de l'autorité, à la force brute.

Le 13 juin 1849, le néo-jacobinisme, ressuscité en 1830, à l'apparition d'une monarchie qui ne faisait elle-même que restaurer l'idée révolutionnaire de 1789, est tombé le premier pour ne se relever plus. Dernière expression de la démocratie gouvernementale ou démagogie, agitateur sans but, ambitieux sans intelligence, violent sans héroïsme, n'ayant pas quatre hommes et point de système, il a péri, comme le doctrinarisme, son précurseur et son antagoniste, de consomption et d'inanité.

Du même coup, le socialisme mystique, théogonique et transcendantal, s'est évanoui comme un fantôme, cédant la place à la philosophie sociale, traditionnelle, pratique et positive. Le jour où Louis Blanc demanda son ministère du progrès, et proposa de transborder et déménager tout le pays ; où Considérant sollicita l'avance de quatre millions et une lieue carrée de terrain pour bâtir sa commune modèle ; où Cabet, quittant la France comme une terre maudite, abandonnant son école et sa mémoire à ses calomniateurs, est allé, si j'ose me servir d'une pareille expression, faire pieds-neufs aux Etats-Unis, ce jour-là l'utopie gouvernementale, phalanstérienne et icarienne, s'est elle-même jugée : elle a donné sa démission.

Avec le socialisme, l'absolutisme est à la veille aussi de disparaître. Forcé jusqu'en ses derniers retranchemens par son infatigable contradicteur, l'absolutisme s'est trahi lui-même : il a découvert au monde tout ce qu'il contenait de haine pour la liberté. A force de rétrograder dans la tradition, comme le socialisme à force de se précipiter dans l'utopie, il s'est banni du présent, il s'est retranché de la vérité historique et sociale.

Il n'y a plus de partis doués de force vitale dans la société française : et, jusqu'à ce que de nouveaux principes, dégagés du fonds inépui-

sable de la pratique humaine ; jusqu'à ce que d'autres intérêts, d'autres mœurs, une philosophie nouvelle, transformant le vieux monde sans rompre avec lui et le régénérant, aient ouvert à l'Opinion de nouvelles issues, révélé d'autres hypothèses, il ne saurait exister parmi nous de partis. L'idée première manquant, la diversité d'opinions la divergence d'intérêts, découlant de cette idée, est impossible.

Par la même raison, il n'y a plus de gouvernement, il n'y en aura jamais. Comme il ne se produit point dans le monde de fait qui n'ait une cause, de même il n'est pas de principe ou d'idée qui reste sans expression : le gouvernement n'ayant plus ni opinion ni parti qu'il représente, n'exprimant rien, n'est rien.

Les hommes que nous voyons en ce moment porter encore la bannière des partis, solliciter et galvaniser le pouvoir, tirailler de droite et de gauche la Révolution, ne sont pas des vivans : ce sont des morts. Ni ils ne gouvernent, ni ils ne font d'opposition au gouvernement : ils célèbrent, par une danse de gestes, leurs propres funérailles.

Les socialistes, qui, n'osant saisir le pouvoir alors que le pouvoir était au plus audacieux, perdirent trois mois en intrigues de clubs, en commérages de coteries et de sectes, en manifestations échevelées ; qui plus tard essayèrent de se donner une consécration officielle, en faisant inscrire le droit au travail dans la Constitution, sans indiquer les moyens de le garantir ; qui, ne sachant à quoi se prendre, agitent encore les esprits de projets ridicules et sans bonne foi : ces socialistes-là auraient-ils la prétention de gouverner le monde? Ils sont morts, ils ont avalé leur langue, comme dit le paysan. Qu'ils dorment leur sommeil, et attendent, pour reparaître, qu'une science, qui n'est point la leur, les appelle.

Et les démagogues, néo-jacobins, démocrates-gouvernementalistes, ou tout ce qu'il vous plaira, qui, après avoir passé dix-huit ans en conspirations sans étudier un seul problème d'économie sociale, ont exercé quatre mois durant la dictature, et n'en ont recueilli d'autre fruit qu'une suite d'agitations réactionnaires, suivies d'une épouvantable guerre civile ; qui, au dernier moment, parlant toujours liberté, rêvaient toujours de dictature : serait-ce leur faire injure que de dire d'eux aussi qu'ils sont morts, et que le scellé est sur leur tombe? Quand le peuple se sera refait une philosophie et une foi ; quand la société saura d'où elle vient et où elle va, ce qu'elle peut et ce qu'elle veut, alors, seulement alors les démagogues pourront revenir, non pas pour gouverner le peuple, mais pour le passionner de nouveau.

Les doctrinaires sont morts aussi ; les hommes de l'insipide juste-milieu, les partisans du régime soi-disant constitutionnel ont rendu leur dernier souffle à la séance du 20 octobre, après avoir dans celle du 16 avril, fait décréter par une assemblée républicaine l'expérience d'une papauté doctrinaire. Eux, nous gouverner encore! Leurs preuves sont faites. En politique, pas plus qu'en philosophie, il n'est deux manières de faire de l'éclectisme : la Charte de 1830 et les actes du gouvernement de Louis Bonaparte ont épuisé la fécondité du juste-milieu.

Le parti absolutiste, le premier dans la logique et dans l'histoire, ne tardera pas d'expirer à la suite de tous les autres, dans les convulsions de son agonie sanglante et liberticide. Après les victoires de Radetzki, d'Oudinot, de Haynau, le principe d'autorité, au spirituel comme au temporel, est détruit. Ce n'est plus du gouvernement que fait l'absolutisme, c'est de l'assassinat. Ce qui pèse en ce moment sur l'Europe n'est plus que l'ombre de la tyrannie : bientôt se lèvera, pour ne se coucher qu'avec le dernier homme, le Soleil de la Liberté. Comme le Christ, il y a dix-huit siècles, la Liberté triomphe : elle règne, elle gouverne. Son nom est dans toutes les bouches, sa foi dans tous les cœurs. Pour que l'absolutisme, se relève jamais, il ne suffit plus qu'il réduise les hommes, il faut encore, comme le veut Montalembert, qu'il fasse la guerre aux idées. Perdre les âmes avec les corps, voilà le sens de l'expédition de Rome, voilà l'esprit du gouvernement ecclésiastique, auquel est venu, mais trop tard pour leur commun salut, se joindre le bras séculier.

C'est cette confusion des partis, cette mort du pouvoir, que nous a révélée Louis Bonaparte; et, de même que le grand prêtre chez les Juifs, Louis Bonaparte a été prophète : *La France m'a élu*, dit-il, *parce que je ne suis d'aucun parti !* Oui, la France l'a élu, parce qu'elle ne veut plus qu'on la gouverne. Pour faire un homme il faut un corps et une âme; de même, pour faire un gouvernement il faut un parti et un principe : or, il n'y a plus ni partis ni principes. C'en est fait du gouvernement.

C'est ce que le peuple de Février dénonça lui-même, lorsque, réunissant deux dénominations en une seule, il commanda, de son autorité souveraine, la fusion des deux partis qui exprimaient d'une manière plus spéciale le mouvement et la tendance révolutionnaire, et qu'il nomma la République *démocratique et sociale*.

Or si, d'après le vœu du peuple, la démocratie de toute nuance et le socialisme de toute école devaient disparaître et ne faire qu'un, l'absolutisme et le constitutionnalisme devaient également disparaître et ne faire qu'un. C'est ce que les organes de la démocratie socialiste exprimèrent, quand ils dirent qu'il n'y avait plus en France que deux partis, le parti du *Travail* et le parti du *Capital* ; définition qui fut acceptée immédiatement par les deux partis réactionnaires, et servit par toute la France de mot d'ordre aux élections du 13 mai.

Les réfugiés de Londres ont agi d'après la même pensée, lorsqu'ils ont fait connaître leur intention de ne se point constituer devant la Haute-Cour. Le 13 Juin, a été franchie une des grandes étapes révolutionnaires. Le Pouvoir est tombé avec le dernier parti qui eût encore quelque vigueur : à quoi bon venir rendre compte, devant la France nouvelle, des manifestations d'un autre temps? La déclaration de Londres est la démission du parti néo-jacobin. Des ombres luttant contre des ombres pour une ombre d'autorité! Voilà, Ledru-Rollin et ses amis l'ont parfaitement compris, tout ce qu'eût été, par leur présence, le procès de Versailles. Prenons garde, républicains, en faisant de l'agitation rétrospective, de faire encore de la contre-révolution !

Et, puisque je dois rendre compte ici de mes moindres paroles, c'est encore la même idée, la même nécessité de transformation politique et sociale, qui a motivé ma conduite lors des dernières élections.

J'ai décliné la candidature qui m'était offerte, parce que la liste où figurait mon nom n'était plus dans le sens de la situation; parce que l'esprit qui avait dicté cette liste tendait à perpétuer les anciennes classifications, alors qu'il fallait protester contre elles ; parce que la routine politique, dont le peuple est depuis 60 ans la dupe et la victime, ayant consommé le 13 juin son long suicide, je ne voulais pas la ressusciter.

D'accord avec mes compagnons de captivité, j'ai proposé une autre liste, qui, écartant les considérations de personnes, ne tenant aucun compte des nuances d'opinions, fidèle à la politique de fusion proclamée par le peuple même le lendemain de février, exprimait mieux, selon moi, la pensée de la France républicaine et le besoin du moment. Publiée le mardi, cette liste pouvait, si on l'eût voulu, rallier toute la démocratie. On lui reprocha d'arriver trop tard. La queue démagogique se tortillait encore : mes conseils n'étaient pas de saison. Sommé de retirer *ma* liste, — je dis mienne, parce qu'on me l'a attribuée, bien que je n'en aie été que l'éditeur, — afin, disait-on, de ne pas diviser les voix du *parti*, j'ai refusé. Je ne reconnaissais plus le *parti*; je ne voulais pas qu'il vécût davantage. Ma conduite vis-à-vis du *parti* a été, dans cette occasion, la même qu'au 10 décembre. J'ai protesté contre l'erreur générale, afin que la déchéance ne fût pas générale, afin que la DÉMOCRATIE SOCIALISTE, ouvrant ses rangs, pût devenir, sans inconséquence, le parti de la LIBERTÉ.

Non, je n'ai pas voulu favoriser le succès de ceux qui, du 25 février 1848 au 13 juin 1849, n'ont cessé de sacrifier à leurs passions exclusives la Révolution; qui en ont constamment méconnu le caractère; qui les premiers réagirent contre elle ; qui, à force de s'occuper du gouvernement pour eux-mêmes, avaient fini par oublier et la liberté et le peuple.

Je n'ai pas voulu faire durer plus longtemps ni le pouvoir par les partis, ni les partis par le pouvoir. A cet égard, le résultat de la manifestation du 13 juin, si outrageux qu'il me parût à la Constitution et à la liberté, servait trop bien la Révolution, pour que je voulusse le détruire au 8 juillet.

J'ai refusé de concourir à une restauration monarchique, en conservant à la monarchie une raison d'être dans le jacobinisme. Mes lecteurs doivent être assez éclairés maintenant sur la marche des sociétés, pour savoir qu'une idée ne va jamais seule, et que toujours un contraire appelle l'autre.

Je n'ai point consenti à me faire l'instrument d'une coterie qui, pouvant le 13 mai, au 13 juin, au 8 juillet, avec un peu de conciliation, rallier à la démocratie-socialiste toutes les nuances républicaines et devenir l'expression du pays, préférait rester une faction ; qui, prenant ses candidats pour des machines, ses alliés pour des dupes, son égoïsme pour seule règle, quand la tribune assurait la victoire à ses représentans, les contraignait encore, par impatience de la légalité et méfiance de leur patriotisme, à descendre dans la rue et à se suicider.

J'avoue, du reste, afin que l'on me connaisse et qu'on m'épargne à l'avenir des calomnies inutiles, que je n'ai point le caractère assez flexible, l'esprit et le cœur assez débonnaires, pour obéir jamais aux ordres d'une puissance occulte, travailler au profit de mes contradicteurs, me dévouer à ceux qui me haïssent, m'incliner devant le dogmatisme d'une douzaine de fanatiques, devenir, moi que le travail a doté de quelque raison, l'instrument aveugle d'une pensée dont je me méfie, et qui ne se fait connaître que par les révélations de la police.

Je suis du parti du Travail contre le parti du Capital ; et j'ai travaillé toute ma vie. Or, qu'on le sache bien : de tous les parasites que je connais, la pire espèce est encore le parasite révolutionnaire.

Je ne veux être ni Gouvernant ni *Gouverné !* Que ceux qui à propos des élections du 8 Juillet m'ont accusé d'*ambition*, d'*orgueil*, d'*indiscipline*, de *vénalité*, de *trahison*, sondent leur propre cœur, et qu'ils me disent si, lorsque j'attaquais avec tant d'ardeur la réaction gouvernementale, lorsque je sollicitais l'initiative du peuple, lorsque je proposais le refus de l'impôt, lorsque je voulais établir la démocratie socialiste dans la légalité et la constitutionnalité, ce n'était pas par hasard à leur ambition, à leur orgueil, à leur esprit de gouvernement, à leurs utopies économiques, que je faisais la guerre ?...

Maintenant, assez de douleurs, assez de ruines. Nous avons fait table rase de tout, des partis et du gouvernement. La légende touche à

sa fin : que le Peuple ouvre les yeux, il est libre.

Nulle puissance, divine ou humaine, ne saurait arrêter la Révolution. Ce que nous avons à faire à présent n'est plus de l'affirmer devant le vieux monde, et d'enflammer les cœurs pour sa sainte cause. Le peuple suffit à sa propagande. Notre tâche, à nous publicistes, c'est de préserver la Révolution des périls dont sa route est semée, c'est de la diriger suivant son principe éternel.

Les périls que court la Révolution, nous les connaissons maintenant.

Périls du côté du pouvoir. — Le pouvoir, matérialisé par ceux-là mêmes qui accusaient l'esprit nouveau du matérialisme, n'est plus qu'un mot. Otez-lui ses baïonnettes, et vous saurez ce que je veux dire. Gardons-nous de faire rentrer une âme dans ce cadavre qu'agite un esprit infernal. N'approchons pas du vampire, il a soif encore de notre sang. Que l'exorcisme du suffrage universel organisé le fasse pour jamais rentrer dans sa fosse.

Périls du côté des partis. — Tous les partis sont restés en arrière de l'idée révolutionnaire ; tous ont trahi le peuple en affectant la dictature ; tous se sont montrés réfractaires à la liberté et au progrès. Ne les ressuscitons pas en ravivant leurs querelles. Ne laissons pas croire au peuple qu'il serait possible de lui assurer le travail, le bien-être et la liberté, si le gouvernement passait de la main de celui-ci dans la main de celui-là ; si la droite, après avoir opprimé la gauche, était à son tour opprimé par elle. Comme le pouvoir est l'instrument et la citadelle de la tyrannie, les partis en sont la vie et la pensée.

Périls du côté des réactions. — J'ai combattu dans ma vie une foule d'idées : c'était mon droit. Je n'ai jamais fait, je ne ferai jamais de réaction contre aucune. La philosophie et l'histoire prouvent qu'il est mille fois plus facile, plus humain, plus juste, de convertir les idées que de les refouler. Je resterai, quoi qu'il arrive, fidèle à leurs enseignemens. Les jésuites, les janissaires du catholicisme, aujourd'hui les oppresseurs du monde, peuvent tomber quand il plaira à Dieu : je ne ferai point de réaction au catholicisme. Après les jésuites, la démagogie gouvernementale et communautaire peut donner au monde, si le monde le lui permet, une dernière représentation de l'autorité : je l'aiderai à sortir du chaos qu'elle se sera fait, je travaillerai à réparer ses ruines ; je ne ferai point de réaction au communisme.

Le principe de la Révolution, nous le connaissons encore, c'est la Liberté.

Liberté ! c'est-à-dire, — 1° affranchissement politique, par l'organisation du suffrage universel, par la centralisation indépendante des fonctions sociales, par la révision perpétuelle, incessante, de la Constitution ; — 2° affranchissement industriel, par la garantie mutuelle du crédit et du débouché.

14

En autres termes :

Plus de gouvernement de l'homme par l'homme, au moyen du cumul des pouvoirs;

Plus d'exploitation de l'homme par l'homme, au moyen du cumul des capitaux.

Liberté! voilà le premier et le dernier mot de la philosophie sociale. Il est étrange, qu'après tant d'oscillations et de reculades dans la route scabreuse et compliquée des révolutions, nous finissions par découvrir que le remède à tant de misères, la solution de tant de problèmes, consiste à donner un plus libre cours à la liberté, en abaissant les barrages qu'ont élevés au-devant d'elle l'AUTORITÉ publique et propriétaire?

Mais quoi! c'est ainsi que l'humanité arrive à l'intelligence et à la réalisation de toutes ses idées.

Le socialisme paraît : il évoque les fables de l'antiquité, les légendes des peuples barbares, toutes les rêveries des philosophes et des révélateurs. Il se fait trinitaire, panthéiste, métamorphique, épicurien ; il parle du corps de Dieu, des générations planétaires, des amours unisexuelles, de la phanérogamie, de l'omnigamie, de la communauté des enfans, du régime gastrosophique, des harmonies industrielles, des analogies des animaux et des plantes. Il étonne, il épouvante le monde! Que veut-il donc? qu'est-ce qu'il y a? Rien : c'est le *produit* qui veut se faire MONNAIE, le *Gouvernement* qui tend à devenir ADMINISTRATION! Voilà toute la réforme !

Ce qui manque à notre génération, ce n'est ni un Mirabeau, ni un Robespierre, ni un Bonaparte : c'est un Voltaire. Nous ne savons rien apprécier avec le regard d'une raison indépendante et moqueuse. Esclaves de nos opinions comme de nos intérêts, à force de nous prendre au sérieux, nous devenons stupides. La science, dont le fruit le plus précieux est d'ajouter sans cesse à la liberté de la pensée, tourne chez nous au pédantisme; au lieu d'émanciper l'intelligence, elle l'abêtit. Tout entiers à nos amours et à nos haines, nous ne rions des autres pas plus que de nous : en perdant notre esprit, nous avons perdu notre liberté.

La Liberté produit tout dans le monde, tout, dis-je, même ce qu'elle vient y détruire, religions, gouvernemens, noblesses, propriétés. De même que la Raison, sa sœur, n'a pas plus tôt construit un système, qu'elle travaille à l'étendre et à le refaire; ainsi la Liberté tend continuellement à convertir ses créations antérieures, à s'affranchir des organes qu'elle s'est donnés et à s'en procurer de nouveaux, dont elle se détachera comme des premiers, et qu'elle prendra en pitié et en aversion, jusqu'à ce qu'elle les ait remplacés par d'autres.

La Liberté, comme la Raison, n'existe et ne se manifeste que par le dédain incessant de ses propres œuvres; elle périt dès qu'elle s'adore. C'est pourquoi l'ironie fut de tout temps le caractère du génie philosophique et libéral, le sceau de l'esprit humain, l'instrument irrésistible du progrès. Les peuples stationnaires sont tous des peuples graves : l'homme du peuple qui rit est mille fois plus près de la raison et de la liberté, que l'anachorète qui prie ou le philosophe qui argumente.

Ironie, vraie liberté! c'est toi qui me délivres de l'ambition du pouvoir, de la servitude des partis, du respect de la routine, du pédantisme de la science, de l'admiration des grands personnages, des mystifications de la politique, du fanatisme des réformateurs, de la superstition de ce grand univers, et de l'adoration de moi-même. Tu te révélas jadis au Sage sur le trône, quand il s'écria, à la vue de ce monde où il figurait comme un demi-dieu : *Vanité des vanités!* Tu fus le démon familier du Philosophe quand il démasqua du même coup et le dogmatiste et le sophiste, et l'hypocrite et l'athée, et l'épicurien et le cynique. Tu consolas le Juste expirant, quand il pria sur la croix pour ses bourreaux : *Pardonnez-leur, ô mon Père, car ils ne savent ce qu'ils font!*

Douce Ironie! toi seule es pure, chaste et discrète. Tu donnes la grâce à la beauté et l'assaisonnement à l'amour; tu inspires la charité par la tolérance; tu dissipes le préjugé homicide; tu enseignes la modestie à la femme, l'audace au guerrier, la prudence à l'homme d'état. Tu apaises, par ton sourire, les dissensions et les guerres civiles; tu fais la paix entre les frères, tu procures la guérison au fanatique et au sectaire. Tu es maîtresse de Vérité, tu sers de providence au Génie, et la Vertu, ô déesse, c'est encore toi.

Viens, ma souveraine : verse sur mes citoyens un rayon de ta lumière; allume dans leur âme une étincelle de ton esprit : afin que ma confession les réconcilie, et que cette inévitable révolution s'accomplisse dans la sérénité et dans la joie.

Sainte-Pélagie, octobre 1849.

FIN.

Paris. — Imprimerie de BOULÉ, rue Coq-Héron, 5.

TABLE DES MATIÈRES.

www.ingramcontent.com/pod-product-compliance
Lightning Source LLC
Chambersburg PA
CBHW052121090426
42741CB00009B/1904